À Sébastien... le parent d'ado le plus formidable et admirable que je connaisse!

À Laurence, qui est en plein dedans!

À Charlie, qui y sera dans quelques années, elle aussi!

... Et à tous les ados, que j'adore!

Table des matières

les ados

GUIDE DE SURVIE

pour parents!

Catalogage avant publication de Bibliothèque et Archives nationales du Québec et Bibliothèque et Archives Canada

Gagnier, Nadia, 1973-
Les ados : guide de survie pour parents!
Comprend des réf. bibliogr.
ISBN 978-2-923681-82-5
1. Parents et adolescents. 2. Adolescents - Psychologie. 3. Éducation des enfants. I. Titre.

HQ799.15.G33 2011 649'.125 C2011-942039-2

Directrice de l'édition
Martine Pelletier

Éditrice déléguée
Delphine Kermoyan

Caricatures
André-Philippe Côté

Conception graphique
Pascal Simard

Dépôt légal –
Bibliothèque et Archives nationales du Québec, 2011
Bibliothèque et Archives nationales du Canada, 2011
4e trimestre 2011
ISBN 978-2-923681-82-5
Imprimé au Canada

LES ÉDITIONS
LA PRESSE

Présidente
Caroline Jamet

Les Éditions La Presse
7, rue Saint-Jacques
Montréal (Québec) H2Y 1K9
514 285-7127

Avant-propos

Cher parent,

J'aurais pu intituler ce livre *Mode d'emploi pour les parents d'ado* mais soyons réaliste! Il n'existe pas de mode d'emploi pour être un parent d'adolescent, tout comme il n'existe pas de parent parfait... et croyez-moi, c'est très bien ainsi! Si un mode d'emploi pouvait exister, cela voudrait dire que tous les ados seraient pareils et qu'ils représenteraient tous les mêmes défis. Ceux parmi vous qui ont eu plus d'un enfant savent très bien que, même à l'intérieur d'une même famille, avec les deux mêmes parents, deux ados peuvent être très différents l'un de l'autre. En fait, ils sont tous uniques en leur genre.

C'est ce qui fait la difficulté d'écrire un livre pour les parents d'ado... les attentes sont grandes, surtout pour les parents qui désirent être parfaits. Or, je l'ai dit et je le répète : être un parent parfait est impossible. Et si c'était possible, ce ne serait pas l'idéal pour les ados. En effet, l'adolescence est une période durant laquelle on fait des essais et des erreurs et où l'on remet en question nos parents pour forger notre propre identité. On découvre que nos parents et la vie en général sont imparfaits et on apprend à naviguer à travers tout cela. Or, comment apprendre à gérer nos erreurs si nos parents, nos principaux modèles, sont parfaits et n'en font jamais? Comment apprendre à devenir indépendant d'eux et à forger notre propre identité s'ils sont parfaits et irréprochables?

Puisqu'être parent d'ado est un rôle profondément humain et non pas une technique comme la programmation d'un appareil électronique, je me suis enlevé la pression de devoir écrire un mode d'emploi. Vous devriez faire comme moi et vous enlever la pression d'être un parent d'ado parfait! Parce que c'est un rôle humain, vous allez forcément faire des erreurs, vivre des conflits, vous remettre en question...

Écrire un mode d'emploi serait prétendre qu'être parent d'ado est aussi facile que de monter un meuble d'un certain magasin suédois que je ne nommerai pas (l'exemple est peut-être mal choisi, parce que semble-t-il que monter ces meubles est mission impossible pour plusieurs personnes)! Je n'ai pas voulu tomber dans le piège de la fausse représentation et j'ai préféré utiliser le terme plus juste de « guide de survie ».

Ce terme est plus juste parce que, à défaut de pouvoir éviter les conflits avec leurs ados, de pouvoir rester complètement zen devant leurs sautes d'humeur, de pouvoir être parfaits... la très grande majorité des parents survivent à cette période tumultueuse! Certains, avec le recul, sont même capables d'en rire une fois que leurs ados sont devenus de jeunes adultes. La plupart ressortent de cette période en ayant appris beaucoup sur eux-mêmes, sur la vie... bref, ils sont devenus de meilleurs êtres humains.

Ce livre vous aidera donc à comprendre ce qui est pas mal commun à tous les ados, même si chacun d'eux est unique... il vous aidera à mieux comprendre vos conflits, à relativiser et à savoir que ce n'est pas un extra-terrestre qui vit sous votre toit, mais bien un ado NORMAL. Puisque votre ado est unique, il faudra en prendre et en laisser dans ce que j'expliquerai tout au long de ce livre. Il faudra adapter les conseils au tempérament unique de votre enfant et à votre personnalité, qui elle aussi est unique.

Néanmoins, si j'ai bien fait mon travail, ce livre vous accompagnera dans cette période que bien des parents redoutent. Il vous aidera à vous sentir normal dans vos réactions, il vous rappellera à plusieurs reprises que vous n'avez pas à être parfait et il vous apportera certainement quelques éléments de réponses à vos grands questionnements typiques de parents d'ado. Plus que tout, je souhaite sincèrement que cet outil vous aide à préserver une belle relation avec votre jeune, car même s'il fait des efforts surhumains pour vous prouver qu'il est autonome et indépendant de vous, la réalité est qu'il a encore grandement besoin de votre soutien pour quelques années encore.

Alors, courage! Foncez tête baissée dans cette étape de la vie extraordinaire que votre enfant s'apprête à vivre, et de grâce, ne vous concentrez pas que sur le négatif... il y a quelque chose de magique dans la transformation d'un enfant en jeune adulte épanoui et vous serez aux premières loges de ce grand spectacle!

Bonne lecture!

Introduction

Si vous vous êtes procuré ce livre, c'est probablement pour l'une ou plusieurs de ces raisons :

- votre enfant achève l'école primaire, entrera bientôt dans l'adolescence, et cela vous fait peur;
- vous vous souvenez des erreurs que vos parents ont faites durant votre propre adolescence et vous ne voulez pas les répéter (ex. : trop sévères, trop permissifs, pas assez présents);
- vous avez vous-même été un adolescent difficile et vous anticipez que votre enfant retienne de vous (vous savez ce qu'on dit... la pomme ne tombe jamais très loin de l'arbre!);
- votre enfant commence à avoir des attitudes qui vous font sentir comme si vous étiez le dernier des imbéciles, et vous voulez savoir comment réagir avant d'avoir envie de lui tordre le cou;
- lorsque l'on vous parle de l'adolescence, les premiers mots qui vous viennent en tête sont « sexe », « drogue », et « rock n' roll » (ou plutôt techno, hip-hop et rap, aujourd'hui);
- vous considérez avoir bien joué votre rôle de parent jusqu'à maintenant, et vous voulez savoir comment adapter ce rôle au développement de votre adolescent qui change très vite;

et j'en oublie probablement plusieurs autres!

L'image rebelle et difficile des adolescents que l'on présente souvent dans les médias est exagérée. En effet, les mots et qualificatifs les plus souvent associés à l'adolescence sont :

- tumultueuse;
- crise;
- orageuse;
- conflictuelle;
- tourmentée;
- rebelle;
- repli sur soi;
- rejet des parents pour se tourner vers le groupe de pairs;
- témérité;
- influençable (mauvaises fréquentations);
- sentiment d'être invincible;
- arrogance;
- manque de respect.

Cette « mauvaise presse » qu'ont les ados fait en sorte que lorsque vous dites à des amis ou à des collègues que votre enfant commence le secondaire, vous avez souvent des commentaires du genre : « Oh! Mon dieu, bonne chance » ou encore « Arme-toi de patience »! Pourtant, dans bien des familles, les enfants traversent leur adolescence d'une manière relativement calme, non sans conflits, non sans difficultés, mais rarement d'une façon aussi tourmentée que les médias à sensation veulent bien le faire croire.

Souvent, les parents sont émerveillés de voir le processus de transformation chez leur enfant qui devient adulte. Ils sont à la fois las de devoir répéter de ranger la chambre, de renégocier l'heure du couvre-feu, de se faire dire qu'ils ne comprennent rien et qu'ils sont vieux jeu et à la fois ravis d'avoir à l'occasion quelques discussions profondes sur le monde, les relations humaines et la vie en général avec leur enfant qui, il n'y a pas si longtemps, portait encore une couche!

D'où vient cette peur de l'adolescence chez les parents?

Les chercheurs et théoriciens

Cette image négative des adolescents existe pour une bonne raison. Le père de l'étude scientifique de l'adolescence, G. Stanley Hall, a publié un livre en 1904 dans lequel il livrait ses idées sur ce stade du développement humain. Selon lui, l'adolescence se déroule de 12 à 23 ans, et elle se caractérise par des bouleversements considérables. Il décrit cette période comme turbulente et chargée de conflits et de sautes d'humeur. Il n'avait pas vraiment tort, mais aujourd'hui, les chercheurs vous diront que sa vision de l'adolescence manquait de nuance. Nous lui devons tout de même les débuts de l'étude scientifique des ados... ce n'est pas rien!

Ensuite, vers le milieu du siècle dernier, les chercheurs et théoriciens des sciences sociales commençaient à présenter une vision de compétition ou de combat entre le rôle que les parents et les pairs jouaient dans la vie d'un ado. À titre d'exemple, certains auteurs parlaient du fait qu'il existe une « culture » des jeunes, qui valorise nécessairement des valeurs opposées à celles des adultes (Parsons, 1942). D'autres prétendaient que les parents abandonnent leur autorité sur leur ado, pour laisser le rôle d'éducation à l'école et même au groupe d'amis (Riesman, 1961). On présentait alors les parents et les copains comme étant en compétition pour obtenir l'allégeance de l'ado. On disait également que les parents sont assez impuissants dans leurs tentatives de limiter l'influence de la pression exercée par les pairs (Bowerman & Kinch, 1959; Brittain, 1963; Coleman, 1961; Floyd & South, 1972). De plus, des études démontraient qu'au début de l'adolescence, on observait une augmentation de l'influence des amis et une diminution de la confiance dans les opinions des parents et de leurs conseils (Bernt, 1979). Plus inquiétant encore, on commençait à découvrir que pour un jeune, le fait de s'associer à des pairs déviants était l'un des plus forts prédicteurs d'activités déviantes chez ce jeune (Elliott, Huisinga, & Ageton, 1985).

Le cinéma, les médias populaires, les bulletins de nouvelles et la littérature

Pour comprendre d'où vient cette image que nous avons des ados dans notre subconscient on n'a qu'à penser aux personnages d'adolescents rebelles qu'incarnait James Dean, ou encore à la joyeuse bande d'ados de l'école Rydell High dans le film culte «Grease». On peut penser également à la tourmente d'un personnage comme Holden Caulfield du célèbre roman «The Catcher in the Rye» (ou l'Attrape-cœurs) de J.D. Salinger. Il y est question, entre autres, de prostitution, de décrochage scolaire et d'obsession de la sexualité. Il y en a probablement plusieurs parmi vous qui ont lu quelques numéros de «Archie», bande dessinée renommée dont le premier numéro est paru dans les années 1940. Dans cette bande dessinée humoristique, on voit des ados flâner dans une crèmerie, certains mangent comme des ogres, d'autres sont «gaffeux», ou ont des problèmes avec les professeurs, et garçons et filles s'embrassent parfois à pleine bouche. Bref, au cinéma, dans la littérature ou les bandes dessinées, on présente souvent des jeunes en conflit avec l'autorité ou encore qui s'influencent l'un et l'autre sans qu'on ne voie des parents s'en mêler!

De leur côté, les bulletins de nouvelles et les reportages nous rapportent sur une base quotidienne des faits inquiétants sur les adolescents: décrochage scolaire, fugues, disparitions, itinérance, prostitution, enfer de la drogue, accidents de voiture reliés à des comportements téméraires... bref, tout pour que la population en général se mette à croire que le simple fait d'être adolescent est nécessairement dangereux!

Quand entend-on parler aux nouvelles de ces nombreux jeunes qui respectent le couvre-feu imposé par leurs parents? À quel moment le grand nombre d'adolescents qui terminent leur secondaire fait-il la manchette? Avez-vous déjà vu un film ou lu un roman où il est question d'un ado qui passe du temps de qualité avec son parent, par exemple, un voyage de pêche père-fils, durant lequel tout se déroule bien? Si oui, faites-le-moi savoir s.v.p.!!!

Il est facile de comprendre pourquoi on nous présente une image si négative de l'adolescence. En effet, dans l'industrie du cinéma et de la télévision, on entend souvent dire que ce qui fait un bon « show », c'est le conflit. De même, on dit que les gens heureux n'ont pas d'histoire... comme s'ils étaient inintéressants! Le rôle des médias d'information est de rapporter des faits inusités, des catastrophes, des choses qui sortent de l'ordinaire. Alors pas étonnant qu'on entende que très rarement parler des ados qui fonctionnent bien et qui vivent peu de conflits avec leurs parents. Pourtant, ces jeunes existent! Si vous en avez entendu parler, c'est probablement parce que vous connaissez un de leurs parents qui est très fier d'en parler... mais avouez que les histoires de party destructeur du fils de votre collègue ont un petit quelque chose de plus palpitant que les histoires de « shopping » en harmonie de votre voisine et sa fille!

Vers une perception plus nuancée et même positive (!) de l'adolescence et du rôle de parent d'ado

Heureusement, ces images négatives ne sont que des demi-vérités. Il est vrai que l'adolescence de votre enfant peut être une période inquiétante et difficile à vivre, qu'il sera influencé par certains de ses amis, qu'il remettra en question vos valeurs et l'image d'individu parfait qu'il avait de vous lorsqu'il était enfant. Il commencera à réaliser que ses parents sont des individus imparfaits qui font des erreurs. Vous aurez probablement une impression de perdre le contrôle sur votre enfant et qu'il s'éloigne de vous.

Mais il ne faut pas le prendre personnel! En effet, il faut nécessairement que votre enfant devienne de plus en plus en contrôle de lui-même et qu'il s'éloigne un peu de vous pour s'ouvrir au monde extérieur, pour acquérir de l'autonomie et pour devenir éventuellement un adulte épanoui. Je ne dis pas que ce processus est facile et sans douleur pour les parents... je dis qu'il est normal.

Pour vous encourager, sachez que déjà vers la fin du siècle dernier, particulièrement au début des années 90, des chercheurs ont tenté de se poser des questions permettant de nuancer l'analyse négative que l'on se faisait jusqu'alors de ce qu'on appelle encore aujourd'hui « l'âge ingrat ». Heureusement pour vous, certains ont découvert que les parents ont toujours une influence sur leurs adolescents. Elle est plus subtile et plus indirecte que durant l'enfance, où votre enfant de deux ans imite tout ce que vous faites, mais elle existe bel et bien. Non seulement elle existe, mais paraît-il qu'elle est importante... les ados ont encore besoin de leurs parents pour être guidés. Ce qui complique les choses, c'est qu'ils ont en même temps besoin de plus de liberté. Cela veut donc dire que les parents doivent se casser la tête pour trouver un équilibre entre guider, exercer un certain contrôle et accorder plus de liberté pour favoriser le développement de l'autonomie. Pas facile, dites-vous? Mais au fond, vous avez déjà fait la même chose lorsqu'il apprenait à marcher, lorsqu'il commençait à aller à l'école et à faire des devoirs. Petit à petit, il prenait de l'autonomie et vous deviez lâcher prise sur une partie du contrôle que vous aviez sur lui. Pour qu'il apprenne à marcher, vous avez dû apprendre à le laisser faire des tentatives et même à accepter qu'il tombe et se fasse un peu mal.

D'autres chercheurs et théoriciens ont découvert que l'expression « fossé entre les générations », dont on entend si souvent parler lorsqu'il est question d'adolescence, est un mythe. Dans les faits, les ados et leurs parents s'entendent souvent assez bien sur les valeurs morales et les grands principes de vie. Les conflits trouvent plus souvent leur source dans les petits détails de la vie quotidienne, tels que le ménage et l'hygiène.

Enfin, alors que dans le passé, les théoriciens qui se penchaient sur l'adolescence parlaient du fait que les ados se détachent de leurs parents pour s'orienter et s'identifier presque exclusivement au groupe de pairs, des théories plus récentes ont une vision plus nuancée des choses. Il semblerait que bien que les liens entre les ados et leurs parents soient transformés durant cette période, il y aurait toujours un lien d'attachement entre eux. Ce lien serait même très important et influencerait la façon dont votre enfant traverse son adolescence.

Le contenu de ce livre

Je vous promets que je reviendrai sur ces informations positives et encourageantes tout au long de ce livre... je sais que vous en avez besoin! Je tâcherai également d'être réaliste et d'aborder les problèmes que les parents d'ado ou les ados eux-mêmes vivent le plus fréquemment. Bien sûr, lorsqu'il sera question de situation problématique, il sera également question des meilleures attitudes parentales à adopter pour y faire face.

Le présent livre se divise en trois parties. Dans la première, nous ferons le tour de ce que représente l'adolescence, des grands changements qui transformeront votre enfant en adulte responsable... du moins, souhaitons-le! Nous commencerons avec le chapitre 1 où les changements biologiques liés à la puberté seront présentés de façon simple, mais tout de même assez élaborée pour que vous sachiez exactement à quoi vous attendre. Ensuite, dans le chapitre 2, vous apprendrez, probablement avec surprise, que le cerveau de votre enfant continuera de se développer durant toute son adolescence, même jusqu'au début de l'âge adulte... les sceptiques qui croyaient que tout se joue avant six ans seront confondus! Au chapitre 3, vous verrez comment la pensée de votre ado et sa façon de voir le monde qui l'entoure se transforme... il sera donc question du développement cognitif des adolescents. Enfin, au chapitre 4, j'aborderai les changements qui vous toucheront probablement le plus en tant que parent : les changements affectifs, sociaux et occupationnels de votre ado... en fait, ceux qui transformeront votre quotidien et votre relation avec lui.

La première partie vous paraîtra peut-être un peu théorique, et il se peut que vous ayez envie de passer directement à la deuxième partie, dans laquelle il sera question de votre rôle de parent d'ado. Toutefois, je vous suggère de faire votre première lecture de ce livre (j'ai comme l'impression que vous lirez probablement certaines sections plusieurs fois) de façon plus orthodoxe, c'est-à-dire du début à la fin. Il est normal de vouloir commencer par les sujets qui vous concernent plus directement, mais selon moi, le rôle de parent d'ado (partie II) vous paraîtra beaucoup plus logique et facile à comprendre si vous avez bien compris les changements liés à l'adolescence (partie I) et leurs incidences sur la vie de votre jeune. Vous serez davantage en mesure de comprendre le point de vue de votre ado, d'abord parce que vous êtes déjà passé par là et ensuite parce que le début du livre constitue un excellent moyen de vous rafraîchir la mémoire!

Comprendre ce qu'il vit vous rendra plus empathique à sa situation, plus flexible et plus compréhensif, ce qui peut vous aider dans votre relation avec lui... ce qui n'est pas un luxe!

Le chapitre 5, le premier de la partie II, vous fera prendre conscience que le passage de l'enfance à l'adolescence de votre enfant sera peut-être un deuil pour vous. Le chapitre 6 vous mènera vers une autre prise de conscience... le développement ne cesse pas dès que l'on devient adulte. Vous aussi, vous changez et vous pouvez devoir faire face à des étapes de la vie comportant des défis: ménopause, andropause, retraite, vieillissement de vos parents... des étapes qui vous transforment, tout autant que l'adolescence de votre enfant transforme votre rôle de parent. Le chapitre 7 sera porteur d'espoir car il y sera question de votre pouvoir d'influencer votre ado. Il sera suivi du chapitre 8 qui décrira le style parental qui semble le plus efficace auprès des ados, selon les études scientifiques. Les deux chapitres suivants, 9 et 10, vous apprendront comment appliquer concrètement ce style parental, en offrant votre soutien et en adaptant votre façon d'encadrer votre enfant à la réalité de cette étape de son développement. Le chapitre 11 vous aidera à protéger votre vie de couple et à garder le cap durant la tempête que représente l'adolescence de votre enfant. Notez bien que pour certains ados, le mot «tempête» est trop fort et quelque chose comme «passages nuageux» serait plus juste. pour d'autres, le terme ouragan ou tsunami paraîtra plus approprié... bref, disons que je vous souhaite des petits cumulus (c.-à-d. nuages de beau temps) cotonneux! Enfin, le chapitre 12 est le seul où mon style d'écriture sera plus technique et où vous aurez plus l'impression de lire un mode d'emploi ou un livre de recettes. Vous y apprendrez des techniques de communication qui vous aideront à prévenir ou à gérer les conflits... surtout ceux que vous pourriez avoir avec votre ado, mais également ceux qui pourraient éclater entre vous et votre conjoint, notamment si vous avez des divergences d'opinions concernant l'éducation de votre enfant. Bref, vous serez mieux outillé pour maintenir une certaine harmonie familiale, même avec des ados!

La troisième et dernière partie de ce livre comportera des suggestions de réactions appropriées aux petits et grands problèmes de l'adolescence que les parents redoutent le plus: intimidation à l'école, consommation de drogue, demande de contraception, fréquentations peu recommandables, perte de motivation scolaire, etc. Notez que chacun de ces thèmes pourrait faire l'objet d'un livre en soi. Toutefois, ces sections seront relativement courtes puisqu'il sera question des premiers réflexes à avoir en tant que parent pour faire en sorte de mettre fin au problème ou d'éviter que la situation ne dégénère. Au cas où vous seriez aux prises avec l'un de ces problèmes et que mes recommandations vous sembleraient insuffisantes, vous trouverez, à la toute fin de ce livre, une liste de suggestions de lecture ainsi qu'une liste de ressources auxquelles vous pourrez faire appel au besoin.

Bref, ce guide de survie vous aidera à comprendre tous les changements que votre enfant s'apprête à vivre (Partie I), comment ces changements vous demanderont d'adapter votre façon de jouer votre rôle de parent (Partie II), et vous donnera des pistes de solutions aux problèmes que vous redoutez le plus... et bien que la lecture de certains passages de cet ouvrage pourrait s'avérer un peu angoissante, ne vous inquiétez pas, vous vous en sortirez vivants!

Partie I

le développement d'un adolescent

Mise à part la période 0-2 ans, l'adolescence est la période de la vie au cours de laquelle votre enfant change le plus rapidement... C'est bien normal! On parle d'une période où un jeune enfant se transforme physiquement et psychologiquement en un jeune homme ou une jeune femme responsable, autonome et prêt à quitter le nid familial. C'est toute une métamorphose, et les changements qui la composent sont bouleversants pour l'ado, et pour ses parents.

Cette partie du livre est consacrée aux changements que vivent les ados et de leur impact psychologique sur votre jeune... et sur la vie quotidienne en famille. Même s'il y est davantage question de votre ado que de vous, la lecture de cette partie du livre vous aidera à mieux comprendre tout ce qu'il peut vivre, ce que cette transition peut lui demander en énergie, le stress qu'il peut ressentir. Songez seulement qu'en quelques années, votre enfant verra son corps se transformer complètement, les étapes intermédiaires n'étant pas toujours heureuses (songez à l'acné, aux appareils d'orthodontie et ah oui... cette période où la longueur des bras et des jambes est disproportionnée par rapport à celle du tronc). Il vivra la pression d'être accepté par un groupe de pairs. Il réalisera que ses parents ne sont pas les héros parfaits qu'il avait imaginés durant son enfance, mais bien de simples êtres humains imparfaits qui sont vieux jeu et qui ne comprennent rien à la nouvelle génération! Il vivra ses premières amours, ses premières ruptures et sa première relation sexuelle. Il devra faire des choix importants en préparation de son avenir professionnel. Il entrera sur le marché du travail avec un premier emploi d'étudiant. Il apprendra à conduire. Finalement, l'insouciance qui les caractérise parfois est peut-être une bonne chose... juste à écrire toutes ces étapes et ces « premières fois », je suis légèrement tendue! Peut-être que cette insouciance a pour fonction de les détendre un peu? La nature fait souvent bien les choses!

Du haut de votre trentaine, quarantaine et même cinquantaine d'années, il y a bien longtemps que vous êtes sorti de cette étape de votre vie. Cette partie du livre vous rafraîchira donc la mémoire, et vous aidera à comprendre un peu mieux la perspective de votre ado, ce qui a des chances d'améliorer vos tentatives de communications avec lui. Et même si vous avez une mémoire d'éléphant et que vous vous rappelez de plusieurs détails de votre adolescence, dites-vous que le monde a changé depuis l'époque où vous étiez adolescent. Votre expérience peut certainement vous être utile, car certaines choses ne changent pas, mais votre ado risque de vous confronter à certaines réalités qui vous déstabiliseront, et pour lesquelles vos souvenirs d'adolescence et les attitudes de vos propres parents vous seront complètement inutiles. Songez seulement à Internet, à l'hypersexualisation, aux lecteurs de musique qui permettent de se connecter à un réseau, à la réforme scolaire...

Après les chapitres de cette première partie du livre, il y aura toute une autre partie composée de plusieurs chapitres sur les différentes façons dont votre rôle de parent se transformera, au fur et à mesure que votre enfant évoluera dans son adolescence. Malgré cela, dans cette présente partie où je discute des changements que vivent vos ados, j'ai quand même voulu annoncer la manière d'aborder ces changements en tant que parents, afin de mieux aider votre enfant à s'y adapter, et pour mieux adapter vos propres attitudes envers lui. Cela vous convaincra que la fascinante transformation de votre enfant en adulte vous demandera de vous remettre en question et de changer votre façon d'interagir avec lui ou elle. En passant, il faut voir cela comme un défi excitant à surmonter plutôt que comme une tâche désagréable à réaliser. Il faut percevoir votre rôle de parent d'ado comme un escalier à monter, une marche à la fois, plutôt que comme une montagne impossible à escalader.

Chapitre 1

LA PUBERTÉ

On associe souvent la préadolescence ou le début de l'adolescence aux premiers changements physiques liés à la puberté. Nous sommes tous passés par là et je sais que vous avez une bonne idée de ce dont il s'agit... alors, pourquoi un chapitre sur le sujet? Parce que ça fait longtemps que vous êtes passé par là, qu'il est bon de rappeler les principaux changements que le corps subit à cette période de la vie et surtout, parce que ces changements peuvent avoir des impacts psychologiques qui influenceront l'estime de soi de votre enfant, et peut-être même certains aspects de votre relation avec lui.

Les impacts psychologiques de la puberté ne sont pas nécessairement les mêmes pour les filles et les garçons. Si vous êtes du sexe opposé à celui de votre enfant, ce chapitre pourrait vous aider à mieux comprendre comment il peut vivre sa puberté... car votre propre expérience est peut-être moins pertinente que s'il avait été du même sexe que vous.

Les principaux changements liés à la puberté

Les filles comme les garçons voient leur corps se métamorphoser... c'est bien normal, ils prennent peu à peu l'apparence d'un adulte. Le système reproducteur de leur corps, qui était en quelque sorte « dormant » jusqu'à maintenant, se met en fonction. Cela déclenche l'éveil sexuel de votre enfant, ce qui risque de vous inquiéter par moments!

La puberté se caractérise par une croissance corporelle – augmentation de la masse et de la taille – soudaine et rapide. N'oublions pas également les changements qui mènent vers la maturité sexuelle (nous parlons ici de maturité physique qui ne coïncidera pas nécessairement avec la maturité psychologique de votre adolescent!), qui feront probablement l'objet de vos inquiétudes de parents d'ado. En constatant les premiers changements liés à la maturation sexuelle chez votre ado, vous ressentirez probablement l'urgence d'avoir LA discussion avec lui, tout en ne sachant pas trop comment vous y prendre. Heureusement, une section de ce chapitre y est consacrée!

La poussée de croissance... pas toujours très harmonieuse!

Durant l'adolescence, les os de votre enfant subiront une augmentation importante en longueur et en densité. Ne vous étonnez donc pas si ses visites dans le garde-manger ou le réfrigérateur deviennent plus fréquentes! Il est également possible qu'il se plaigne de douleurs aux moments les plus intenses de sa poussée de croissance... tout comme il se plaignait bébé, lorsque ses dents perçaient!

Habituellement, les filles ont leur poussée de croissance plus jeunes que les garçons, ce qui fait que vers la fin du primaire, elles sont souvent plus grandes que les garçons du même âge. Lors de leur danse des finissants, à la fin de la sixième année, on peut voir des couples à « taille variable » lorsqu'ils dansent leurs premiers « slows »! D'où le choix du titre de la section qui signale que la poussée de croissance n'est pas toujours harmonieuse... Mais au cours du secondaire, les garçons les rattraperont et même les dépasseront, puisque la croissance des filles cesse à un plus jeune âge.

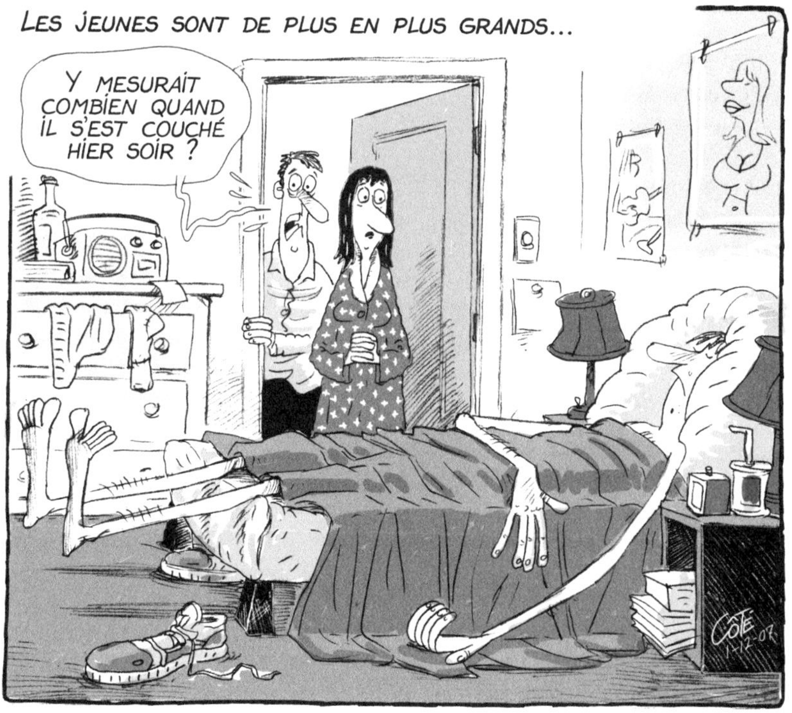

Mais il y a une autre raison pour laquelle je dis que la croissance des ados n'est pas toujours harmonieuse... c'est que le processus commence par les extrémités des membres et se termine par le centre. Cela signifie que la poussée de croissance commence par les doigts et les orteils, puis les bras et les jambes s'allongent. Le torse est l'une des dernières parties du corps à connaître la poussée de croissance. Si vous tentez de vous créer une image mentale en lisant ces lignes, vous visualisez un ado avec de longs orteils et de longs doigts, de longues jambes et de longs bras... et un torse court.

De plus, votre ado aura un visage à mi-chemin entre celui d'un enfant et celui d'un adulte. Comme le torse, la tête est l'une des dernières parties du corps à atteindre sa taille et sa grosseur finales... mais cela n'empêche pas certaines caractéristiques du visage de changer soudainement. Ainsi, les dents, le nez, les oreilles et les lèvres pourront prendre l'apparence de ceux d'un adulte avant que la tête et la grosseur du visage n'aient terminé leur croissance. Les parties d'un visage adolescent peuvent donc parfois paraître disproportionnées par rapport à la grandeur du visage lui-même.

Enfin, la poussée de croissance ne se fait pas nécessairement de façon symétrique. Une main, une jambe, un testicule ou un sein pourrait se développer plus rapidement que l'autre.

Tous ces changements, pas toujours harmonieux, ajoutés aux problèmes d'acné (qu'environ 85 % des ados peuvent vivre, selon Lowrey, 1986), et de puberté précoce ou tardive, font en sorte que l'adolescence peut présenter un sérieux défi du côté de l'image corporelle et de celui de l'estime de soi des jeunes. C'est pour cette raison qu'un peu plus loin dans ce chapitre, il sera question des moyens à mettre de l'avant pour soutenir votre ado dans cette période de changements.

De la graisse et des muscles

En même temps que votre ado verra ses os allonger, la graisse s'accumulera plus facilement dans ses tissus que lorsqu'il était enfant. ATTENTION! Interdiction ici de paniquer et de faire subir à votre ado les affres de l'obsession de la minceur, si omniprésente dans la société! Interdiction encore plus formelle de le mettre au régime, la poussée de croissance nécessitant beaucoup de carburant! Cette accumulation de graisse est saine, normale et temporaire. En fait, avec l'augmentation de la taille, une partie de cette graisse récemment accumulée sera soit éliminée ou redistribuée, de sorte que votre enfant prendra éventuellement des formes plus proportionnelles. Après l'augmentation de la taille et du poids, votre ado verra sa masse musculaire se développer. Au terme de ce processus, les filles conserveront un plus grand pourcentage de graisse que les garçons, tandis que le phénomène du développement de la croissance musculaire sera plus marqué chez ces derniers. En fait, des études démontrent qu'entre 13 et 18 ans, la force des bras double chez les garçons (Beunen, Malina, Van't Hof, Simons, Ostyn, Renson, & Van Gerven, 1988).

Un processus pas si long... sauf aux yeux de l'ado lui-même!

Ce qui rend tous ces changements si fascinants, c'est la rapidité à laquelle ils se font... et c'est probablement plus rapide que la capacité de votre adolescent à s'y adapter et à les accepter! En fait, une fois que la puberté et la poussée de croissance sont amorcées, votre enfant atteindra le poids, la taille et les proportions d'un adulte en moins de trois ou quatre ans (Stassen Berger, 2000). Pour vous, qui êtes fasciné par cette transformation et qui trouvez votre enfant beau de façon inconditionnelle, ces trois ou quatre ans vous sembleront passer à la vitesse d'une étoile filante. Pour votre ado, qui doit vivre avec des proportions plus ou moins harmonieuses durant cette période, ces trois ou quatre ans lui paraîtront comme une éternité ou peut-être même un long chemin de croix. Votre rôle est de tenter de comprendre son point de vue, plutôt que d'essayer de le rassurer à coup de « tu es si beau » ou « tu es si belle ». De toute façon, aux yeux d'un ado, ses parents ne sont jamais vraiment crédibles en matière de beauté! Il sent bien que vous le trouveriez beau même s'il n'avait qu'un seul œil dans le milieu du front!

La maturation sexuelle... (nous parlons ici de maturité physique, et non mentale!!!)

Au-delà de la fulgurante poussée de croissance qui caractérise la puberté, il y a la maturation sexuelle de votre adolescent. Oui, je sais... il est difficile pour un parent d'admettre que son enfant chéri sera bientôt prêt à se reproduire (du moins d'un point de vue physique), mais c'est la réalité et mieux vaut être au courant de ce qui se passera afin de bien jouer votre rôle de parent durant cette période.

L'apparition des premiers signes de maturation sexuelle est souvent le signal pour certains parents qu'il est temps d'avoir une bonne discussion avec leur préado sur la puberté et sur la sexualité. Pour d'autres parents, moins à l'aise d'aborder le sujet, il s'agira du signe que leur enfant a besoin de plus d'intimité (ex. : il est plus distant et verrouille maintenant la porte de la salle de bain lorsqu'il l'utilise) et qu'il est temps de lui procurer un livre sur la puberté et la sexualité. D'autres s'informeront pour savoir si des cours d'éducation sexuelle sont bientôt prévus dans le programme de l'école que fréquente leur enfant.

Nous reviendrons plus tard sur les façons de vous assurer de bien préparer votre ado à sa puberté. Mais, en attendant, il est important que vous-même y soyez bien préparé! Avant de vous parler, dans les prochaines lignes, des changements spécifiques aux filles et aux garçons, retenons qu'autant il était facile de confondre une fille et un garçon durant l'enfance, autant ils seront faciles à différencier à la fin de leur puberté respective, les caractères sexuels permettant de les différencier apparaissant durant cette période. Le tableau qui suit résume ces caractères sexuels.

Tableau résumant les changements corporels typiques à la puberté

Fille	Garçon
Développement des seins	Croissance des testicules
Pilosité pubienne	Pilosité pubienne
Pilosité axillaire (aisselles)	Pilosité axillaire et faciale
Croissance de la taille	Croissance de la taille
Croissance du clitoris, de la vulve, du vagin et de l'utérus	Croissance du pénis et des testicules
Légère mue de la voix	Mue de la voix
Menstruation	Première éjaculation
Sécrétion des glandes sébacées	Sécrétion des glandes sébacées
Élargissement des hanches	Élargissement des épaules

Les filles

Quand on parle de puberté à une femme, elle risque d'évoquer les premières menstruations, d'une part parce qu'elle en a encore et d'autre part parce qu'il s'agit du symbole par excellence de la fécondité... même si l'on sait maintenant que de nombreuses jeunes filles ne sont fertiles que deux ans après leurs premières menstruations.

Mais le premier caractère sexuel à se développer au déclenchement de la puberté chez la fille est soit le développement des seins, soit l'apparition des poils pubiens. Ensuite, les poils sous les aisselles font leur apparition. Les mères doivent donc être préparées à parler avec leur fille d'épilation et de douleurs aux seins! Plusieurs se souviendront des douleurs ressenties lorsqu'elles tentaient de se coucher sur le ventre en période de croissance des seins.

Évidemment, les seins dans leur taille finale n'apparaissent pas du jour au lendemain. Au départ, le mamelon se soulève un peu de la poitrine, tandis que le sein reste plat. Ensuite, le mamelon se soulève un peu plus, le sein forme un petit monticule et l'aréole s'élargit. Le sein, l'aréole et le mamelon continuent ainsi de se développer jusqu'à maturité.

Comme la poussée de croissance, le développement des seins a un impact sur l'image corporelle des jeunes filles. Certaines seront fières que leur image se rapproche graduellement de celle d'une femme, tandis que d'autres courberont leurs épaules vers l'avant pour éviter que leur entourage remarque ce changement. Les nouveaux seins de votre fille pourraient attirer les regards des garçons et la rendre populaire auprès d'eux... au détriment de votre quiétude.

Parallèlement à ces changements (apparition des seins et des poils), la jeune fille vit sa poussée de croissance et ses hanches deviennent généralement un peu plus larges que ses épaules. Elle accumule également plus de tissus adipeux sur les hanches, les fesses et les cuisses. Étant donné que ces changements ne correspondent pas nécessairement aux standards de beauté actuels (ces derniers étant souvent à l'image de jeunes filles pré-pubères!), il est possible que votre fille développe certains complexes par rapport à ces parties de son corps.

Les premières menstruations ne surviennent que plus tard durant la puberté. Les premiers cycles sont souvent irréguliers et ne donnent pas toujours lieu à une ovulation. L'écoulement de sang est souvent léger au début, puis devient plus abondant plus tard dans le développement. Il n'est pas rare de voir de jeunes filles se plaindre de douleurs intenses les premiers jours de leur cycle menstruel, que ce soit au début de la puberté, au milieu ou encore vers la fin de celle-ci. Il est important de se montrer compréhensif dans ces moments et de lui indiquer différentes façons de soulager ces symptômes. Dans certains cas, les douleurs sont si intenses que la jeune fille devra prendre des médicaments et rester au lit pour une journée ou deux. Dans d'autres cas, un bain chaud ou un sac thermothérapeutique pressé sur le ventre suffira. Le fait d'être active physiquement, ou de pratiquer un sport, peut atténuer les douleurs. Certaines ne ressentiront tout simplement jamais ces crampes menstruelles qui font souffrir leurs amies.

Enfin, bien que les garçons subissent une importante mue de la voix, la voix des filles, quant à elle, ne subit pas un si grand changement. En visionnant les vidéos où vous entendez votre fille parler alors qu'elle était jeune, vous constaterez avec surprise le changement de voix de celle-ci. Le changement aura été si graduel et subtil qu'il n'aura pas été remarqué.

Les garçons

Quand on parle de puberté à un homme, l'une des choses qui remonte probablement le plus facilement à sa mémoire est justement la mue de sa voix, si soudaine et ponctuée de fausses notes qu'il en a possiblement été gêné à plusieurs reprises! La mue de la voix est ce que les gens retiennent de la puberté des garçons qu'ils connaissent, mais ce qu'un homme retient probablement le plus de sa propre puberté est sûrement sa première éjaculation, survenue au cours de la nuit, pendant ce qu'on appelle un « wet dream », ou lors d'une première masturbation. Au-delà d'être un moment particulièrement fort en émotion dans la vie d'un jeune garçon, la première éjaculation est considérée comme l'équivalent des premières menstruations chez la fille par la communauté scientifique... en effet, les deux phénomènes symbolisent la fécondité, la possibilité de concevoir un enfant, même si tous les parents espèrent que la première relation sexuelle ait lieu beaucoup plus tard... à 30 ans, si c'est possible!

Trève de plaisanteries, sachez que les premiers caractères sexuels à se développer chez votre garçon seront la croissance de la taille de son pénis et de ses testicules. Ensuite, il verra apparaître des poils pubiens drus et sa voix se mettra à changer légèrement. Par la suite, il vivra sa première éjaculation et des poils pubiens plus frisés feront leur apparition. Après cette étape importante, il subira sa poussée de croissance, des poils (encore!) apparaîtront sous les aisselles et la voix changera de façon plus apparente... c'est à ce moment que certains jeunes garçons commencent à fausser au beau milieu d'une phrase, leurs cordes vocales leur jouant parfois des tours!

Enfin, le dernier changement à survenir au cours de la puberté d'un garçon est la croissance des poils du visage, moment où il demandera sûrement à son père de lui donner des trucs pour mieux se raser! Qui sait, peut-être que cela coïncidera avec le moment où il voudra apprendre à faire un beau nœud de cravate?

Chaque individu est unique...
Habituellement, l'ordre dans lequel les changements associés à la puberté surviennent, correspond assez bien à ce que vous venez de lire dans les lignes précédentes. Toutefois, l'âge du début de la puberté ainsi que sa durée peuvent varier grandement d'un individu à l'autre. Ainsi, chez un garçon, la puberté peut commencer aussi tôt qu'à 10 ans ou aussi tardivement qu'à 13 ½ ans. Elle peut se terminer à 13 ans, aussi bien qu'à 17 ans. Si vous m'avez bien suivie jusqu'à présent, vous comprenez que cette étendue de possibilités peut faire en sorte que chez deux garçons de même âge chronologique, l'un aura terminé sa puberté alors que la puberté de l'autre n'aura même pas commencé! Chez les filles, l'étendue d'âge des premières menstruations est encore plus large, certaines filles les ayant à neuf ans et d'autres à 15 ans.

Une puberté plus hâtive chez les jeunes d'aujourd'hui?

Avez-vous l'impression ou avez-vous entendu des gens dire que les jeunes d'aujourd'hui semblent avoir une puberté plus précoce que ceux d'autrefois? En tout cas, bien des parents se plaignent que les comportements typiquement adolescents ou les connaissances par rapport à la sexualité surviennent à un âge plus jeune que ce qu'ils ont eux-mêmes vécu dans leur jeunesse. Bien des mères disent « Ouf! Dire qu'à cet âge, je jouais encore avec des poupées Barbie ».

Cette impression n'est peut-être pas sans fondement. Il semble en effet que la puberté se déclenche à un âge plus jeune aujourd'hui que dans les dernières décennies ou les derniers siècles. À titre d'exemple, en Norvège, les premières menstruations surviennent aujourd'hui en moyenne à l'âge de 13 ans, alors qu'elles survenaient à l'âge de 17 ans en 1840 (de Munich Keiser & Mul, 2001; Petersen, 1979). Plus près de nous, aux États-Unis, l'âge moyen des premières menstruations est aujourd'hui de 12 ½ ans, tandis qu'il était de 14 ans il y a un siècle (Santrock, 2005).

Est-ce que cela signifie que nos arrière-arrière-arrière-petits-enfants auront leur puberté à l'âge de trois ans? Non! Parce qu'il y a une limite génétique à la capacité du corps d'un jeune enfant de se transformer en celui d'un adulte... et c'est très bien ainsi!

Plusieurs théories ont été développées pour tenter d'expliquer ce phénomène. Certains prétendent que les hormones de croissance données aux animaux d'élevage accélèrent la croissance des enfants qui consomment beaucoup de viande. D'autres croient que le phénomène des familles recomposées, au sein desquelles des préadolescents sont appelés à vivre avec des personnes de sexe opposé qui ne sont pas du même sang, puisse, par l'entremise des phéromones (espèces d'hormones que dégage le corps, qui voyagent dans l'espace et qui peuvent être détectées par le corps d'un autre et influencer son fonctionnement), accélérer le déclenchement de la puberté des ados. Ainsi, une jeune fille qui capte régulièrement les phéromones d'un mâle qui n'est pas son père ou son frère (par exemple: le chum de sa mère) pourrait voir sa puberté se déclencher plus rapidement que prévu.

Mais ces théories ne sont pas encore très bien validées par la science. Ce sont probablement les effets combinés d'une meilleure nutrition et d'une meilleure santé qui font que les adolescents d'aujourd'hui ont leur puberté à un âge plus précoce. D'autres études récentes permettent également de faire un lien entre l'augmentation de l'obésité (qui joue sur le fonctionnement hormonal d'un être humain) et la puberté plus précoce observée chez les adolescents d'aujourd'hui (Kaplowitz, Slora, Wasserman, Pedlow, & Herman-Giddens, 2001). En effet, des scientifiques ont émis l'hypothèse que le déclenchement des premières menstruations pourrait être influencé par le pourcentage de gras en relation avec le poids total du corps. Cette hypothèse est basée sur plusieurs indices du lien qui existe entre le pourcentage de gras et du début de la puberté, notamment le fait que les adolescentes anorexiques qui subissent une perte de poids importante ainsi que les filles qui participent à certains sports (et qui ont, par conséquent, un faible pourcentage de gras) peuvent ne pas avoir leurs règles (Fujii & Demura, 2003; Phillips, 2003). Dans le même ordre d'idée, les garçons qui souffrent de malnutrition peuvent voir leur puberté retardée (Susman, Dorn et Schiefelbein, 2003).

L'important, c'est de retenir que vous n'avez pas la berlue : les jeunes ont bel et bien leur puberté à un âge un peu plus jeune que vous, que vos parents ou que vos grands-parents l'on eue, mais pas de panique, vos petits-enfants ne risquent pas de voir des poils pousser sous leurs aisselles alors qu'ils seront en maternelle!

Les impacts psychologiques de la puberté

L'impact de l'âge chronologique au début de la puberté

Le début de la puberté étant influencé par l'hérédité et les hormones, il existe forcément de grandes différences individuelles au niveau de l'âge auquel elle se déclenche. Dans une section précédente, j'ai mentionné que des garçons peuvent voir les premiers signes de leur maturation sexuelle apparaître à un âge aussi jeune que 10 ans, alors que d'autres devront attendre jusqu'à 13 ½ ans pour en voir apparaître les signes. Certaines filles auront leurs premières menstruations à l'âge de neuf ans, tandis que d'autres les auront à l'âge de 15 ans!

À l'adolescence, on veut absolument être comme nos pairs. La simple idée d'avoir une caractéristique qui nous rend différent des autres peut être stressante et perçue comme un risque d'être humilié ou rejeté. Imaginez-vous adolescent à nouveau. Imaginez que vous êtes la seule fille de votre groupe à avoir des seins plus développés et à porter un soutien-gorge. Imaginez que vous êtes le seul garçon qui n'a pas encore à se faire la barbe et qui a encore une voix que l'on confond avec celle d'une fille. À cet âge où l'on se sent constamment sous un projecteur, une puberté tardive ou précoce peut être stressante!

Pour cette raison, plusieurs chercheurs se sont penchés sur les impacts psychologiques de vivre la puberté à un âge très précoce ou très tardif, ces impacts pouvant évidemment être différents chez les filles et les garçons puisque les changements que subit leur corps ne sont pas les mêmes. Il est facile de penser que chez les filles, étant donné l'accumulation de tissus adipeux sur les fesses, les hanches et les cuisses (à contre-courant de la minceur proposée par les standards de beauté), les douleurs associées aux premières menstruations et le développement des seins, une puberté tardive est probablement souhaitable. Inversement, chez les garçons, le développement de leur masse musculaire pouvant les rendre plus performants dans les sports et leur donner une apparence plus virile, on peut croire qu'une puberté précoce est probablement une bonne chose.

En fait, il est étonnant de constater qu'au fil des décennies, les résultats des recherches ont été assez variés... au point où l'on peut se sentir un peu désorienté en lisant des articles scientifiques qui se contredisent.

À titre d'exemple, une étude longitudinale du milieu du siècle dernier, appelée la « Berkeley Longitudinal Study » a permis de découvrir que les garçons ayant leur puberté précocement avaient une perception plus positive d'eux-mêmes et avaient plus de succès dans leurs relations avec leurs pairs que ceux qui avaient une puberté tardive (Jones, 1965). Pour les filles, les résultats étaient similaires, mais de façon moins prononcée que chez les garçons. Une étude plus récente a toutefois fait ressortir des résultats plus complexes... Simmons & Blyth (1987) ont découvert que les filles ayant leur puberté précocement avaient plus de problèmes à l'école, se montraient plus indépendantes et étaient plus populaires auprès des garçons que leurs consœurs ayant leur puberté plus tardivement. Ils ont également découvert qu'en sixième année, les filles ayant leur puberté précocement étaient plus satisfaites de leur apparence que les autres, mais qu'en dixième année (l'équivalent de la quatrième secondaire), les filles ayant eu leur puberté tardivement étaient les plus satisfaites de leur apparence! Pour interpréter cette « inversion » des résultats, on peut les mettre en lien avec les standards de beauté dans la culture nord-américaine : être grande et mince! En effet, les filles ayant eu leur puberté précocement étaient probablement fières de prendre l'apparence d'une femme au début, mais elles ont accumulé plus de gras et leur croissance s'est arrêtée plus rapidement que les filles ayant eu leur puberté tardivement. Ce qui fait qu'en quatrième secondaire, les premières étaient plus courtes et trapues et les deuxièmes, plus grandes et minces! Rira bien qui rira le dernier, comme dit l'expression. Enfin, dans les deux dernières décennies, des études ont fait ressortir que les filles ayant leur puberté précocement étaient plus vulnérables à certaines difficultés que les autres filles... Entre autres, elles auraient plus tendance à fumer, à boire, à devenir dépressives, à développer des troubles alimentaires, à rechercher l'indépendance par rapport à leurs parents, et à choisir des amis plus vieux qu'elles. Elles ont également tendance à avoir leurs premiers « chums » ainsi que leur première relation sexuelle à un plus jeune âge. Il semble même qu'elles étudieraient moins longtemps... (Ge, Conger, & Elder, 2001; Sarigiani & Petersen, 2000; Stattin & Magnusson, 1990; Wiesner & Ittel, 2002).

Il y a de quoi en perdre son latin et surtout, il y a de quoi inquiéter n'importe quel parent... surtout les parents de filles, parce que, comme vous avez dû le constater, elles ont fait l'objet de plus nombreuses études que les garçons.

Pour vous rassurer, dites-vous que d'analyser le fonctionnement d'un adolescent seulement en fonction de son développement physique est assez incomplet comme façon de voir les choses! En effet, il n'y a pas que l'âge au moment de la puberté qui varie d'un individu à l'autre... il y a également l'estime de soi, la capacité d'adaptation, la résistance au stress, l'intelligence, le sens de l'humour, un bon réseau social et le soutien de ses parents... tous des facteurs qui peuvent tout autant influencer le fonctionnement d'un adolescent que le moment du début de sa puberté, et peut-être même plus! Ces facteurs peuvent en fait atténuer ou exacerber les effets possibles d'une puberté précoce ou tardive chez un jeune. Et, la bonne nouvelle est que l'un de ces facteurs vous concerne : avoir le soutien de ses parents... c'est la raison pour laquelle une partie de ce chapitre sera consacrée à la manière dont vous pouvez aider votre ado à mieux vivre sa puberté et surtout à limiter les impacts négatifs et les problèmes d'adaptation qu'elle pourrait lui causer.

Les impacts de la puberté sur l'image corporelle

L'image corporelle correspond à l'image mentale que l'on a de notre apparence. Certains ont une image corporelle positive, c'est-à-dire qu'ils sont capables d'accepter et même d'aimer leur apparence, même si elle ne correspond pas à 100 % aux standards de beauté véhiculés dans les médias. D'autres ont une image corporelle négative, se montrant incapables d'accepter leur apparence et se concentrant, lorsqu'ils se regardent dans un miroir, sur des défauts souvent invisibles aux yeux des autres.

L'image corporelle d'un individu n'est pas statique... elle peut varier à plusieurs reprises au cours de sa vie, selon les transformations que subit son corps et les changements de son humeur et de son bien-être en général. Quand on y pense, un être humain peut devoir ajuster son image corporelle plusieurs fois dans sa vie : quand il perd ses dents de lait pour voir apparaître de grosses dents d'adultes dans un visage d'enfant, à la puberté, au moment de gains ou de pertes de poids, lorsque des blessures laissent des cicatrices ou la maladie transforme l'apparence, lors des grossesses, à la perte de cheveux, lorsqu'apparaît la bedaine de la quarantaine et surtout... tout au long du vieillissement, phénomène naturel, mais ô combien angoissant pour la majorité d'entre nous!

La puberté est l'une des plus grandes transformations que le corps de votre enfant subira dans sa vie, et elle survient à un moment où tout est remis en question : de la vérité qu'il croyait que vous possédiez, à sa façon de percevoir ses pairs du sexe opposé, en passant par sa propre identité, qu'il cherche en faisant plusieurs essais et erreurs. Cette transformation survient aussi à un moment où il prend de plus en plus conscience du regard que les autres portent sur lui et où il devient un peu égocentrique, comme s'il était le centre du monde et que les projecteurs étaient constamment dirigés vers lui. Cela peut expliquer les longues minutes passées devant le miroir!

En fait, chaque changement physique qui survient au cours de sa croissance oblige l'adolescent à se réadapter sur le plan de son image corporelle. Et comme il y a de nombreux changements physiques au cours de cette période, les ados ont à peine le temps de s'adapter à un changement qu'il s'en produit un nouveau! Cette constante réadaptation de leur image demande de l'énergie et peut être stressante. Aussi, la recherche démontre que dans la culture des pairs, l'obsession de l'apparence tient une place très importante, et c'est au début de l'adolescence que les impacts de cette obsession sont les plus flagrants (Harter, 1993).

Rappelez-vous également que les premières sections de ce chapitre parlaient d'une croissance pas toujours harmonieuse, les extrémités se développant avant le tronc, les détails du visage se développant avant que ce dernier n'atteigne sa taille finale, un côté se développant parfois plus vite que l'autre (sein, testicule, oreille...). Ajoutez à cela les problèmes d'acné que vivent une majorité d'adolescents. Ajoutez encore la pression d'être accepté par les pairs et les remarques méchantes que peuvent parfois faire ces derniers à cet âge... vous obtenez un cocktail, peut-être pas explosif, mais possiblement très angoissant!

Pour cette raison, tout ce que vous pouvez faire pour favoriser l'estime de soi générale de votre adolescent pourrait l'aider à traverser cette période. Vous pouvez le valoriser lorsqu'il démontre une compétence ou un talent, lorsqu'il a de bonnes idées, ou lorsqu'il fait des choix vestimentaires qui mettent ses atouts en valeurs. Vous pouvez également être vous-même un bon modèle d'image corporelle saine en prenant soin de ne pas vous critiquer devant votre miroir et devant votre ado. Vous pouvez peut-être lui dire qu'il est beau, mais vous risquez de vous faire dire: «Tu dis ça juste pour me faire plaisir», ou encore «C'est sûr que tu me trouves beau, je te ressemble»! Il vaut alors peut-être mieux vous montrer à l'écoute, et reconnaître que les changements de la puberté ne sont pas toujours faciles à vivre... peut-être que cela ne l'aidera pas à se sentir plus beau, mais cela l'aidera certainement à se sentir normal et écouté!

Enfin, vous pouvez peut-être utiliser l'analogie d'une fleur pour l'encourager un peu... Avant de voir apparaître une fleur, on voit apparaître un bouton, qui peut être mignon, mais qui n'est pas aussi joli que la fleur. Ensuite, le bouton s'ouvre et la fleur s'épanouit peu à peu, jusqu'à ce qu'elle atteigne sa pleine beauté, lorsqu'elle est complètement ouverte. Si votre ado se sent comme le bouton, dites-lui que le meilleur est à venir, et qu'il est bien chanceux. Dans peu de temps, il atteindra le moment de sa vie où il sera au summum de sa beauté et de sa forme physique. Ensuite, à partir d'à peu près 26 ou 27 ans, la fleur commencera déjà à se faner... heureusement, contrairement à une fleur, lorsqu'ils commencent à se faner, les humains ont encore de longues années à vivre, et plusieurs se fanent en conservant une belle allure!

Les effets des hormones... un mythe ou une réalité?

Avez-vous déjà entendu un parent justifier les sautes d'humeur ou les comportements parfois impulsifs et irréfléchis de son adolescent en mettant ça sur le dos des hormones? «Vous savez, à cet âge, ils sont bourrés d'hormones et ils sont donc irritables et pleins de pulsions (agressives ou sexuelles)»! La croyance populaire veut que les changements hormonaux liés à la puberté soient autant responsables de la transformation psychologique, affective et comportementale des adolescents que de leur transformation physique.

Ce n'est pas totalement faux... à titre d'exemple, des chercheurs ont découvert que chez les garçons, des niveaux plus élevés d'androgènes étaient associés à des actes de violence (Van Goozen, Matthys, Cohen-Kettenis, Thisjssen, & van Engeland, 1998; Susman, Nottelmann, Inoff-Germain, & Dorn, 1987). D'autres ont pu déterminer que chez les filles, des niveaux plus élevés d'estrogènes étaient associés à des symptômes dépressifs (Angold, Costello, & Worthman, 1999).

Toutefois, mettre tout sur le dos des hormones – pour expliquer l'attitude et les impulsions typiquement adolescentes – serait simpliste. En effet, les hormones ne sont pas les seules à influencer l'humeur et le comportement de votre jeune. Il y a bien d'autres facteurs en cause! Une étude particulièrement intéressante a fait ressortir que des facteurs sociaux étaient entre deux et quatre fois plus responsables que les hormones des attitudes dépressives et colériques chez les jeunes filles. (Brooks-Gunn & Warren, 1989)! Certains autres auteurs ont découvert un lien évident entre les comportements téméraires, habituellement associés à la testostérone, et la qualité de la relation parent-ado (Archibald, Graber, & Brooks-Gunn, 2003)! Tiens, tiens... si votre ado fait des siennes, vous ne pouvez pas blâmer seulement les hormones, car il semble que vous ayez un rôle à jouer dans la prévention de ces comportements à risque! En fait, ces chercheurs ont découvert que lorsque la qualité de la relation parent-ado se détériorait, les comportements téméraires ainsi que les symptômes dépressifs augmentaient.

La réalité est que les hormones de votre ado ne fonctionnent pas de façon indépendante. Elles sont influencées par ses relations interpersonnelles (dont celle avec vous!), son niveau de stress, son alimentation, son activité sexuelle... toutes des choses sur lesquelles vous avez un certain pouvoir de supervision.

Alors, il est faux et surtout malsain de croire que, contre le flot d'hormones qu'apporte la puberté, un parent ne peut rien et doit abdiquer. Vous pouvez avoir une influence plus importante sur votre ado que ses hormones si vous le désirez et que vous êtes prêt à fournir les efforts nécessaires, cela va de soi!

Comment aider votre ado à vivre les changements reliés à la puberté?

Vous allez trouver que je me répète, mais il est très important de se rappeler que les changements physiques que votre ado subira dans les prochains mois et les prochaines années seront bouleversants pour lui. Il est possible que son inconfort par rapport à son nouveau corps et sa nouvelle image se traduise par de nombreuses vérifications dans le miroir, de l'irritabilité, des sautes d'humeur... et il est également possible que sa détresse passe inaperçue à vos yeux. Mais cela ne veut pas dire qu'elle est inexistante.

L'éducation... un bon moyen de prévention

Si demain matin, vous vous aperceviez qu'au cours de la nuit, vous avez grandi de 15 cm, que votre nez a allongé, que votre peau est maintenant mauve et à pois verts, vous ressentiriez probablement quelque chose qui ressemble à de la panique! Si la même situation se présentait, mais qu'une semaine auparavant, votre médecin vous avait avisé que ces changements sur votre corps se produiraient, qu'ils sont normaux, que votre malaise ou votre gêne par rapport à cette nouvelle apparence est tout aussi normale, et que les choses rentreront dans l'ordre dans quelques mois ou quelques années, vous seriez probablement beaucoup plus calme. Vous seriez tout de même inconfortable avec cette apparence un peu bizarre, mais savoir qu'elle est normale, passagère et que d'autres personnes du même âge la vivent eux aussi contribuerait à diminuer votre détresse probablement de moitié ou même plus.

Plus un ado sera informé des changements que subira son corps AVANT qu'ils ne surviennent, moins sa puberté le surprendra. Être préalablement informé que ces transformations sont normales facilite l'adaptation au changement et diminue la détresse que cela pourrait causer.

Alors, qu'attendez-vous pour vous asseoir avec votre enfant et lui expliquer ce qui l'attend? Vous êtes mal à l'aise de lui parler des changements que subira bientôt son corps? Ce n'est rien comparativement au malaise qu'il ressentira lorsque ces changements arriveront s'il n'a pas été préalablement prévenu! Alors, prenez votre courage à deux mains pour lui expliquer les points suivants:

- les enfants ne deviennent pas des adultes du jour au lendemain;
- les changements se font graduellement, mais tout de même

assez rapidement, parfois plus vite que notre capacité à s'y adapter;
- les changements apparents que son corps s'apprête à subir (caractéristiques sexuelles, poussées de croissance, acné);
- les changements moins apparents, mais bouleversants (premières menstruations et première éjaculation);
- la raison de ces changements (reproduction, devenir adulte);
- comment il pourrait se sentir (fier, gêné, observé, etc.);
- les problèmes qui le guettent et les moyens de les éviter (infections transmises sexuellement, grossesse non désirée, contraception, préservatifs, etc.);
- pour les filles : gestion des menstruations (inscrire les étapes du cycle sur un calendrier), hygiène, douleurs au sein, épilation;
- pour les garçons : hygiène, mue de la voix, rasage, etc.

Idéalement, il faut préparer votre jeune à cette discussion! C'est-à-dire qu'avant que sa puberté se déclenche, vers la fin du primaire, vous pouvez profiter d'un moment où il est ouvert au dialogue et de bonne humeur pour lui annoncer que son corps s'apprête à vivre de grands changements, et que vous aimeriez en discuter avec lui éventuellement pour mieux le préparer. Reconnaissez que l'anticipation de cette discussion avec vous peut être stressante ou du moins un peu gênante pour lui, mais que vous êtes déjà passé par là, que tout le monde passe nécessairement par cette étape et qu'il est important qu'il sache que vous êtes là pour l'informer et le soutenir. Ensuite, laissez-le tranquille à ce sujet pour quelques jours. Par la suite, sachez identifier le bon moment pour avoir cette discussion. Évidemment, aborder le sujet cinq minutes avant son départ pour l'école n'est pas vraiment le moment idéal! Tentez de choisir un moment où il est de bonne humeur et ouvert, où vous êtes seul avec lui, et où vous avez beaucoup de temps pour ne pas précipiter vos explications et pour pouvoir répondre à toutes ses questions.

Ces conseils ne sont pas magiques... Malgré tous vos efforts pour être délicat et le respecter, votre enfant pourrait tout de même se replier sur lui-même et vous dire de le laisser tranquille... C'est signe qu'il est timide ou mal à l'aise, même si les changements ne sont pas encore survenus! Raison de plus pour lui fournir la bonne information, mais à un autre moment. Ne vous acharnez pas et trouvez un autre moment un peu plus tard. Il sera alors probablement mieux préparé et peut-être plus ouvert, puisque votre première tentative aura servi à indiquer que LA fameuse discussion sur la sexualité se fera sous peu. Respectez le fait qu'il repousse la discussion un certain temps et qu'il soit timide... mais dites-lui clairement que vous tenez à lui parler brièvement de ce qui s'en vient, et que vous êtes prêt à utiliser des outils qui vous permettront d'en parler moins longtemps ou moins en détail avec lui, tel qu'un livre sur le sujet (voir les suggestions de lecture à la page 213, à la fin de ce livre).

Un livre sur le sujet... un outil qui pourrait vous être utile!

L'achat d'un livre sur la puberté et la sexualité peut être une bonne stratégie, même pour les préados qui auront été ouverts à la discussion avec leurs parents. Déterminez l'information que vous voulez lui transmettre vous-même et celle, plus précise et détaillée, qu'il lira lui-même dans le livre, puisque cela pourrait l'intimider si vous lui présentiez vous-même (ex. : la masturbation). Le livre ne peut cependant pas remplacer votre rôle de parent! Il est préférable de lui faire une « introduction » en la matière de façon verbale et de lui préciser qu'il peut en tout temps vous poser des questions ou vous parler de ses inquiétudes. Bref, il ne doit pas voir le livre comme un signe que vous ne voulez pas lui parler directement de ce sujet, mais plutôt comme un outil à votre soutien et à l'éducation que vous voulez lui offrir.

L'orienter vers d'autres ressources si nécessaire

Il est important de lui indiquer à qui d'autre il peut poser ses questions, au cas où il serait gêné d'en parler avec vous. Par exemple, si vous êtes le père monoparental d'une jeune fille, il est possible que cette dernière préfère discuter de ces choses avec une femme. Ne soyez pas déçu ou ne vous sentez pas rejeté si elle en parle plutôt à sa mère, à sa belle-mère ou à une tante. D'ailleurs, même dans les familles nucléaires (intactes), il n'est pas rare de voir les pères entreprendre l'éducation sexuelle de leur fils et les mères entreprendre celle de leur fille. En tant que parent, on est mieux placé lorsque l'on éduque nos ados sur ce que l'on connaît vraiment et un papa connaît moins bien les changements que subira le corps de sa fille qu'une autre femme qui les a déjà vécus elle-même. Ce n'est pas du sexisme, c'est de la logique et du réalisme!

Vous pouvez servir d'exemple...

Une autre bonne chose à faire en tant que parent est de parler à votre préado de votre propre puberté... du moins des bouts dont vous vous souvenez! Cela permet à votre enfant de constater que vous êtes capable de comprendre ce qu'il va vivre parce que vous êtes déjà passé par là. Cela démontre votre capacité à être empathique face à la détresse ou à l'inconfort qu'il vivra possiblement dans les prochains mois, et cela confirme que tous ces changements sont normaux, et qu'on n'a pas éternellement l'air d'un adolescent... Vous en êtes une preuve vivante avec votre corps d'adulte!

L'école... a-t-elle un rôle à jouer?

Il est possible que certains d'entre vous se souviennent d'avoir eu la visite de l'infirmière de l'école à quelques reprises dans leur classe lorsqu'ils étaient en cinquième ou sixième année. Le rôle de cette infirmière était d'éduquer les enfants sur les changements associés à la puberté, de répondre à leurs questions et de faire la prévention des infections transmissibles sexuellement (ITS) et des grossesses non désirées. Ce type d'éducation en contexte scolaire a du bon : se faire expliquer ces choses en même temps que ses pairs permet de prendre conscience de la normalité du phénomène : « si on l'explique à toute la classe, c'est parce que tous mes camarades vivront tôt ou tard la même chose que moi ». Le fait de recevoir l'information en groupe est peut-être moins gênant que lorsque l'information est donnée en tête-à-tête avec un parent. En plus, le léger malaise et la gêne de parler de sexualité en classe peuvent amener les petits rigolos du groupe à faire quelques blagues qui détendent l'atmosphère... parfois au désespoir de la personne qui tente de donner un cours crédible et sérieux! Mais rien de mieux que le rire et l'autodérision pour s'adapter à un changement imminent. Les cours donnés par l'infirmière étaient alors très axés sur la biologie des changements à venir, mais peu de temps était consacré aux impacts psychologiques de ces changements (image corporelle, début de l'intérêt pour les pairs du sexe opposé, être troublé par la première menstruation ou la première éjaculation). Ces cours étaient néanmoins très bien pour tous les enfants et encore plus particulièrement pour ceux qui n'avaient pas la chance d'avoir des parents qui pouvaient leur offrir cette éducation à la maison, que ce soit par manque de temps, par timidité, par manque d'éducation ou par insouciance...

Depuis 2001, avec la réforme de l'éducation, les commissions scolaires n'offrent plus de cours de sexualité de façon systématique et standardisée dans les écoles. Survenue en 2005 dans les écoles secondaires, cette même réforme a aboli les cours de formation personnelle et sociale (FPS), dans lesquels on pouvait enseigner non seulement l'aspect « mécanique » de la sexualité, mais également son côté affectif, tels que les relations homme-femme, l'homosexualité, l'importance du consentement, etc.

Il semble que l'anatomie des fonctions reproductrices du corps humain est de nos jours enseignée dans le cadre du cours science et technologie, donné en troisième secondaire. Le nouveau cours d'éthique et culture religieuse serait également un bon contexte pour les discussions sur l'aspect affectif de la sexualité. Toutefois, les nouvelles politiques établissent que l'éducation sexuelle est l'affaire de tous dans une école, tant du professeur de science qui enseigne l'anatomie, que du professeur de maths qui peut surprendre une conversation vulgaire entre élèves dans un corridor. Certains pourraient se réjouir que tout le personnel d'une école soit responsable d'une question aussi importante que l'éducation sexuelle, mais d'autres sont d'avis que lorsque tout le monde est responsable d'un type d'éducation avec des objectifs un peu flous, tout le monde se fie un peu sur les autres et finalement, rien ne se fait. En effet, il semble que pour de nombreux élèves, l'éducation sexuelle à l'école tombe entre deux chaises!

En septembre 2010, on rapportait dans différents médias qu'au cours de la dernière décennie, les comportements sexuels des jeunes ont changé. Il semblerait que l'usage du condom ne soit plus valorisé et que les jeunes soient moins gênés de dire qu'ils ont eu des relations non protégées, ce qui n'était pas le cas auparavant. Les ITS, (ce que l'on appelait auparavant MTS) seraient en augmentation. Selon le célèbre Dr Réjean Thomas, président de la clinique l'Actuel à Montréal, les cas de syphilis, de chlamydia et de gonorrhée ont nettement augmenté depuis 2003. Il fait remarquer qu'il existe une banalisation des rapports sexuels non protégés depuis l'existence de la trithérapie, qui permet de traiter les patients aux prises avec le Sida, mais qu'à cela s'ajoute une coïncidence entre l'augmentation des ITS et des changements survenus au niveau de l'éducation sexuelle dans le réseau de l'éducation. (Dion-Viens, 2010; Nicoud, 2010; La Presse Canadienne, 2010).

Avant de vous fier sur l'école en ce qui a trait à l'éducation sexuelle de votre jeune, il vaut mieux vous informer de ce qui est prévu à cet effet auprès du personnel enseignant. Plusieurs d'entre vous seront rassurés d'apprendre que quelques cours sont prévus au programme, et que leur contenu est clairement déterminé. Toutefois, vous pourriez réaliser que rien de réellement structuré n'est prévu dans le parcours scolaire. Aussi bien assumer vous-même l'éducation sexuelle de votre enfant! C'est une occasion de parler également des impacts psychologiques des changements reliés à la puberté, tels que l'impact sur l'image corporelle. Vous pouvez également en profiter pour aborder, de façon plus générale, l'adolescence qui s'en vient, et les changements qui surviendront dans la relation parent-enfant.

Je suis d'avis que l'éducation sexuelle devrait revenir au programme dans nos écoles de façon claire et structurée. Non pas pour déresponsabiliser les parents, leur rôle étant primordial, mais bien parce que certains adolescents sont plus à l'aise de parler de sexualité avec un éducateur qu'avec un parent. On peut les comprendre... avec un professeur ou une infirmière, il y a moins d'émotions d'impliquées, telles que les inquiétudes des parents ou la timidité du jeune.

La pornographie: un moyen d'éducation pour les enfants... autodidactes!

Il se peut que votre adolescent fasse une partie de son éducation sexuelle en consultant du matériel pornographique. Ne négligez pas cette possibilité. Surtout si vous omettez de lui en parler vous-même... Il sera encore plus tenté de satisfaire sa curiosité et de combler son sentiment de manque d'information par ses propres moyens.

Même si cela vous demande du temps, des efforts, de l'énergie et vous cause un léger malaise, mieux vaut que votre enfant apprenne ce qu'il a à apprendre de la sexualité par votre entremise et par des outils choisis par vous que par la pornographie qui lui donnera une perception complètement caricaturale, fausse et malsaine de la sexualité.

Même les ados plus naïfs qui ignorent l'existence de la pornographie et qui n'ont initialement aucune intention d'en regarder pourraient y avoir accès en tentant simplement de trouver de l'information sur la sexualité, en tapant le mot « sexe » sur n'importe quel moteur de recherche.

Et ne vous méprenez pas... je ne suis pas contre la pornographie. Je crois même qu'elle peut aider certains couples en panne de désir, lorsqu'ils savent bien s'en servir. Elle est également essentielle aux cliniques où l'on doit prélever des échantillons de sperme (les cliniques de fertilité, par exemple). Mais un jeune mal informé peut y trouver de fausses informations. Il pourrait par la suite vivre du stress de performance, de l'anxiété et des déceptions lorsque viendra le temps d'avoir sa première relation sexuelle.

Vous pouvez exercer une certaine prévention, mais vous ne pouvez contrôler à 100 % ce à quoi votre ado peut avoir accès. Vous pouvez installer des outils de contrôle parental sur votre ordinateur et sur le téléviseur, vous pouvez établir des règles quant à l'utilisation d'Internet (limite de temps d'utilisation, utilisation de l'ordinateur seulement dans les pièces communes et lorsqu'il y a un adulte dans la maison, etc.). Ces interventions prouvent que vous êtes soucieux du bien-être de votre enfant et que vous souhaitez le protéger des mauvaises influences. Toutefois, elles ne feront probablement que retarder le moment où il se retrouvera, les yeux écarquillés, devant un site « XXX » comportant des images très explicites! Pensez-y... avant même l'existence d'Internet, vous avez probablement vous-même réussi à mettre la main sur du matériel pornographique au cours de votre adolescence, même si c'était alors beaucoup moins accessible. Il suffisait de fouiller dans les tiroirs des parents ou d'avoir un ami qui avait un grand frère qui possédait un coffre secret dans sa chambre ou encore de faire un « party pyjama » chez un ami dont les parents permettaient de veiller tard devant la télé sans supervision... Bref, quand un ado veut, il peut! Cette expression est rassurante quand on parle de réussite scolaire, beaucoup moins quand il s'agit de pornographie...

Ne soyez pas dupe et ne vous fiez pas trop sur votre pouvoir de contrôle parental. Plus vous ferez en sorte que votre ado ait accès à un maximum d'informations saines, véridiques et valides sur la sexualité, plus il aura un regard critique lorsqu'il sera confronté à des informations plus... disons, exagérées, de la chose!

Soutien et accompagnement

La section précédente parlait de prévention à faire AVANT la puberté... mais votre rôle de parent ne s'arrête pas là. En ce qui concerne les changements du corps, avoir LA discussion à la préadolescence n'est pas suffisant. Votre ado doit se sentir soutenu et accompagné tout au long de cette période de changements.

À la préadolescence, vous lui aurez parlé de la possibilité de faire de l'acné... votre travail ne se termine pas là! Il faudra être présent quand votre fille criera à s'époumoner lorsqu'elle apercevra son premier bouton dans le miroir, ou pire encore, lorsqu'un bouton apparaîtra le jour de la danse à l'école, moment où elle voulait demander à un collègue de classe s'il voulait sortir avec elle.

À la préadolescence, vous aurez parlé à votre fille de l'importance de la contraception... votre rôle ne s'arrête pas là! Car ce n'est pas à la préadolescence qu'elle se sentira prête à prendre la pilule anticonceptionnelle... ce sera seulement quelques années plus tard.

À la préadolescence, vous aurez parlé à votre fils de l'importance de se protéger contre les ITS... mais ce n'est que plus tard qu'il pourrait vous annoncer qu'il se sent trop gêné pour acheter des condoms à la pharmacie.

Vous lui aurez peut-être parlé des éjaculations nocturnes, mais vous aurez peut-être à lui rappeler de changer ses draps et de jeter ses mouchoirs souillés!

Ce ne sont que quelques exemples des multiples occasions que vous aurez de soutenir votre ado tout au long de son adolescence. Il sera important de toujours réagir calmement, d'être à l'écoute sans lui offrir immédiatement vos solutions toutes faites, de prendre la peine de lui demander ce qu'il attend de vous, et de le guider.

Il faudra lui permettre d'avoir plus d'intimité, être patient quand les séances devant le miroir de la salle de bain se prolongent et ne pas trop dénigrer ses changements fréquents de *looks*. La pression d'être accepté de ses pairs et le stress causé par les changements qu'il doit accepter sont suffisamment grands. Nul besoin d'entendre en plus ses parents ridiculiser ses nouveaux pantalons dont le fond de culotte lui arrive aux genoux et qui laissent voir le haut de son caleçon (Vous trouvez ça affreux? Vous ne saviez pas que c'est joli aux yeux des jeunes? Vous êtes tellement vieux jeu!).

Je vous ai donné quelques conseils sur la façon de soutenir votre ado pendant sa puberté, mais la lecture de la partie II de ce livre vous donnera encore plus de détails sur la façon dont cette transformation demandera une certaine adaptation de votre rôle de parent. Dans le chapitre suivant, je vous expliquerai la manière dont le cerveau de votre ado se développera à cette période.

Chapitre 2

LE DÉVELOPPEMENT DU CERVEAU DURANT L'ADOLESCENCE... PAS SEULEMENT UNE QUESTION D'HORMONES

Nous avons déjà effleuré le sujet au chapitre précédent. Souvent, quand un parent tente de s'expliquer les comportements bizarres ou l'irritabilité de son adolescent, les hormones ont le dos large! En effet, quand on pense aux ricanements des jeunes filles de 12 ans, à la témérité des garçons de 15 ou 16 ans, au désir que garçons et filles ont de plaire aux ados du sexe opposé (ou du même sexe, selon l'orientation sexuelle), on se dit souvent qu'ils sont bourrés d'hormones, ce qui doit forcément expliquer tous ces comportements, tout autant que la poussée de boutons sur leurs visages!

Or, il semble que certaines attitudes typiquement adolescentes soient également explicables par les changements biologiques ayant lieu sous leur crâne. J'entends certains penser: «Quoi? Le cerveau continue de se développer durant l'adolescence? On nous avait pourtant dit que tout se joue avant six ans! Nous a-t-on menti?»

Non, on ne vous a pas menti... Les connaissances en neurobiologie ont simplement évolué, comme dans bien d'autres domaines de la science. N'y a-t-il pas eu une époque où les médecins croyaient que faire saigner un patient pouvait le soulager de certains maux? Si les médecins ont le droit de se tromper pour ensuite faire évoluer leur science, eh bien les psychologues et les spécialistes du cerveau humain ont ce même droit!

Dans ce chapitre, nous verrons les changements que le cerveau d'un adolescent subit jusqu'à l'âge adulte, les impacts de ces changements sur ses comportements, sa façon de réfléchir, de prendre des décisions et de gérer ses émotions. Pourquoi apprendre tout cela? Je sais bien que vous n'avez probablement ni l'envie, ni le temps de réorienter votre carrière pour devenir neurobiologiste! Mais un survol des plus récentes découvertes en la matière vous sera très utile. Le fait de savoir que certains des comportements de votre ado sont des conséquences de changements que subit son cerveau plutôt que des gestes délibérément dirigés contre vous, vous épargnera probablement beaucoup de frustration, de colère et de nombreux conflits. Cela vous aidera à subir les sautes d'humeur de votre ado de façon beaucoup plus sereine, et à moins vous inquiéter pour son avenir lorsqu'il commettra une action traduisant un sérieux manque de jugement. Vous saurez alors que cet état est temporaire... pourvu que vous adaptiez bien votre rôle de parent à son entrée dans l'adolescence.

Ce que l'on croyait auparavant

Jusqu'à récemment, toutes sortes de théories ont été élaborées et toutes sortes d'hypothèses ont été testées afin de mieux comprendre certains comportements des adolescents. On peut penser à la témérité, au manque occasionnel de jugement, à l'agressivité, à l'arrogance, à l'opposition à l'autorité... On a pointé toutes sortes de facteurs, notamment l'éducation reçue durant l'enfance, les effets hormonaux de la puberté, la pression exercée par les pairs (ou ce que tout parent appelle « les mauvaises influences »), On a même évoqué l'incompétence possible des parents!

Pensez-y! Dans notre quotidien, dans les conversations entre parents d'ado, on entend souvent de tels propos:
« Elle a des sautes d'humeur... elle doit être bourrée d'hormones. »
« Il a fait une bêtise à l'école... ce doit être cet ami que je n'aime pas qui l'a influencé. »
« Cet ado a fait un party destructeur le week-end dernier... les parents doivent être négligents. »
« Cette fille est tombée enceinte... elle doit chercher l'attention de ses parents parce que ses derniers se sont séparés lorsqu'elle était petite. »

Lorsque l'on cherche à expliquer les comportements d'adolescents, on a souvent recours à un peu de psychologie à 5 cents... psychologie qui a été influencée par de véritables théories de véritables psychologues... mais qui est maintenant enrichie de récentes découvertes en neurobiologie.

On a longtemps supposé que le développement du cerveau est fulgurant durant la petite enfance, qu'il ralentit durant l'enfance pour ensuite rester stable et régulier de l'adolescence jusqu'à l'âge adulte.

En se basant sur le volume et la taille du cerveau, de nombreuses études nous ont indiqué que 95 % du cerveau est développé lorsque l'enfant atteint l'âge de cinq ans... d'où la fameuse croyance que « tout se joue avant six ans »! Comme si à six ans, si notre enfant a des problèmes de comportements, il n'y a plus rien à faire... En fait, il est vrai que 95 % du développement du cerveau est complété à l'âge de cinq ans. Ce que nous ne savions pas, c'est comment se développe les cinq pour cent qui restent... Jusqu'à quel âge se développe-t-il, et quelles fonctions cérébrales continuent de se développer au-delà de l'âge de cinq ans?

Jusqu'à très récemment, très peu d'études avaient été menées sur le développement du cerveau chez les adolescents. La recherche dans ce domaine en est encore à un état embryonnaire. Mais de plus en plus d'études nous démontrent des résultats fascinants (Walker, 2002). Si bien que maintenant, les chercheurs ont bien des raisons de croire que le cerveau d'un ado est différent de celui d'un enfant, et qu'il continue de se développer tout au long de l'adolescence (Crews, 2001; Keating, 2004).

Le cerveau : quelques notions de base

Je ne vous donnerai pas un cours de neurobiologie, mais je vous expliquerai quelques notions de base de manière que vous puissiez comprendre la mécanique des changements qui surviennent dans le cerveau d'un adolescent

Les neurones... les cellules spécialisées du système nerveux

Le cerveau peut être comparé à un système électrique et les neurones sont des cellules spécialement conçues pour conduire le courant électrique dans le système. C'est ce qu'on appelle l'influx nerveux.

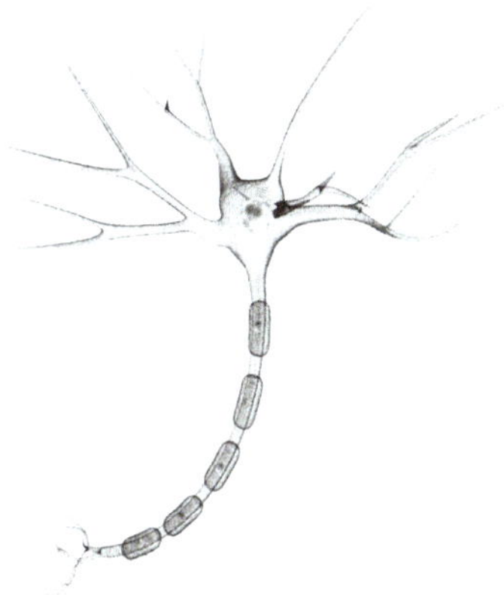

Les neurones ressemblent un peu à un arbre... les branches sont appelées les dendrites. Ce sont elles qui reçoivent les messages provenant des autres neurones autour. Elles transmettent l'influx nerveux au corps cellulaire, puis à l'axone, qui serait en quelque sorte le

tronc de l'arbre. Au bout de l'axone se trouve ce que l'on appelle des boutons terminaux, ou les terminaisons de l'axone. À cet endroit, l'influx nerveux est transmis à un ou plusieurs autres neurones. Ainsi voyage l'influx nerveux d'un neurone à l'autre.

Le tronc cérébral

Pour désigner le tronc cérébral, on parle parfois du cerveau reptilien. Cette partie du cerveau est responsable des fonctions du corps qui sont inconscientes, comme respirer, les battements du cœur et nos mouvements involontaires... tels que retirer notre main d'un rond de poêle chaud dès que l'on ressent la douleur.

Le système limbique

Le système limbique est le siège des émotions. Il est composé de plusieurs structures importantes dont le développement durant l'adolescence influencera les comportements et la sensibilité de votre ado :

L'amygdale

L'amygdale est un amas de cellules nerveuses en forme d'amande, qui est responsable de nos réactions de peur et de colère. Lorsque vous regardez un « thriller » et qu'une séquence du film vous fait bondir de votre fauteuil et que vous sentez que votre cœur veut sortir de votre poitrine, c'est l'amygdale qui est en cause. Il en est de même pour la réaction de colère ou même de rage de votre ado lorsque vous lui annoncez qu'il doit rentrer à 23 h alors que tous ses amis peuvent rentrer à minuit!

L'hippocampe

Il a la forme d'un cheval de mer et il est responsable de l'encodage de nouvelles informations dans notre mémoire. Quelqu'un qui a des lésions dans cette partie du cerveau pourrait peut-être vous réciter tous les premiers ministres du Canada qui ont été en fonction depuis sa naissance, mais sera incapable de vous répéter ce que vous lui avez dit il y a cinq minutes. Durant l'adolescence, cette région du cerveau est particulièrement sensible aux abus d'alcool et de drogue... plus que chez les adultes.

L'hypothalamus

Cette partie du cerveau est le centre de contrôle du système endocrinien, soit du système hormonal. Puisque vous savez que plusieurs hormones sont en jeu dans le développement d'un adolescent, vous vous doutez bien que l'hypothalamus a donc un grand rôle à jouer à l'adolescence. Il serait également lié aux comportements sexuels et au contrôle des rythmes circadiens (rythmes biologiques sur une période de 24 heures).

Le striatum ventral
Les circuits de cette région du cerveau sont impliqués dans la motivation d'un individu. Des études récentes (citées dans Walsh, 2004) démontrent qu'un striatum ventral sous-actif pourrait être la raison pour laquelle tant d'ados manquent de motivation... La paresse caractéristique des adolescents, leur tendance à « végéter » serait donc influencée par le développement de leur cerveau.

Le cortex

Le cortex cérébral est ce que nous appelons la « matière grise ». Il est responsable de la pensée consciente, du raisonnement, du langage, de la capacité de calculer et de planifier, donc des fonctions les plus complexes du cerveau. Il se compose de plusieurs parties, mais au cours de l'adolescence, c'est surtout la partie préfrontale du cortex qui se développe. Celle-ci se situe juste derrière l'os du front. Pour faire une analogie avec le monde des grandes entreprises, disons que le cortex préfrontal est le président-directeur général du cerveau! Il est responsable de la planification à moyen et à long terme, de l'évaluation de conséquences et du contrôle des impulsions émotives.

Le corps calleux

Le cerveau est divisé en deux hémisphères... un peu comme notre planète! L'hémisphère gauche se charge du travail d'analyse (compter, parler, écrire, lire, etc.), tandis que l'hémisphère droit est responsable de la pensée intuitive et de l'imagination. Pendant que l'hémisphère gauche décortique et classifie, le droit fait la synthèse de ce qui a été analysé. Les deux hémisphères sont impliqués dans presque toutes nos activités quotidiennes. Ces deux parties du cerveau doivent donc être en constante communication. Le corps calleux est un réseau de neurones qui assure cette communication en faisant la liaison entre les deux hémisphères.

Différents processus du développement du cerveau

Maintenant que vous connaissez certains éléments du cerveau, particulièrement ceux qui sont en développement ou qui subissent des changements durant l'adolescence, il est important que vous connaissiez différents processus impliqués dans leur développement.

Des fenêtres d'opportunités d'apprentissage et de vulnérabilité

Il n'y a pas seulement que les os et les muscles de votre ado qui sont en croissance... son cerveau l'est aussi. Et, tout comme un muscle, le cerveau doit faire des exercices (être stimulé) pour se développer. Durant certaines périodes du développement, des groupes neurones qui sont sollicités en même temps se relient entre eux, se connectent. Plus ces neurones sont stimulés, plus les connexions entre eux sont renforcées. À l'inverse, s'ils sont sous-stimulés ou inutilisés, les connexions disparaissent.

Les différentes parties du cerveau ne se développent pas toutes en même temps. Lorsqu'une de ces parties est en plein développement, ses neurones s'activent et les dendrites s'allongent et se multiplient, créant de plus nombreuses occasions de s'interconnecter. Ces « poussées de croissance cérébrales » sont des fenêtres d'opportunités d'apprentissage. La génétique détermine le moment et l'intensité de ces poussées de croissance des neurones et de leurs dendrites. Toutefois, ce sont les expériences vécues qui sculpteront les différents circuits du cerveau.

Une de ces fenêtres bien connue des chercheurs est celle de la conscience phonétique. Elle s'ouvre au cours des trois premières années de vie d'un enfant. Cela signifie qu'avant l'âge de trois ans, son cerveau est en mesure de différencier les sons des différents phonèmes. Pour cette raison, on a découvert qu'un des plus grands facteurs permettant de prédire l'habileté de lecture d'un enfant lorsqu'il commencera l'école est la quantité des conversations qu'il aura eues « seul à seul » avec ses parents avant l'âge de trois ans.

Pendant ces poussées de croissance, les parties du cerveau ne sont pas seulement plus ouvertes aux apprentissages... elles sont également plus vulnérables à tout ce qui pourrait leur nuire. À titre d'exemple, à l'âge de deux ans, le cortex auditif est en plein développement... les dendrites de cette partie du cerveau s'allongent et se multiplient. Si un enfant de cet âge souffre à répétition de graves infections aux oreilles, cela peut interférer avec le « réseautage » des neurones qui lui aurait permis d'apprendre à différencier les sons. Il peut en résulter de troubles d'audition permanents. Les infections empêchant les neurones d'être stimulés par les sons, les dendrites de cette région du cerveau se rétrécissent et disparaissent. Chez un adulte, ce réseau de neurones du cortex auditif est déjà en place. Des infections aux oreilles n'affecteront donc pas ses capacités auditives, si elles guérissent éventuellement.

À l'adolescence, un des circuits de neurones qui se développe de façon impressionnante est celui qui est responsable du contrôle des fortes impulsions émotives. C'est donc le moment d'encourager votre ado à réfléchir avant de parler ou d'agir! Il faut stimuler ces neurones à tout prix, afin qu'ils s'interconnectent et que ces connexions se renforcent!

Vous vous demandez sûrement quelles régions du cerveau sont alors plus vulnérables aux mauvaises stimulations? Disons que de 13 à 17 ans, l'alcool peut faire des ravages dans le cerveau. À cet âge, la fenêtre de vulnérabilité à l'alcool est grande ouverte! Je ne dis pas que l'alcool est inoffensif pour les adultes, mais disons qu'ils y sont moins sensibles que les jeunes. C'est un peu comme de la pluie sur une maison en construction dont le toit n'a pas encore été installé... cela peut ruiner la maison, comparativement à la même pluie qui tomberait sur une maison complètement construite.

L'isolation des câbles...

Vous saviez que le cerveau comporte de la matière grise (le cortex), mais saviez-vous qu'il comporte aussi de la matière blanche? La myéline est une substance grasse et blanche qui enrobe le «câble principal» du neurone, son axone (le tronc de l'arbre). La myéline est un peu comme la gaine d'un fil électrique... elle sert à isoler le neurone, précisément son axone. Elle le protège des interférences électriques que pourraient causer les cellules voisines. De plus, elle permet au signal électrique de voyager plus rapidement à l'intérieur de l'axone. Le signal pourrait voyager jusqu'à 100 fois plus rapidement dans un neurone muni de sa couche de myéline que dans un neurone qui en est dépourvu! C'est parce que la myélinisation n'est pas encore très avancée chez un bébé que ce dernier a de la difficulté à coordonner les mouvements de ses membres.

Certaines parties du cerveau continuent de se myéliniser durant l'adolescence. Dans ces parties, la myéline augmente jusqu'à 100 %, du début à la fin de l'adolescence! Une de ces parties est responsable de la régulation des émotions... ce qui explique les accès de colère auxquels vous avez droit lorsque vous demandez gentiment à votre ado de ranger sa chambre avant de sortir avec ses amis!

Ce que des études récentes nous indiquent sur le cerveau des ados

Vous serez probablement fier d'apprendre qu'une partie de ces découvertes importantes ont été faites à l'Université McGill, à Montréal. Dr. Jay Giedd, un chercheur américain, aidé de ses collègues de McGill et de UCLA (University of California in Los Angeles) a fait des résonnances magnétiques pour étudier le développement du cerveau d'enfants de 3 à 18 ans (Giedd, Blumenthal, Jeffries, Castellanos, Liu, Zijdenbos, Paus, Evans, & Rapoport, 1999). Près de 1000 enfants dits « normaux » ont été étudiés à des intervalles variant entre deux semaines et quatre ans.

On a découvert que durant l'adolescence jusqu'au début de la vingtaine, une croissance importante s'effectue dans la partie du cerveau appelée le corps calleux. Celle-ci relie les deux hémisphères du cerveau. Le corps calleux est responsable de fonctions aussi importantes que l'intelligence, la conscience et la conscience de soi. Cela signifie que les fonctions de cette structure ne sont pas encore à leur plein potentiel à l'adolescence. Je vous entends déjà: « Ah! C'est pour ça que fiston a fait ceci ou cela dernièrement! ».

Ces mêmes chercheurs ont découvert que le cortex préfontal subissait une étonnante poussée de croissance au tout début de l'adolescence. Le développement de cette partie du cerveau, située derrière le front, s'effectuerait entre les âges de 12 et 20 ans. Pour vous donner une idée de l'importance de cette partie du cerveau, disons simplement qu'elle est responsable des compétences qui nous distinguent des autres animaux, soit: le contrôle les émotions, la retenue des impulsions et la prise de décisions rationnelles... Disons qu'un certain Dr Pribram (cité dans Bradley, 2003) n'avait pas tort lorsqu'il a dit que le cortex préfontal était le siège de la civilisation!

Une autre chercheure, Dre Yurgelun-Todd, neuropsychologue, (citée dans Bradley, 2003), m'a fait une découverte très intéressante. À l'aide de la résonnance magnétique, elle a découvert que les adultes utilisent deux parties distinctes de leur cerveau pour poser des jugements complexes tels qu'interpréter des signaux sociaux. Elle a tout d'abord demandé à un groupe d'adultes d'interpréter les émotions qu'ils pouvaient percevoir sur la photo d'un individu exprimant de la peur. Lorsqu'ils répondaient à la question, leur cortex préfontal et leur système limbique étaient en activité. Tel qu'expliqué précédemment, le système limbique est en quelque sorte le centre des émotions primaires, qui gère les émotions telles que la rage et la peur. Lorsque ce système est sollicité (ex. : par la photo de l'individu qui a peur), le cortex préfrontal analyse et modère les réactions ou les impulsions du système limbique. Les adultes étaient capables de reconnaître et de nommer la peur sur le visage apparaissant sur la photo. Lorsqu'elle a confié la même tâche à des ados, Dre Yurgelun-Todd a constaté que plusieurs étaient incapables d'identifier l'émotion correctement. Les photos stimulaient leur système limbique, mais leur cortex préfrontal ne fonctionnait pas à ce moment! En d'autres mots, les ados étaient émus par les photos, mais incapables d'interpréter ou de nommer l'émotion exprimée par la personne photographiée (Killgore, Oki, & Yurgelun-Todd, 2001; Killgore, & Yurgelun-Todd, 2004).

Ce que cela implique pour les parents

Ces explications sommaires peuvent vous aider à comprendre que l'état mental et émotif dans lequel se trouve votre ado est indépendant de sa volonté et est temporaire... Plusieurs comportements typiquement adolescents sont dus aux changements qui se produisent dans le cerveau de votre jeune, non pas à votre façon de jouer votre rôle parental. Lorsqu'il a des accès de colère ou qu'il commet des erreurs de jugement, il est possible que cela relève de sa difficulté à contrôler ses émotions et ses impulsions... ce qui signifie qu'il n'est pas foncièrement mauvais ou qu'il vous déteste!

La bonne nouvelle, c'est que puisque son cerveau est encore en développement, il y a encore place à beaucoup d'apprentissages, et vous avez un grand pouvoir d'influence sur ces apprentissages. Comme vous avez pu lui apprendre à deux ans qu'il ne faut pas dessiner sur les murs, vous pourrez lui apprendre à 15 ou 16 ans comment communiquer ses émotions sans manquer de respect aux gens !

Vous avez encore quelques années pour l'amener à devenir un adulte responsable. Le jeune humain maladroit et impulsif présentement avachi dans le divan de votre salon, peut encore changer et prendre de la maturité. Rien n'est encore coulé dans le béton. Certaines parties de son cerveau sont encore « malléables ». Mère Nature lui donne encore un peu de temps pour améliorer ses habiletés sociales, sa capacité de jugement et de raisonnement... Ce qui, par contre, prolonge la responsabilité que vous avez de bien l'éduquer et de l'influencer positivement!

Un sommeil différent...

J'ai choisi de parler de ce sujet dans le chapitre sur le développement du cerveau car le sommeil est régulé par notre système nerveux central.

En voyant leur enfant entrer dans l'adolescence, plusieurs parents leur permettent de se coucher de plus en plus tard. D'une part pour répondre à leur besoin grandissant de liberté, d'autre part parce qu'ils croient que les ados ont sensiblement les mêmes besoins en sommeil que les adultes. Certains leur donnent cette permission pour éviter des conflits, se disant qu'il vaut mieux choisir ses batailles! Pour cette raison, ils cessent carrément de superviser l'heure de coucher de leur ado... de toute façon, un ado peut bien dire bonne nuit à ses parents pour ensuite écouter de la musique en cachette dans son lit, écrire dans son journal intime à l'aide d'une lampe de poche, ou encore s'adonner à des rêves éveillés dans lesquels il s'imagine devenir « rock star » ou vedette de cinéma!

Bref, les ados se couchent plus tard. Bien des gens croient que c'est pour se donner un côté rebelle, ou tout simplement parce que plusieurs activités sociales (sortir, parler au téléphone ou clavarder avec des amis) et occupationnelles (premier emploi de soir, plus de travaux scolaires) s'ajoutant à son horaire, que leur enfant se transforme soudain en oiseau de nuit. Or, plusieurs études démontrent que ce n'est pas simplement un horaire plus chargé qui amène les jeunes à se coucher ou à s'endormir plus tard. Des facteurs biologiques, probablement associés à la croissance et à la puberté, causeraient un retard de phase. Le retard de phase est un trouble du rythme circadien qui amène les gens à se coucher plus tard et à se lever plus tard, lorsque leur horaire le permet, la fin de semaine par exemple, lorsqu'ils peuvent faire la grasse matinée. Le rythme circadien est une fonction du cerveau qui régularise le sommeil en fonction des périodes de lumière et d'obscurité.

Chez plusieurs ados, l'horloge biologique se déréglerait, les empêchant de s'endormir avant une heure tardive. En fait, les recherches de Mary Carskadon ont permis de découvrir que durant l'adolescence, la sécrétion de mélatonine (l'hormone responsable de l'endormissement, produite par la glande pinéale, située dans le cerveau) subirait un délai d'environ une heure (Carskadon, 2002). Il est maintenant prouvé que les ados ont besoin d'autant de sommeil et même parfois plus que les enfants. L'accélération de leur croissance pourrait expliquer ce besoin de sommeil plus grand que celui des adultes. Or, comme les ados s'endorment plus tard et que l'école commence presque aussi tôt qu'à l'école primaire, ils se retrouvent en déficit de sommeil, créant de la somnolence le jour et des tentatives de récupérer le sommeil perdu en faisant la grasse matinée les week-ends. Votre ado correspond à cette description? Vous pensiez qu'il s'agissait de nonchalance? Peut-être aviez-vous raison, mais il est également possible que votre ado tente de gérer comme il le peut ce phénomène de retard de phase.

En se basant sur les résultats de ses études, Mme Carskadon a suggéré que le manque de sommeil chez les ados pouvait expliquer, en tout ou en partie, la somnolence, un manque d'attention en classe et de piètres résultats scolaires. Du coup, les directeurs scolaires d'une ville du Minnesota ont décidé de changer l'horaire des classes pour les faire débuter une heure plus tard que d'habitude. Ils ont constaté une diminution des problèmes de discipline, d'absentéisme et du nombre d'élèves déprimés. Même les résultats scolaires de nombreux étudiants se sont améliorés (cité dans Santrock, 2005). Alors, ne mettez pas tout sur le dos de la nonchalance! Quand on met les chances de leur côté et qu'on s'adapte à leur réalité biologique, les ados peuvent être épatants!

Bref...

Je pourrais vous citer de nombreuses autres études démontrant que plusieurs des comportements typiquement adolescents sont liés au fait que le cerveau est toujours en développement à cette étape. Ces découvertes sont cependant très récentes et beaucoup reste à faire dans ce domaine.

De plus, je n'ai pas l'intention de faire de vous un neurobiologiste! Je n'en suis même pas une moi-même! Mais je pense que j'ai accompli ma mission... celle de vous prouver qu'il ne faut pas considérer votre ado comme un adulte dont le cerveau est complètement développé, et que vous avez un rôle à jouer dans la stimulation du développement de son cerveau.

Maintenant que vous savez que le cerveau de votre ado est toujours en développement, j'imagine que vous vous demandez ce qu'il advient de sa pensée, de son raisonnement? C'est ce dont il sera question dans le prochain chapitre.

Chapitre 3

LE DÉVELOPPEMENT DE LA PENSÉE

La pensée continue de se développer durant l'adolescence. Avec la lecture du dernier chapitre, où l'on a vu que le cerveau continue de se développer, j'imagine que cela ne vous surprend pas trop!

Dans le présent chapitre, nous verrons quelles fonctions intellectuelles seront améliorées chez votre enfant qui entre dans l'adolescence, ainsi que les impacts de ces améliorations sur son comportement et ses relations interpersonnelles.

Les impacts peuvent être à la fois positifs et négatifs, tant pour lui que pour vous! Bien connaître ces changements dans les capacités cognitives de votre ado vous aidera à ajuster vos attitudes parentales afin qu'elles soient mieux adaptées à cette nouvelle réalité.

De la pensée concrète à la pensée abstraite

Quelle que soit leur école de pensée, la majorité des experts en science cognitive s'entendent pour dire que la pensée d'un adolescent est différente de celle d'un enfant. En effet, les enfants ont une pensée plus concrète, très collée et très fidèle à la réalité, à « l'ici et maintenant ». En évoluant vers l'adolescence, ils deviennent plus en mesure de jongler avec les idées, de se projeter dans l'avenir et de se détacher du concret et du conventionnel pour entrer dans le monde des possibilités, des rêves éveillés et des fantasmes (érotiques ou non!).

Ils développent également la capacité d'émettre des hypothèses, d'en analyser la logique et d'accepter que des idées non conformes à la réalité soient logiques. À titre d'exemple, si l'on propose les deux affirmations suivantes à un enfant et à un adolescent :

Affirmation #1
« Si un hôtel est plus grand qu'une maison,
et si une maison est plus grande qu'une niche,
alors l'hôtel est plus grand que la niche. »

Affirmation #2
« Si une niche est plus grande qu'une maison,
et si une maison est plus grande qu'un hôtel,
alors une niche est plus grande qu'un hôtel »

L'enfant et l'ado pourront conclure tous les deux que la première affirmation est vraie, puisqu'elle est logique ET réelle, c'est-à-dire conforme à la réalité concrète du quotidien. Toutefois, l'enfant refusera la deuxième affirmation, parce qu'elle n'est pas conforme à la réalité qu'il connaît. Il sera incapable de reconnaître qu'elle est logique, bien que contraire à la réalité. De son côté, l'adolescent sera capable de s'imaginer un monde fictif avec des niches gigantesques et conclure que le deuxième énoncé est logique, bien que farfelu! Il est capable de supposer que dans un monde ou les deux premiers « si » sont vrais, le « alors » est possible et logique.

Les ados peuvent également développer une capacité de déduction que les enfants n'ont pas. En fait, les enfants comprendront des exemples particuliers pour ensuite comprendre un principe général qui les relie. Les ados, eux, peuvent déduire des applications particulières à partir d'un principe général.

Parce que plusieurs ados sont capables à la fois de raisonnement hypothétique et de déduction, les psychologues parlent souvent de la pensée hypothético-déductive, pour faire plus joli, plus savant et surtout, plus compliqué!

Mais attention... ce ne sont pas tous les ados, ni même tous les adultes qui atteignent ce stade de la pensée. Certains adultes auront toute leur vie une pensée très concrète et collée à la réalité. Cela ne les empêche pas de bien fonctionner au quotidien, d'avoir un emploi et d'être d'honnêtes citoyens, mais disons qu'ils ne deviendront fort probablement pas des astrophysiciens ou encore des philosophes!

D'autres capacités pratiques...

Plusieurs études (citées dans Stassen Berger, 2000) démontrent que d'autres habiletés liées à la pensée, à la mémoire et à l'apprentissage poursuivent leur développement au cours de l'adolescence. À titre d'exemple, votre ado pourrait voir son attention sélective s'améliorer, ce qui pourrait lui permettre de justifier qu'il est capable de faire ses études et ses devoirs devant la télé ou branché à son lecteur de musique. Ne pensez pas que c'est ce que je recommande. Il vaut toujours mieux faire un travail intellectuel à l'abri des distractions. D'ailleurs, au moment où j'écris ces lignes, je suis dans une petite pièce silencieuse où il n'y a qu'une table, une chaise, une lampe, mon ordi et mes livres de référence. Mais je dois avouer que ma capacité d'attention sélective m'a drôlement aidée lorsque je devais étudier pour un examen ou faire un travail de session dans la cafétéria bruyante de mon cégep ou à la bibliothèque bondée d'étudiants de mon université...

Une plus grande capacité de la mémoire, combinée aux connaissances plus vastes acquises au cours de l'enfance permet aux ados de relier les idées entre elles et de comprendre les liens entre des concepts nouveaux et des anciens qu'ils ont appris plus tôt.

Certains parents se plaignent parfois que leur adolescent a perdu une certaine capacité d'élocution et émet plutôt des grognements, ou encore parle si vite, avec des abréviations et en mâchant ses mots, qu'il faut lui faire répéter certaines phrases plusieurs fois avant de pouvoir les comprendre! Si c'est le cas de votre ado, ne vous fiez pas à ses apparences trompeuses. Chez les adolescents, le vocabulaire continue de s'élargir et de s'améliorer, même si le vôtre ne l'utilise pas toujours dans sa relation avec vous!

Les adolescents font des progrès sur le plan de la métacognition... c'est-à-dire qu'ils deviennent capables de réfléchir à leur façon de penser, ce qui les prépare aux cours de philo du cégep!

Ce niveau cognitif supérieur qu'atteignent de nombreux adolescents a des impacts sur leurs capacités d'apprentissage, mais également sur leur façon de percevoir le monde, de se percevoir eux-mêmes et d'interagir avec les autres, notamment avec vous et leurs amis.

De l'empathie à l'égocentrisme

Avec leurs nouvelles capacités intellectuelles, les adolescents peuvent déduire ce que les autres perçoivent, leur point de vue... On pourrait penser que cela les rendra plus empathiques, mais ils se servent de ces nouvelles capacités surtout pour tenter de deviner ce que les autres pensent d'eux! Ceci est lié aux changements que leur corps subit (voir chapitre sur la puberté), mais également à leur nouvelle habileté cognitive de s'ouvrir aux possibilités et d'arriver à imaginer l'opinion que les autres peuvent avoir d'eux.

« Tout le monde va s'apercevoir que j'ai deux ou trois boutons sur le visage et on m'appellera face de pizza! »
« Je ne peux pas porter ce chandail, car je l'ai déjà porté il y a trois jours... les gens diront que je porte toujours la même chose! »
« Maman, si tu me fais un câlin pendant que nous sommes au centre commercial et que des élèves de l'école nous voient, ils risquent de penser que je suis un petit garçon à maman! »

Combinez ces nouvelles habiletés cognitives (s'imaginer ce que les autres pensent, spéculer sur les conséquences à plus ou moins long terme) à une image corporelle fragilisée par les récentes transformations du corps, et vous obtenez de longues séances d'observation devant le miroir, de longs rituels de mise en beauté ou de camouflage de boutons, et de grandes lamentations sur le fait qu'ils n'ont rien à se mettre sur le dos (ce que de nombreux ados constatent souvent après avoir vidé le contenu de leur garde-robe, en laissant traîner le tout sur leur lit et un peu partout sur le plancher de leur chambre, à votre grand désespoir)!

Autrement dit, leurs fonctions cognitives récemment acquises permettent aux adolescents de faire de l'introspection. Ils se demandent quelles sont les opinions des autres, ils s'interrogent sur l'ambivalence que leur inspirent leurs parents, ils tentent de s'imaginer un bel avenir...

Mais cette nouvelle capacité d'introspection est souvent teintée d'un égocentrisme jugé normal à cet âge. En effet, selon David Elkind (1967, 1976 et 1984), la plupart des adolescents sont centrés sur eux-mêmes, se croient uniques et s'attribuent une importance démesurée sur le plan social. Par exemple, lorsque votre fille pense que tout le monde remarquera le minuscule point noir qui est apparu sur le bout de son nez, elle oublie que les gens ont bien d'autre chose à faire que d'examiner son visage à la loupe!

Cet égocentrisme est à la base de plusieurs phénomènes observés chez les adolescents pouvant avoir des conséquences plus ou moins heureuses...

L'illusion d'invincibilité

Une première manifestation de l'égocentrisme typique chez les adolescents est ce qu'on appelle l'illusion d'invincibilité. Ce phénomène explique plusieurs des comportements téméraires ou illégaux que plusieurs adolescents adoptent de façon ponctuelle, même lorsqu'ils sont bien informés des conséquences possibles, que ce soit par leurs parents, par des enseignants ou par des campagnes de prévention préparées par les gouvernements. Ils ont une sorte de pensée magique qui les amène à croire qu'ils sont à l'abri des conséquences possibles de certains de leurs actes, comme si ces conséquences ou ces risques n'étaient que pour les autres.

Par exemple, un jeune pourrait penser qu'il peut fumer une ou deux cigarettes sans tomber dans le piège de la dépendance à la nicotine... que c'est seulement les autres qui sont sujets à cette dépendance!

Même chose pour les relations sexuelles non protégées... Comme par magie ou par un quelconque pouvoir divin, ils sont à l'abri des grossesses non désirées ou des infections transmises sexuellement!

Pensez également à toutes ces petites voitures sport dont le conducteur porte la casquette à l'envers ou sur le côté, qui vous ont dépassé à une vitesse folle sur l'autoroute, en faisant des zigzags par-dessus le marché... Sous les casquettes de ses ados se cache sûrement la croyance ferme qu'un ange-gardien les protège d'un dérapage ou d'une collision!

Heureusement, cette illusion d'invincibilité s'atténue avec le temps. Cependant, même les adultes tombent parfois dans ce piège. Par exemple, la plupart des gens qui se font annoncer un diagnostic de cancer ne pensaient jamais que cela pouvait leur arriver à eux... comme si ce n'était que pour les autres. Moi-même, j'ai été victime de ce genre d'illusion à l'âge adulte, alors qu'on m'annonçait que je faisais une fausse-couche! Étant en bonne santé et de nature positive, j'étais convaincue que ma grossesse allait bien se dérouler et que ce genre de malheur n'arrivait qu'aux autres... pour ensuite découvrir à quel point les avortements involontaires étaient fréquents.

La fabulation personnelle

Une deuxième manifestation de l'égocentrisme des adolescents est leur tendance à s'imaginer un avenir exceptionnel, voire héroïque! Ils peuvent parfois croire que leur pensée est unique, que leurs valeurs ou leurs opinions les rendent non seulement différents, mais supérieurs aux autres. Ils peuvent se mettre à rêver de devenir une « rock star » (ou plutôt chanteur de hip hop, maintenant!), d'être un éminent chercheur et le premier à découvrir un remède définitif contre le cancer, de devenir un chef d'État adulé parce qu'il aura trouvé une solution à tous les problèmes sociaux... Bref, ils se croient parfois capables de changer le monde, ce qui rend les cours de français ou de science à l'école secondaire un peu ennuyeux! Dans leur quotidien, cette impression d'être unique peut aussi les amener à penser que personne ne peut les comprendre lorsqu'ils sont en détresse. Par exemple, votre grand gars de 15 ans pourrait vous dire que vous ne pouvez pas comprendre sa douleur lorsqu'il s'enfermera dans sa chambre après qu'il ait rompu avec sa blonde... comme si vous n'étiez jamais passé par une première rupture amoureuse! En passant, je sais bien que vous n'oseriez jamais lire le journal intime de votre ado s'il en avait un, parce que par définition, il est intime, mais je pourrais parier avec vous que si nous pouvions le lire, nous y découvririons sûrement plusieurs exemples de fabulation personnelle!

L'auditoire imaginaire

Enfin, la troisième manifestation de l'égocentrisme des adolescents est leur tendance à s'imaginer les réactions des autres par rapport à leurs comportements ou à leur apparence, à un tel point qu'ils finissent par se créer un auditoire imaginaire. C'est comme s'ils étaient constamment sous les projecteurs! Il s'agit de l'égocentrisme encore une fois, puisque l'ado croit que les autres s'intéressent à lui autant qu'il s'intéresse à lui-même! M. David Elkin (1967, 1976 et 1984) parlait alors d'une conscience de soi poussée à l'extrême, qui amène plusieurs jeunes à se sentir mal à l'aise dans leur univers social. Imaginez maintenant cette réalité à notre époque, où tout le monde a une caméra sur son cellulaire ou son iPod et où n'importe qui peut diffuser des images de nous sur Internet... il y a de quoi devenir parano!

Des avantages et des inconvénients...

Les progrès sur le plan cognitif auront des impacts sur le quotidien de votre ado, notamment sur ses comportements et sur ses relations interpersonnelles. Certains de ces impacts seront plutôt négatifs pour lui et son entourage... Je pense, entre autres, aux risques que le sentiment d'invincibilité lui fera prendre. Quand vous vous faites dépasser par un « conducteur à casquette », vous ressentez peut-être de la colère par rapport à son insouciance, mais c'est une folle angoisse que vous ressentirez lorsque vous envisagerez que votre fils pourrait être au volant ou passager d'un tel véhicule. Et même s'il conduit raisonnablement et que vous lui faites confiance, un autre jeune plus téméraire pourrait causer un accident dans lequel il sera impliqué.

Les nouvelles fonctions intellectuelles de votre ado pourraient aussi lui permettre de remettre en question vos consignes, vos exigences et même votre façon d'être. Soudain, vous êtes un zéro plutôt qu'un héros! Ses nouvelles capacités de raisonnement lui permettront également d'argumenter, de faire usage de sarcasme et d'insolence, au détriment de la qualité de ses communications avec vous, avec toute autre forme d'autorité et même avec ses amis.

L'évolution de son esprit critique peut se retourner contre lui et, associé au phénomène d'auditoire imaginaire et aux changements liés à la puberté, cela peut entraîner une perte d'estime de soi, le rendre mal à l'aise dans des contextes sociaux et même le mener à la dépression ou aux troubles alimentaires, dans les cas extrêmes.

Enfin, le phénomène de fabulation personnelle qui amène tant d'adolescents à se croire uniques et leur capacité à jouer avec les pensées et à philosopher peuvent les amener à se questionner sur le sens de la vie et à parfois se sentir bien seul.

Heureusement, les nouvelles capacités de raisonnement de votre ado ne lui amèneront pas que des soucis... elles comportent également de nombreux avantages. Son raisonnement hypothético-déductif (n'oubliez pas que je suis moi-même psychologue, et que j'aime bien ces termes un peu savants et compliqués!) rendra les conversations que vous aurez avec lui plus profondes et plus intéressantes. Sa capacité à sortir du monde du concret et du tangible et à s'imaginer des possibilités l'aidera à trouver des solutions à ses problèmes du quotidien. Sa nouvelle habileté à pouvoir s'imaginer ce que les autres pensent ou ressentent peut créer une empathie chez lui qui l'aidera à améliorer ses communications avec les autres. De plus, le phénomène de la fabulation personnelle, qui l'amène à s'imaginer un avenir fabuleux, pourrait créer chez lui des passions et une motivation à réussir que les meilleures interventions de parents et de profs ne parviendront jamais à atteindre!

Bref, votre adolescent grandit, de même que sa capacité à comprendre le monde qui l'entoure, à se comprendre lui même et à jongler avec les idées. Nous avons déjà vu quelques-uns des impacts de ces nouvelles capacités sur son quotidien, mais le prochain chapitre abordera de façon plus complète et plus spécifique les changements affectifs, sociaux et occupationnels que vivra votre adolescent dans les mois et les années à venir.

Chapitre 4

LES CHANGEMENTS AFFECTIFS, SOCIAUX ET OCCUPATIONNELS

Tentez de vous rappeler votre propre adolescence. Vous avez vécu beaucoup de « premières fois », non ? Première relation amoureuse, première relation sexuelle, première rupture, première « brosse », premier emploi officiellement rémunéré...

Votre vie sociale avec les pairs a alors pris de plus en plus d'importance, et, grâce à vos nouvelles habiletés cognitives et à votre jugement critique plus développé, vous avez réalisé que vos parents n'étaient pas les être parfaits et les plus forts que vous aviez imaginés durant l'enfance. Aller chez les grands-parents, activité qui vous faisait sauter de joie auparavant, est devenu de plus en plus pénible et ennuyant. Pourtant, vous les aimiez toujours. Pourquoi le temps était-il devenu si long lors des visites chez eux? Vous avez commencé à regretter que vos parents aient acheté un chalet, où vous aviez pourtant eu tant de plaisir durant l'enfance. Aller au chalet est devenu synonyme de punition, d'éloignement de votre groupe d'amis, de votre réseau social...

Vos parents ont commencé à se plaindre que vous étiez de moins en moins souvent à la maison. Premier emploi, sports et sorties entre amis obligent. Et quand vous étiez à la maison, il vous semblait qu'ils étaient toujours sur votre dos parce que votre sac d'équipement de soccer traînait, ou parce qu'ils avaient découvert des biscuits moisis sous votre lit!

Ce petit retour en arrière vous fait peut-être sourire, mais il devrait également vous aider à prendre conscience que la puberté et le développement du cerveau ne sont pas les seuls changements que votre ado s'apprête à vivre.

Dans le présent chapitre, il sera question des changements affectifs, sociaux et occupationnels qu'il vivra durant son adolescence et surtout, de la quête d'identité qui caractérise cette période de la vie. Il est important de comprendre que ces changements sont normaux, qu'ils ont pour but de l'amener doucement vers l'autonomie de l'âge adulte.

Même si cela suscite certains comportements qui semblent dirigés contre vous, il ne faut pas le « prendre personnel » comme on dit!

Les sections qui suivent vous aideront à comprendre ces changements, et surtout, vous permettront de constater à quel point un adolescent a de nombreuses tâches développementales à accomplir et des choix importants à faire, ce qui peut rendre cette étape de la vie assez stressante. Rassurez-vous, la plupart des ados s'en sortent vivants et deviennent de beaux jeunes adultes responsables!

La quête d'identité

Lorsque des experts parlent de l'adolescence, il est souvent question de quête d'identité. Pourquoi? Parce que durant l'enfance, les individus adhèrent facilement aux valeurs et aux façons d'être de leurs parents, sans trop se poser de questions. Leur identité est, en quelque sorte, « fusionnée » à celle de leurs parents. Pour devenir un adulte qui a ses propres valeurs, ses propres intérêts, sa propre personnalité, les adolescents passent par une étape où ils remettent tout en question et se demandent, fondamentalement « Qui suis-je? »

S'amorce alors la quête d'identité parsemée de toutes sortes d'interrogations et d'expérimentations. Votre ado peut décider du jour au lendemain qu'il y a trop d'injustice dans les pays pauvres et que plus tard, il travaillera au sein d'un organisme humanitaire. Le lendemain, il redeviendra matérialiste et voudra se procurer la toute nouvelle console de jeux vidéo munie de seulement deux ou trois caractéristiques de plus que le dernier modèle qu'il avait reçu à Noël il y a deux ans! Après avoir visionné un documentaire sur les mauvais traitements que l'on fait subir au bétail dans certaines fermes, votre fille pourrait décider de devenir végétalienne, mais oublier tout cela au bout de deux semaines en s'achetant un sac à main dernier cri (en cuir) ou en savourant une bonne tranche de bacon croustillante au déjeuner!

Cette quête d'identité mènera également à des changements de style vestimentaire... en deuxième secondaire, votre ado pourrait vouloir avoir une allure bon chic, bon genre en portant des vêtements griffés, mais l'année suivante, il pourrait décider d'adhérer à la philosophie punk et porter des jeans déchirés, se teindre les cheveux en vert et vous demander la permission (si vous êtes chanceux) de se faire percer la lèvre!

Le développement de la perception de soi

Au chapitre 3, nous avons vu que les adolescents développent une capacité d'introspection leur permettant de se poser des questions existentielles et, justement, de se questionner sur leur identité. Mais la recherche et la compréhension de soi ne se font pas seulement par introspection. Elles se font également à travers des interactions avec les autres, surtout avec les parents et avec les pairs.

À l'aide de ses nouvelles capacités cognitives et par ses expériences sociales et culturelles, l'adolescent arrive à pouvoir se décrire de façon abstraite et parfois de façon idéaliste. Ainsi, contrairement à un enfant qui pourrait répondre de façon très concrète « Mon mets favori est la lasagne » à la question « Qui es-tu? », un ado pourrait répondre : « Je suis une personne sensible qui se soucie du bien-être des autres ».

Au cours de son adolescence, votre enfant deviendra également capable d'identifier plusieurs « soi ». Autrement dit, il réalisera qu'il a une certaine façon d'être lorsqu'il est avec ses amis, et une autre lorsqu'il est avec ses parents. Bref, les ados sont plus aptes que les enfants à reconnaître leurs différents « soi ».

L'adolescent réalisera également que son « soi » change à travers les situations et le temps. Les différentes expérimentations qu'il fera pour trouver son identité feront en sorte que son « soi » pourrait fluctuer ainsi jusqu'au début de l'âge adulte, pour ensuite devenir plus stable et consolidé.

En cherchant un soi plus général et consolidé, les ados prennent conscience, parfois avec angoisse, qu'il peut exister des contradictions en eux. En tentant d'adapter leurs façons d'être à différents contextes, ils peuvent réaliser qu'ils peuvent être à la foi soucieux ET insouciants, introvertis ET extravertis, égoïstes ET altruistes...

Les adolescents seront également capables graduellement de percevoir les différences entre leur soi réel et leur soi idéal (ce qu'ils aimeraient être). Ne vous inquiétez pas trop en pensant qu'une grande différence entre le réel et l'idéal pourrait les mener à une perte d'estime de soi et à un état dépressif. Certes, le fait de constater que l'on n'est pas ce que l'on souhaiterait être peut causer de la déception et mener à une certaine autocritique, mais si l'ado perçoit le soi idéal comme un soi « possible », ce qu'il pourrait devenir et ce qu'il veut éviter de devenir, cela peut le motiver et l'orienter vers des actions positives (ex. : faire des efforts sur le plan scolaire) et lui faire éviter des actions négatives (ex. : tomber dans l'enfer de la drogue).

Tel que discuté dans la partie sur l'égocentrisme de l'adolescent dans le chapitre précédent, les enfants qui entrent dans l'adolescence deviennent de plus en plus centrés sur eux-mêmes et préoccupés par le besoin de se comprendre eux-mêmes. Souvent, ils se tournent vers le groupe d'amis pour obtenir du soutien, des clarifications sur qui ils sont et comment ils sont perçus. Les amis agissent un peu comme un miroir social dans lequel l'ado examine son « soi » avec une certaine angoisse, un peu comme lorsqu'il examine ses boutons dans un vrai miroir. En comprenant ce phénomène des amis qui sont un peu comme un miroir, il devient moins étonnant de voir les ados passer des heures au téléphone ou à clavarder avec leurs amis. Ils cherchent à se comprendre et à trouver leur identité à travers leurs relations entre eux. Quoi de plus rassurant que le faire avec d'autres gens qui vivent la même quête d'identité?

Le développement d'une identité

Le père des théories sur les questions de quête d'identité de l'adolescence est Erik Erikson (1950, 1963, 1975). Il a élaboré toutes ses théories entre les années 1950 et 1970. Selon lui, l'identité est une espèce d'autoportrait qui est composé de plusieurs morceaux... comme un casse-tête. Ces morceaux représentent les choix qu'un individu doit faire durant l'adolescence ou au début de l'âge adulte et qui détermineront qui il deviendra :

- le choix de carrière;
- l'identité politique (de gauche ou de droite, souverainiste ou nationaliste);
- les croyances religieuses ou la spiritualité;
- l'état civil (célibataire endurci, marié, divorcé, union libre, fidélité ou infidélité, etc.);
- l'orientation sexuelle (certains diront ici que l'orientation sexuelle n'est pas un choix. Ils ont peut-être raison, mais elle fait tout de même partie de l'identité d'une personne. Et il reste des choix à faire par rapport à la façon d'exprimer cette orientation sexuelle);
- le degré d'identification à son héritage culturel ou ethnique;
- ses intérêts (sports, musique, passe-temps, etc.);
- les caractéristiques de sa personnalité;
- son image corporelle, etc.

Les théories les plus récentes sur l'identité stipulent maintenant que ce processus complexe qu'est la formation d'une identité ne commence ni ne se termine durant l'adolescence. Il commence dès la petite enfance avec l'attachement, le développement d'un sens de soi et l'émergence de l'autonomie et de l'indépendance. Le processus se termine durant la vieillesse, lorsque l'on fait le bilan de notre vie pour mettre ensemble tous ces morceaux.

Selon Marcia et Carpendale (2004), ce qui caractérise la période de l'adolescence sur le plan de l'identité d'un individu, c'est qu'il s'agit du premier moment dans la vie où le développement physique, cognitif et socioaffectif permet une analyse et une remise en question des identités de l'enfance pour pouvoir se diriger vers la maturité et l'indépendance de l'âge adulte. Selon d'autres auteurs, même une fois la quête d'identité de l'adolescence terminée, l'identité n'est pas immuable jusqu'à la fin de la vie. Un individu qui a une identité saine peut se remettre en question plus tard dans sa vie, se montrer ouvert et flexible en sachant s'adapter aux changements de société (ex. : les femmes sur le marché du travail), de relations (ex. : une séparation) et de carrière (ex. : démarrer son entreprise après avoir acquis plusieurs années d'expérience professionnelle) (Adams, Gulotta, & Montemayor, 1992). Autrement dit, même si les grandes remises en question des valeurs inculquées par les parents se font durant l'adolescence, l'identité d'un individu peut subir des réorganisations plusieurs fois au cours de sa vie. Comme quoi, seuls les fous ne changent pas d'idée!

Les expérimentations (ou non-expérimentations) de l'adolescence

Ne pas être certain de qui nous sommes peut créer un certain malaise, même de l'angoisse. Imaginez que demain matin, vous vous réveillez avec le sentiment de ne plus être certain de rien. Ni d'avoir fait le bon choix de carrière, ni de vouloir être en couple, ni d'être croyant, ni de votre orientation sexuelle. Il y aurait de quoi être légèrement déstabilisé... ou même pas mal stressé!

Durant son adolescence, votre enfant analysera l'identité qu'il s'est formée durant l'enfance à partir de ses expériences et surtout à partir des valeurs que vous lui aviez inculquées et qu'il n'avait jusqu'alors pas trop remises en question. Cette analyse, plus ou moins consciente, il la fera à l'aide de ses nouvelles capacités cognitives et de ses expériences socioculturelles. Elle l'amènera à conserver certaines de ces identités, certaines de ces valeurs, puis à en rejeter d'autres.

Selon un autre auteur des plus éminents en la matière, Marcia (1966, 1980), ce processus ne se fait pas de la même façon chez tous les adolescents. Certains ne remettront pas en question les identifications de leur enfance et les valeurs de leurs parents. Ils continueront à y adhérer en bloc. Vous vous dites peut-être que ce serait formidable que votre ado soit ainsi. Il suivrait alors la route que vous lui auriez tracée sans vous contester, sans trouver que vous êtes vieux jeu. Cela vous éviterait bien des conflits, des moments où vous sentez que vous n'êtes plus le héros de votre enfant (mais plutôt le zéro!). Cela vous éviterait également de devoir lâcher prise sur le contrôle que vous avez sur lui et de devoir accepter son individualité. Mais est-ce que cela serait sain? J'en doute! En évitant de remettre les choses en question et en refusant de se livrer à certaines expérimentations en termes de style vestimentaire, de personnalité ou de valeurs, un adolescent refuse de se forger une identité vraiment personnelle.

Probablement par peur inconsciente de se sentir déstabilisé, il continue de fusionner son identité à celle de ses parents, sans jamais se demander si elle correspond vraiment à ce qu'il est. On dit de ces individus qu'ils ont une identité surdéterminée. Dans certains cas, ces gens auront leur crise d'adolescence à l'âge adulte. N'avez-vous jamais entendu parler d'un adulte de 40 ou 50 ans qui décide de faire un changement complet de carrière ou de style de vie une fois que ses parents sont en résidence pour personnes âgées ou décédés? N'avez-vous jamais vu un homme d'âge mûr quitter sa femme pour s'acheter une voiture décapotable, se teindre les cheveux, perdre du poids et se mettre à sortir avec des femmes plus jeunes? Parions que plusieurs ont passé tout droit lorsque l'adolescence leur permettait de faire des expériences, des erreurs et des remises en question. Enfin, mieux vaut tard que jamais, certains diront!

Le phénomène inverse peut aussi exister. On peut voir un adolescent qui rejette en bloc tout ce que ses parents ou la société ont pu lui inculquer comme valeurs ou lui donner comme rôle, mais sans trouver une identité qui colle vraiment à sa peau. Il développe une identité par défaut, contraire à ce qu'on lui a dicté, mais pas nécessairement conforme à sa nature propre. On parle alors d'une identité négative. Par exemple, un jeune dont les parents exigent qu'il fasse de longues études en médecine pourrait, par rébellion, décider d'abandonner ses études avant la fin de son secondaire ou encore choisir de faire un DEP en mécanique. Par contre, cela ne veut pas dire que ce choix

ne subissez pas, essayer d'agir.

Québec NOTE

Je suis comme je pense.

érosion psycho : mine petit à petit.

petit stresseur quotidien.

outil ? respiration, visualisation

Conflit relationnel.

(mépris, colère)

Ça prend 20 min. (minimum) pour éteindre la colère.

Pourquoi tu veux aller lui parler ?

correspond à ce qu'il est vraiment. Peut-être qu'il aurait été heureux dans une carrière de comptable, mais il est « passé » à côté parce qu'il a rejeté l'idée d'étudier au-delà du secondaire, en réaction contre ses parents.

D'autres jeunes, malheureusement, sont encore plus perdus dans leur quête d'identité. Ils ne remettent rien en question, et ne consacrent pas vraiment d'énergie à trouver qui ils sont, sans vraiment adhérer aux valeurs parentales ou aux identités de leur enfance. On dira d'eux qu'ils ont une identité confuse ou diffuse.

Enfin, ce qui caractérise une majorité d'adolescents, je crois, est l'identité en moratoire. Il s'agit de jeunes qui se donnent un temps d'arrêt au cours duquel ils font l'essai de plusieurs façons d'être avant de trouver ce qui leur convient vraiment. Ils refusent certaines valeurs des parents et certaines identités de leur enfance, sans nécessairement s'opposer à toutes de façon systématique. C'est ce qui explique, en partie, les changements d'humeur, les changements de « looks », les changements de groupes d'amis, les changements d'attitudes et d'opinions qui caractérisent de nombreux adolescents et qui donnent le tournis à leurs parents!

Pour résumer le tout, je ferai une analogie que les femmes comprendront sûrement : l'essayage d'un maillot de bain.

- L'identité surdéterminée : votre mère choisit un bikini pour vous et vous lui faites aveuglément confiance, sans faire l'essai d'autres bikinis et même si vous n'êtes pas tout à fait à l'aise dans celui qu'elle a choisi.

- L'identité négative : votre mère vous impose un maillot une pièce, ce qui vous pousse à faire l'essai d'un string-monokini, même si vous êtes plutôt de nature timide, réservée et prude... mais vous voulez à tout prix prouver à votre mère que c'est votre choix, en sélectionnant un maillot de bain à l'opposé de celui qu'elle vous propose.

- L'identité diffuse ou confuse : vous avez envie d'aller vous baigner, mais vous n'aimez pas vraiment le maillot que vous propose votre mère. Vous n'avez aucune idée où se trouve le magasin de maillots de bain et vous n'avez pas vraiment envie de le chercher. Finalement, vous vous résignez à vous passer de la baignade!

- L'identité en moratoire : votre mère vous propose un maillot. Il n'est pas laid, mais vous trouvez qu'il ne vous va pas bien et que vous n'êtes pas vraiment à l'aise en le portant. Vous entreprenez donc une longue séance d'essayage de maillots de bain de toutes sortes, parvenant avec le temps à identifier ceux que vous aimez, ceux qui vous vont bien, ceux qui ne vous vont vraiment pas bien... Bref, c'est en expérimentant que vous découvrez peu à peu ce qui vous va le mieux, afin de pouvoir éventuellement faire un choix vraiment personnel.

Je pense qu'en matière de choix de bikini, n'importe quelle femme sera d'accord pour dire que la stratégie des multiples essais est la meilleure façon de s'assurer d'être confortable avec ce que nous porterons. J'imagine que peu d'entre vous feraient aveuglément confiance aux goûts de leur mère, et que peu d'entre vous oseraient le string-monokini juste pour prouver à leur mère qu'elles peuvent choisir leur maillot sans son aide! Enfin, je suis certaine que la plupart d'entre vous trouvent bien triste l'attitude d'abandonner l'idée d'aller se baigner juste parce que trouver le bon maillot demande un trop gros effort.

Mon exemple de bikini est peut-être un peu boiteux, mais s'il vous a permis de comprendre qu'il est sain que votre ado change de style et d'attitude comme il change de chemise, je peux alors me féliciter d'avoir accompli une grande mission : celle de vous aider à ne pas paniquer lorsque votre fille se rasera un côté de la tête à la tondeuse, ou lorsque votre garçon se mettra à écouter de la musique « gangsta rap » ! Ces goûts et ces comportements ne seront probablement que passagers et font partie d'une saine quête d'identité.

Dans la deuxième partie de ce livre, nous verrons comment vous pourrez soutenir votre ado pendant sa quête d'identité, tout en l'encadrant afin d'éviter que ses expérimentations ne lui fassent adopter des comportements pouvant le mettre en danger. Mais, pour le moment, faisons le point sur les influences des parents et des pairs sur la quête d'identité d'un ado.

Un détachement des parents et un rapprochement du groupe de pairs

« The generation gap! »

On parle souvent de « fossé des générations » pour décrire le fait qu'un enfant, lorsqu'il entre dans l'adolescence, se détache de ses parents, rejette leurs valeurs et s'identifie de plus en plus à son groupe de pairs. Ce n'est pas faux. D'ailleurs, au fur et à mesure que votre préado grandira, vous remarquerez que la quantité de temps passée avec vous diminuera, tandis que celle passée avec ses amis (que ce soit en personne, au téléphone ou en clavardant) augmentera radicalement.

Pourtant, plusieurs études font ressortir que ce que les anglophones appellent « the generation gap » n'existe pas vraiment. (Steinberg, 1990). On constate souvent que les jeunes et leurs parents ont des valeurs et des aspirations semblables, que ce soit sur des questions politiques, de religion, d'éducation ou de travail (Coleman & Hendry, 1990; Youniss, 1989). Vous êtes sceptique? Pourquoi?

Ah, je vois... Vous êtes souvent en conflit avec votre ado chéri, ce qui vous amène à croire qu'il y a forcément un fossé entre vos générations respectives! En fait, lorsqu'ils discutent de grandes valeurs générales (guerre vs paix dans le monde, importance de porter secours à une personne en difficulté, etc.), les parents et les ados peuvent souvent avoir les mêmes opinions. Leurs conflits éclatent surtout au sujet des habitudes de vie de l'ado (rangement, hygiène), des différences de goûts et d'intérêts (pas encore du hip-hop!), et surtout, à cause de divergences d'opinions quant à la liberté que les parents devraient accorder à leur ado. Ce genre de conflit vous dit quelque chose?

« Maman, est-ce que je peux rentrer à 1 h du matin samedi soir? Il y a un party chez Laurence...
- Tu peux aller au party, mais 1 h du matin, c'est beaucoup trop tard. J'irai te chercher à minuit.
- T'es poche! Tous les parents de mes amis leur donnent la permission... Je serai la seule à devoir rentrer plus tôt! On me traitera de Cendrillon! »

Ce genre de dispute parent-ado est un classique! En fait, des études ont fait ressortir que comparativement à leurs parents, les ados sont convaincus beaucoup plus tôt et de façon beaucoup plus ferme qu'ils devraient pouvoir être plus libres et bénéficier d'autres privilèges habituellement réservés aux adultes (Holmbeck & O'Donnell, 1991). Bref, ce sont les ados qui, ressentant un besoin grandissant d'indépendance et de liberté, confrontent leurs parents et remettent en question leurs façons de les encadrer. Ces contestations amèneront certains parents à se remettre en question puis à conserver certaines limites avec conviction et lâcher prise sur d'autres afin d'adapter leur encadrement au niveau de développement de leur ado et ainsi respecter ses nouveaux besoins. D'autres parents s'acharneront à vouloir prouver qu'ils ont pleine autorité sur leur ado et entreront dans des luttes de pouvoir sans fin. Dans les deux cas, il y aura inévitablement des conflits parents-ados, mais ils se résoudront beaucoup plus rapidement dans le cas de parents qui tentent d'adapter leur rôle et leurs attitudes aux besoins de leur jeune.

Un autre facteur contribue aux conflits parents-ados et au détachement qui se fait entre eux au cours de cette période. Vous vous souvenez d'avoir lu, au chapitre précédent, que les aptitudes cognitives de votre enfant se développeront pendant l'adolescence. Ces nouvelles aptitudes lui permettent de vous voir tel que vous êtes, c'est-à-dire comme un être humain qui fait des erreurs. La découverte du fait que vous n'êtes pas infaillible peut faire en sorte qu'il se sente en droit de s'opposer à vos croyances, à vos exigences, à votre autorité. Vous n'avez pas le contrôle sur cette nouvelle attitude qui peut apparaître soudainement chez votre ado. Par contre, vous avez le contrôle sur la façon dont vous y réagirez. Nous verrons dans la deuxième partie du livre quelles sont les attitudes parentales qui permettent de minimiser ce genre de comportements et d'éviter qu'ils ne détruisent complètement l'harmonie familiale. Mais je peux vous dire tout de suite que vous camper sur vos positions, ne pas reconnaître vos erreurs et exagérer les dangers de la liberté et de l'indépendance vous discréditera encore plus aux yeux de votre ado.

Ce genre de conflit parents-ado est habituellement à sa plus grande intensité au début de l'adolescence (Barber, 1994). Un éminent chercheur qui a consacré sa carrière à l'étude des ados (Steinberg, 1990) a même découvert que la majorité d'entre eux se sentent aimés par leurs parents et qu'ils les perçoivent comme des modèles et des conseillers... Ca, les ados le confient aux chercheurs et aux psy, mais la plupart attendent d'être devenus adultes pour l'avouer à leurs parents, souvent à un moment où ils ont envie de leur dire merci!

L'importance des amis, du réseau social... entraide ou pression?
Les amis de votre ado prennent de plus en plus de place dans sa vie. Il semble s'identifier de moins en moins à vous, et de plus en plus à eux.

En fait, comme votre ado n'est plus trop sûr que vous avez raison sur tout et que vous possédez la science infuse, comme il n'est pas trop sûr de qui il est, ni de ce qu'il veut devenir, il cherche de nouveaux modèles, de nouveaux repères et de nouveaux confidents chez les gens de son âge, de sa génération.

Son corps se transforme, sa façon de penser et de percevoir le monde également. Il passe d'une petite école primaire où il connaissait pas mal tous les enseignants qui avaient probablement une attitude maternelle ou protectrice envers lui, à une grande école secondaire plus impersonnelle où les profs exigent plus d'autonomie de sa part et où il rencontrera des jeunes d'autres milieux. Il s'apprête à vivre ses premières expériences amoureuses et sexuelles...

Quoi de mieux et quoi de plus rassurant que de se tenir avec un groupe d'amis du même âge, qui font face exactement aux mêmes changements, aux mêmes transformations et aux mêmes défis? Selon un auteur qui s'est penché sur la question de l'importance du groupe de pairs durant l'adolescence (Brown, 1990), les amis peuvent remplir quatre grandes fonctions, en plus de celle de simplement avoir du plaisir!

1. Il s'agit d'un groupe d'entraide qui apporte de l'information et du soutien par rapport aux changements physiques liés à la puberté et aux sentiments jusqu'alors inconnus qu'ils font apparaître (ex.: image corporelle).
2. Les amis aident l'adolescent à s'adapter aux changements sociaux auxquels il sera confronté durant cette période de la vie, notamment l'entrée au secondaire (en passant, il sera question des difficultés liées à cette transition dans la section suivante).
3. Le groupe de pairs aide l'adolescent à se forger une identité. Les autres ados de son âge lui servent en quelque sorte de miroir qui peut lui refléter ses attitudes, ses traits de personnalité, ses intérêts, ses goûts et ses habiletés.
4. Le groupe d'amis sert de banc d'essai, auprès duquel l'ado « testera » toutes sortes d'attitudes, de styles vestimentaires, d'opinions et de philosophies par rapport au monde et à lui-même.

Si les pairs ont des effets aussi positifs sur les ados, comment se fait-il que l'on entende si souvent parler de la pression exercée par ceux-ci qui peut parfois conduire à des comportements téméraires, dangereux et irréfléchis?

N'avez-vous jamais vu un parent d'ado parler de ses inquiétudes par rapport à l'effet des mauvaises influences? Un parent qui vous dit que son fils a commencé à fumer la cigarette pour être accepté par son groupe de pairs? Après avoir réprimandé votre propre ado pour une conduite que vous jugez inacceptable, ne vous a-t-il pas répondu « C'est ce que tous mes amis font »?

Ces inquiétudes de parents semblent être justifiées par certaines études. Selon Bernt (1979), au début de l'adolescence, la vulnérabilité à la pression exercée par les pairs augmenterait, pendant que la confiance en les opinions et les conseils des parents serait en déclin. D'autres chercheurs ont découvert que le fait de s'associer à des pairs délinquants serait le facteur qui prédit le mieux les conduites déviantes chez un ado (Elliot, Huisinga, & Ageton, 1985).

Toutefois, ces cas semblent isolés et chez ces jeunes, les troubles du comportement étaient souvent apparus bien avant la puberté. En fait, plusieurs études démontrent que la fameuse expression « Qui se ressemble s'assemble » est probablement vraie!

Selon Brown (1990), l'influence des amis se joint à celle des parents au lieu de s'y opposer. En fait, les valeurs que les ados partagent avec leurs parents, celles qu'ils ont décidé de conserver au lieu de rejeter (après une remise en question), auraient une influence sur leur façon de choisir leurs amis et leurs activités.

Ainsi, votre ado a été influencé toute sa vie par vous, et cette influence que vous avez eue sur lui aura un impact sur son choix de copains. Règle générale, on se sent bien dans ce que l'on connaît! Malgré votre crainte possible des « mauvaises influences » durant cette période de la vie de votre enfant, vous serez probablement surpris de constater à quel point les parents de ses amis vous ressemblent. Il y aura sûrement des exceptions puisque la différence peut attirer certains ados. Il est possible que pour expérimenter, votre gentille fille bien élevée et première de classe se mette à s'intéresser à un petit voyou qui considère abandonner l'école! Mais, avec le temps (disons trois semaines!), elle risque de s'apercevoir que bien que cette différence soit intéressante de prime abord, elle peut la rendre inconfortable à plus long terme. Cette relation aura donc eu pour fonction de lui apprendre qu'il y a des choses qu'elle ne désire pas dans une relation amoureuse, et de vous apprendre qu'elle peut, et même qu'elle doit, faire ses choix elle-même!

Aussi, votre ado pourrait avoir en groupe, des idées de faire certaines bêtises qu'il n'aurait jamais eu idée de faire seul. Souvent ces bêtises seront des actes isolés qui ne refléteront en rien sa future personnalité. Certains appellent ça « des erreurs de jeunesse »! Lorsque cela se produira, ne vous surprenez pas s'il vous dit « Tout le monde fait ça! ». Pour un ado, le groupe de pairs a aussi pour fonction de diluer la responsabilité de ses gestes.

Toujours selon le même auteur et ses collègues (Brown, Lambron, Mounts, & Steinberg, 1993), en tant que parent, vous pouvez avoir une certaine influence sur les relations de votre ado en supervisant ses activités et en faisant preuve de flexibilité dans votre façon de l'encadrer en fonction de ses besoins qui changent. Si vous vous acharnez à conserver toute l'autorité que vous aviez sur lui durant l'enfance, sans vous adapter à son besoin grandissant d'autonomie et de liberté, il adoptera probablement une attitude complètement contraire à ce que vous souhaitez, juste pour s'opposer. Il pourrait également se montrer plus cachotier pour faire les expérimentations dont il ressent le besoin de faire, tout en évitant les conflits avec vous. Ainsi, en tentant de trop le contrôler, vous produirez l'effet contraire. Vous perdrez complètement le contrôle!

Les changements sociaux de l'adolescence... la période des premières fois, et des grandes décisions

Durant l'adolescence, les rôles que le jeune doit jouer se multiplient et peuvent entrer en conflit. Du petit enfant qui se souciait principalement de plaire à ses parents, il deviendra un ado qui devra s'adapter à l'école secondaire, qui voudra plaire à ses amis, à un chum ou une blonde, réussir à se trouver un premier emploi rémunéré, faire un choix de carrière qui correspond à ses aptitudes, sa personnalité et ses intérêts (et sans trop se tromper). Bref, la vie devient un jeu sérieux et votre ado pourrait percevoir ses succès et ses échecs du présent comme des facteurs prédicteurs de son avenir.

Il doit à la fois tenter de respecter les attentes de ses parents, gérer ses conflits avec eux, avoir une vie sociale active et être accepté par ses pairs, réussir à l'école, gagner un peu d'argent de poche pour accéder à une certaine indépendance, le tout sans encore avoir beaucoup d'expérience dans la gestion d'un agenda chargé.

Certains peuvent ressentir beaucoup de stress, sans nécessairement être capables d'en identifier la source, puisque pour plusieurs ados, tous ces changements peuvent être considérés comme étant positifs... mais ils oublient parfois qu'ils mettent au défi leurs capacités d'adaptation. Souvent, ils déverseront leur trop-plein de stress sur les parents en étant irritables, impatients et en leur manquant de respect. Si cela se produit avec votre ado, c'est peut-être un signe qu'il a la certitude que malgré son attitude désagréable, vous ne l'abandonnerez jamais. Si votre ado est un ange avec les autres, mais désagréable avec vous, c'est probablement parce que depuis sa naissance, vous avez joué à la perfection (ou presque) l'une de vos nombreuses tâches parentales... celle de lui manifester votre amour inconditionnel!

L'entrée à l'école secondaire

Est-ce que vous vous souvenez des quelques jours précédant votre entrée à l'école secondaire? Moi, oui! J'ai une vision très claire de moi, assise à la table de la cuisine avec ma meilleure amie et mon père... Ma copine et moi venions d'aller chercher notre matériel scolaire et notre carte d'étudiante à l'école, et nous regardions toutes les deux les cadenas que nous venions d'acheter pour verrouiller nos casiers.

Soudain, mon père nous a interrompues dans notre catatonie.

« Qu'est-ce que vous avez à examiner vos cadenas comme ça, les filles »?

Et ma meilleure amie de répondre en exprimant en même temps toute l'angoisse que je tentais de cacher :

« Et si on manquait de temps entre deux cours pour aller chercher nos livres dans notre casier? (d'où notre examen minutieux de nos cadenas respectifs).
Et si on se perdait dans l'école?
Et si nos profs ne se parlaient pas entre eux et nous donnaient trop de devoirs en même temps?
Et si on manquait notre autobus?

Et si on oubliait notre combinaison de cadenas? (re-examen) de nos cadenas et mémorisation de la combinaison)!
Et si des plus vieux se mettaient à nous écœurer? »

Vous allez croire que ma meilleure amie était sûrement du type angoissé, qu'elle s'est probablement fait diagnostiquer un trouble d'anxiété à l'âge adulte... mais disons que je suis du type très calme et que ses pensées rejoignaient pas mal les miennes!

En tant qu'adulte, maintenant que vous avez terminé vos études, que vous avez fait des entrevues pour obtenir des emplois et que vous en êtes à songer à votre éventuelle retraite, vous percevez probablement l'entrée au secondaire comme étant une étape banale et facile à franchir. Détrompez-vous!

Entrer dans une nouvelle grande école avec des élèves d'autres municipalités, à une étape de notre vie où notre corps change, où l'on prend conscience du regard des autres sur soi, où l'on commence à avoir des boutons, c'est une très grande étape pour un élève qui a toujours été à la même école depuis son entrée à la maternelle.

Si vous voyez votre jeune ado regarder bizarrement son cadenas à la veille de son entrée au secondaire, pensez à la petite Nadia lorsqu'elle avait 12 ans, et faites-moi le plaisir de ne pas banaliser le stress de votre enfant! Validez l'émotion de votre ado en lui disant qu'il est normal de se sentir ainsi. Rassurez-le en lui disant que les profs ont l'habitude de voir des élèves stressés, en retard et un peu perdus lors de la rentrée scolaire. En se sentant compris et en voyant que vous êtes là pour le soutenir, son lien de confiance avec vous sera renforcé, ce qui n'est pas un luxe lorsqu'il arrive à un âge où il est supposé s'éloigner de vous et faire plus confiance à ses amis!

Répondre de façon chaleureuse et humaine aux premières inquiétudes de votre ado concernant le secondaire constitue un bon départ pour une aventure qui sera parsemée de hauts et de bas. Car plus nombreux sont nos professeurs, plus on a de chances de vivre un conflit de personnalités! De plus, comme il en a été question dans la section précédente, il a la pression d'être accepté par un groupe de pairs. Certains seront gentils, d'autres seront méchants. Il sera soit victime d'intimidation, soit témoin d'intimidation faite à un autre élève. Il est très difficile d'être victime d'intimidation, mais même ceux qui n'en sont pas victimes peuvent souffrir du climat que cela installe dans une école. Plusieurs ados très sociables et qui jouissent d'une bonne estime de soi ne se sentiront pas trop stressés par l'idée de se faire de nouveaux amis. Mais, pour les timides, le début du secondaire est un « no man's land » dont ils veulent sortir au plus vite... en étant acceptés par un groupe d'amis!

Une fois accepté par ses pairs, votre jeune devra apprendre à bien gérer son temps entre les moments passés à s'amuser avec ses amis (ou à être en communication avec eux, car les relations aujourd'hui sont bien souvent électroniques!) et ceux où il devra faire tous les devoirs demandés par chacun de ses professeurs, qui ne tiennent pas nécessairement compte de la charge de travail demandée par leurs confrères! Les invitations à discuter au téléphone, à clavarder, ou à sortir pourront le distraire de son travail scolaire. Votre rôle sera de le guider dans la gestion de son temps en le laissant parfois vivre les conséquences de ses mauvais choix. Quand il vous demandera de le protéger des méchants professeurs qui ne comprendront pas son retard « Quoi? Tu ne diras pas à mon professeur que je n'ai pas pu faire mon devoir? », vous devrez parfois répondre « Non mon grand. Si tu étais assez vieux pour savoir gérer ton temps quand je te demandais gentiment de faire tes devoirs, ça veut dire que tu es assez vieux pour te débrouiller avec les insatisfactions de ton prof! ».

En plus des amis, d'autres distractions pourraient avoir une influence sur la motivation scolaire de votre ado... les premières amours, et le premier emploi rémunéré.

Les premières amours

Durant son adolescence, votre enfant vivra ses premières expériences romantiques... et sexuelles! Je sais que ce dernier mot vous fait probablement frissonner et grimacer. L'idée de notre ado ayant une relation sexuelle suscite souvent le même inconfort que l'idée de nos propres parents ayant une relation sexuelle... Beurk!

Même si dans les deux cas l'inconfort est probablement de la même intensité, il ne suscite pas exactement les mêmes émotions. Imaginer vos parents en train de faire l'amour suscite probablement du dégoût, mais imaginer votre ado avec un partenaire sexuel suscite sans doute davantage de l'inquiétude chez vous en plus du sentiment qu'il y a maintenant une partie de sa vie qui vous échappe... sa vie intime!

Si cette étape peut être bouleversante pour les parents, imaginez comment elle peut l'être pour l'ado lui-même, qui fait face à l'inconnu. Et cet inconnu, il doit y faire face sans vraiment pouvoir avoir l'aide de ses parents, puisqu'il s'agit de sa vie intime. Bien sûr, vous pourrez le guider s'il vous confie un conflit qu'il a eu avec sa blonde. Vous pourrez la consoler si son chum l'a trompée avec sa meilleure amie. Mais, votre ado ne vous demandera certainement pas de vous installer au bout du lit pour le guider lors de sa première relation sexuelle!

Souvenez-vous de votre première relation amoureuse. Peu de temps auparavant, vos pairs du sexe opposé vous semblaient une vraie plaie! Enfants, les garçons pensent souvent que les filles sont nulles dans les sports et qu'elles ne sont bonnes qu'à commérer. De leur côté, les filles pensent que les garçons sont immatures et incapables de discuter sérieusement. Puis, soudain, on commence à voir les choses autrement. Finalement, les pairs du sexe opposé n'ont pas que des défauts, certains spécimens sont même plutôt attirants! Encore une fois, je sens que vous allez blâmer les hormones liées à la puberté. Elles ont le dos large, ces hormones! Vous n'avez pas complètement tort en croyant cela, mais sachez que la culture des pairs y est pour quelque chose aussi.

Souvent, des garçons d'un groupe d'amis exclusivement masculin se mettront à se tenir avec certaines filles d'un autre groupe d'amies exclusivement féminin. Puis, les deux bandes « fusionneront » et ainsi la ségrégation des deux sexes se terminera, habituellement dès l'entrée au secondaire, parfois même vers la fin du primaire. La raison pour laquelle cet apprivoisement se passe ainsi est bien simple à comprendre. L'inconnu est beaucoup plus facile à approcher lorsqu'on le fait en groupe, avec ses amis, de surcroît!

Mais à part l'apprivoisement de l'autre sexe, les amis permettront également à un ado de confier ses sentiments amoureux, de se faire rassurer et même d'être encouragé à approcher la personne convoitée. En cas de rupture, les amis offriront un soutien et aideront l'ado à rétablir son estime de lui. Tel que je l'ai déjà mentionné, vous pouvez être là aussi pour recevoir les confidences de votre jeune et le consoler en cas de rupture, mais je parie que vous en saurez probablement moins que ses amis!

Même si ses amis sont là pour le soutenir dans ses premières relations amoureuses, votre ado sera seul avec son partenaire lors de sa première relation sexuelle. Règle générale, ce n'est pas une expérience très mémorable. Les deux partenaires ont de grandes attentes. Ils sont souvent stressés et maladroits et puis tout se déroule habituellement en peu de temps (éjaculation précoce oblige, ou encore la crainte que des parents ne les surprennent), ce qui laisse peu de place au plaisir. Souvent, les deux partenaires sont contents de la perte de leur virginité, mais un peu déçus par rapport à leurs attentes initiales!

Dans ce domaine, votre rôle aura surtout été d'offrir une bonne éducation sexuelle à votre enfant, pas seulement par rapport aux aspects biologiques et à la prévention des dangers (ITS, grossesse non désirée, abus sexuels), mais également par rapport à vos valeurs et aux émotions qui entourent la sexualité. À titre d'exemple, vous pourriez vouloir aviser votre ado que la première expérience sexuelle est souvent décevante et qu'il y a peu de chances que la personne avec qui cela a lieu soit le futur époux ou la future partenaire de vie. Vous pourriez ensuite vouloir le rassurer en lui disant que l'important, c'est d'être avec quelqu'un avec qui on se sent bien et qui nous respecte.

Il y a également la réalité des jeunes gais et lesbiennes, réalité qui, encore aujourd'hui, est plus difficile que celle des jeunes hétérosexuels. Il est possible qu'ils mettent plus de temps à assumer leur identité sexuelle, parce que tant les confidents que les partenaires peuvent être difficiles à trouver. Même dans les sociétés les moins homophobes, la « sortie du placard » peut être une épreuve difficile à envisager et anticipée avec angoisse. Si c'est le cas de votre ado, une attitude ouverte de votre part et l'absence de commentaires homophobes dans l'environnement familial pourraient l'aider à se confier à vous, mais ce ne sera pas nécessairement facile pour lui de le faire, et cela ne lui donnera pas automatiquement un réseau de pairs compréhensifs qui le soutiennent.

Le monde du travail

Malgré le fait que votre ado ne cesse de se plaindre que le secondaire est long et qu'il ne finit plus de finir, le monde du travail se pointe à l'horizon. De deux façons : le premier emploi rémunéré (emploi étudiant), et le cheminement vers un choix de carrière.

Premier emploi rémunéré

De nombreux parents pensent qu'un premier emploi rémunéré sera une bonne façon de responsabiliser leur ado, de le rendre plus mature, de le dégourdir et de le désennuyer... surtout, c'est une bonne façon pour les parents de cesser d'avoir à payer pour ses petites dépenses (gomme à mâcher, cinéma, lecteur de musique numérique, etc.) et cela permet d'éviter de le voir flâner sur le divan du salon durant les longs mois de l'été!

Il y a du vrai et du faux dans tout cela. Les résultats d'une étude faite en Californie durant les années 1980 (Greenberger & Steinberg, 1981 et 1986) ont permis d'infirmer certaines des ces idées reçues sur les effets positifs du travail chez les ados.

Alors que de nombreux parents présument que leur ado recevra une formation lui permettant d'acquérir certaines habiletés, la réalité est que la majorité reçoit très peu de formation. Comme le dit une expression bien de chez nous, ils apprennent « sur le tas »! D'autres parents sont convaincus que le fait d'entrer dans le monde du travail permettra à leur ado de mieux s'entendre avec les adultes. Le fait est que très rares sont les jeunes qui se sentent proches des adultes avec qui ils travaillent.

Ces chercheurs ont également découvert d'autres effets négatifs du travail à temps partiel chez les ados, notamment le fait qu'il est parfois responsable d'une détérioration des résultats scolaires et d'une augmentation de l'absentéisme, particulièrement chez les étudiants de quatrième secondaire qui travaillent plus de 14 heures par semaine, et chez ceux de cinquième secondaire qui travaillent plus de 20 heures par semaine.

Les études ont tout de même fait ressortir quelques aspects positifs du travail chez les ados, notamment le fait que leur première expérience leur a permis de mieux comprendre comment le monde du travail fonctionne, comment trouver un emploi, comment le conserver et comment gérer l'argent durement gagné. Le travail a également aidé plusieurs ados à mieux gérer leur temps, à être fiers de leurs accomplissements et à mieux évaluer leurs buts.

Par contre, leurs essais et erreurs en terme de gestion du temps amènent parfois les adolescents à abandonner des sports, des activités sociales avec les pairs et parfois même à se priver de sommeil en faveur du travail. Pendant que nous, les adultes, nous nous plaignons de devoir concilier travail et famille, on oublie que nos ados, eux, doivent concilier travail, école, famille (les parents) et amis! Bien sûr, je blague! Les ados n'ont pas toutes les responsabilités de leurs parents, mais ils sont bien jeunes et manquent parfois d'expérience pour jongler efficacement avec tous ces aspects de leur vie qui se sont multipliés soudainement. Leurs premières erreurs dans la gestion de leur temps peuvent causer certains déséquilibres.

Une autre étude un peu plus récente (Bachman & Schulenberg, 1993) a d'ailleurs fait ressortir que le travail à temps partiel durant l'école secondaire pouvait être associé à plusieurs situations problématiques telles que le manque de sommeil, le fait de sauter le petit-déjeuner, de ne plus faire d'activité physique, de ne plus avoir assez de temps pour les loisirs et même l'utilisation de substances (probablement en tant que solution inadéquate pour gérer le stress ou pour se donner du loisir en peu de temps!). Encore une fois, ces problèmes avaient tendance à survenir surtout chez ceux qui travaillaient 20 heures ou plus par semaine.

Enfin, d'autres études ont fait ressortir des résultats un peu plus nuancés, notamment le fait que lorsque les ados ont un emploi avec des opportunités d'avancement, ils se sentent plus motivés, ils acquièrent de bonnes valeurs de travail et présentent moins de symptômes dépressifs (Mortimer, Harley & Johnson, 1998). Une dernière étude a permis de découvrir que les ados affirment que leur emploi les encourage à développer de bonnes habitudes de travail et qu'ils utilisent leur salaire pour payer les frais d'études (Marsh, 1991). Toutefois, les emplois étudiants semblent avoir des effets plutôt négatifs chez les ados qui ont tendance à percevoir leur emploi comme étant plus important que l'école et qui utilisent leur salaire pour des dépenses autres que celles reliées aux études.

À la lumière de toutes ces études, êtes-vous pour ou contre le fait que votre ado tente de se trouver un emploi? À mon avis, voilà un aspect de sa vie où vous pouvez le guider, si, évidemment, il vous fait confiance! Tôt ou tard, les dimensions de sa vie se multiplieront (travail, amour, amis, loisirs, école) et il devra apprendre à gérer son temps. La gestion de l'argent sera également un apprentissage qu'il devra faire, que ce soit maintenant ou plus tard dans sa vie. Je pense que le contexte d'un travail d'étudiant est une bonne façon pour lui de faire ses premiers essais et erreurs dans une situation idéale où il bénéficie encore de votre encadrement et de votre rôle de guide.

Pour la gestion du temps, vous pouvez vous asseoir avec lui et l'aider à faire son horaire typique d'une semaine, en commençant par y inscrire toutes ses activités qui concernent l'école, car elles devraient être sa priorité (ex. : temps en classe, temps pour les devoirs et pour les études, etc.). Ensuite, déterminez un nombre minimal d'heures de sommeil pour qu'il soit en forme, et établissez l'heure à laquelle il devrait idéalement revenir à la maison s'il travaille de soir. Enfin, déterminez les cases horaires qui pourraient être consacrées à un emploi étudiant en vous assurant qu'elles ne couvriront pas plus de 15 à 20 heures par semaine et qu'il lui restera du temps pour ses amis, ses loisirs et son activité physique.

Pour la gestion de l'argent, il faut lui donner de l'autonomie, tout en vous réservant un droit de regard pour les premiers mois ou les premières années de gestion du budget. Ainsi, vous pourriez lui ouvrir un compte conjoint, pour lequel il aura sa propre carte de guichet, qu'il pourra utiliser à sa guise. Encore une fois, ce genre de fonctionnement nécessite une bonne relation de confiance entre vous et votre ado. Vous pourrez le conseiller par rapport aux avantages de l'épargne pour les plus grosses dépenses à long terme (ex. : achat d'une voiture, paiement des études supérieures) et lui dire qu'évidemment, une partie de ce qu'il a gagné peut servir à s'amuser tout de suite (ex. : sorties entre amis).

Partager un compte avec lui ne devrait pas servir d'outil d'espionnage dans le but de le surprendre en flagrant délit de dépenses futiles. Pas besoin d'avoir un compte conjoint pour savoir que son nouveau pantalon qu'il porte fièrement avec le fond de culotte aux genoux est une folle dépense! De toute façon, de folles dépenses, il en fera, c'est très probable. Vous ne pourrez pas y faire grand-chose, à part peut-être l'aider à constater qu'au rythme auquel son épargne se fait, il peut planifier demander ses cours de conduite en cadeau pour... son 38e anniversaire!

Le but du compte conjoint est plutôt de faciliter les transactions entre vous et votre ado, si éventuellement, vous voulez contribuer en partie au paiement de frais d'études post-secondaires ou de frais liés à la vie en appartement s'il décide d'étudier à l'extérieur. De même, si vous lui prêtez de l'argent, le compte conjoint facilitera le remboursement de la dette. Enfin, le fait d'avoir accès au solde de son compte pourrait vous servir à prévenir l'endettement dont sont victimes de nombreux jeunes. Lorsqu'ils terminent leurs études secondaires et qu'ils entrent au cégep, les compagnies de crédit les sollicitent, et nombreux sont ceux qui tombent dans le piège de faire le paiement minimal d'une carte de crédit avec une autre carte. Mais pour l'aider et l'éduquer à ce niveau, il vous faudra être un bon modèle!

Pas besoin de le punir ou de lui donner des conséquences s'il dépense son argent en ne tenant pas compte de vos conseils. Laissez-le vivre les conséquences de ses gestes (ex. : ne pas pouvoir se payer sa première voiture au moment où il la voulait). Dans un tel cas, n'accourez pas à sa rescousse avec votre argent, en vous disant qu'il fait pitié. Agir ainsi ne lui apprendra pas à devenir responsable. Ne pas pouvoir s'offrir la voiture de son choix au moment où il la veut peut lui apprendre une leçon pour plus tard. Ainsi, à l'âge adulte, il veillera à limiter ses sorties au restaurant pour pouvoir se payer un voyage, ou encore simplement pour se payer la maison de ses rêves.

Vous pouvez lui faire valoir que ses études priment sur le travail. Vous pourriez par exemple lui dire qu'il peut travailler un certain nombre d'heures par semaine à condition que ses résultats scolaires se maintiennent. Bref, vivre ses premières expériences de travail sous votre supervision pourrait permettre à votre ado de s'adapter au monde du travail dans un contexte sain et équilibré.

Votre mission est de l'aider à profiter de tous les avantages du travail d'étudiant tout en lui évitant les inconvénients. Vous pouvez être créatif dans votre façon d'aider votre ado dans la dimension « employé » de sa vie, mais souvenez-vous de la base :

- pas plus de 15 à 20 heures par semaine;
- le travail est secondaire par rapport à sa scolarisation (il doit au minimum pouvoir terminer son secondaire).

Orientation professionnelle

Votre ado devra également s'interroger sur son avenir à plus long terme, afin de faire son choix de carrière et d'orienter son cheminement scolaire en conséquence. Certains ados sont stressés par le fait qu'ils devront bientôt faire des choix de cours en fin de secondaire ou un choix de programme au cégep, alors qu'ils n'ont aucune idée de ce qu'ils veulent faire plus tard. D'autres sont complètement insouciants par rapport à ces décisions et donnent l'impression qu'ils se laissent simplement guider par la vie. Il est vrai que faire le choix d'un métier ou d'une profession n'est pas simple quand on en est encore à l'étape de sa vie où l'on se demande « Qui diable suis-je ? ».

Pour faire un bon choix de carrière, compatible avec notre personnalité, nos intérêts et nos aptitudes, il faut idéalement que notre identité soit assez construite et plutôt stable. Or, nous avons vu que l'adolescence est une période de quête d'identité. Exiger d'un ado qu'il fasse un choix de cours intelligent sans se tromper est beaucoup demander...

Plusieurs théories sur le développement de carrière existent. Elles sont liées au développement de l'identité et de la personnalité, et les conseillers en orientation sont les experts en la matière. Je vous épargne ces grandes théories savantes d'abord parce que je ne veux pas faire de vous des conseillers en orientation et ensuite parce qu'il y a bien d'autres facteurs que la personnalité qui déterminent le choix de carrière d'un individu. Entre autres, il y a les préférences de la personne, l'influence de ses pairs, de ses professeurs, des dimensions socioculturelles et socio-économiques et il y a... l'influence des parents!

Un des aspects importants d'une planification de carrière est d'être conscient des préalables d'un métier ou d'une profession en terme d'éducation. Les parents peuvent avoir de belles ambitions pour leur enfant chéri, mais tout cela ne mènera à rien s'ils n'aident pas leur ado à faire des liens entre les professions ou les métiers qui l'intéressent et la formation exigée pour y accéder.

Intéressez-vous à ses choix de cours en lui posant des questions, en lui demandant pourquoi il a fait ces choix, en vous informant sur les processus d'admission à certains programmes d'études secondaires professionnelles ou postsecondaires (selon les intérêts de l'ado), en donnant des informations sur différents métiers intéressants qu'il ne connaît peut-être pas et en considérant de façon réaliste ses intérêts et ses aptitudes.

Tel que déjà mentionné, le développement de l'identité de votre ado doit être assez avancé pour qu'il puisse faire un choix de carrière en harmonie avec lui-même. Des études ont d'ailleurs prouvé que le fait d'avoir une identité en « moratoire » ou une identité « diffuse ou confuse » (voir la section la quête d'identité du présent chapitre) nuit à la planification de carrière et à aux décisions que ce processus implique (Wallace-Broscious, Serafica & Osipow, 1994). En revanche, plus un ado est avancé sur le plan de la quête de son identité, plus il aura de la facilité à prendre de bonnes décisions en prévision d'atteindre les objectifs de carrière de son choix.

La plupart des ados en quête de leur identité sont en « expérimentation ». Votre rôle de parent est de favoriser le développement de l'identité de votre ado en permettant, à l'intérieur de certaines limites, les différentes explorations qu'il a envie de faire. Lui poser des questions qui le feront réfléchir à ce qu'il aime, à ce qui est important pour lui, pourrait l'aider à mieux se comprendre et à mieux se connaître. Agir en tant que « miroir social », en lui donnant régulièrement de la rétroaction sur ses talents et les intérêts que vous percevez chez lui pourrait compléter la rétroaction qu'il obtient de ses pairs et de ses professeurs. En ayant plusieurs miroirs sociaux, votre ado verra plus rapidement qui il est, ce qui l'aidera à déterminer un choix de carrière qui lui conviendra.

Aussi, votre façon de gérer votre carrière constitue un modèle à suivre ou à ne pas suivre pour votre ado... Quand ses deux parents consacrent des efforts significatifs à leur carrière respective, qu'ils sont fiers de leurs accomplissements et heureux de leur vie professionnelle, cela peut lui inculquer de bonnes valeurs de travail. Du moins, cela lui apprend qu'un choix de carrière peut mener à un travail épanouissant et peut le motiver à faire les efforts nécessaires pour prendre de bonnes décisions à son tour.

C'est avec ces derniers conseils que se termine cette partie du livre sur tous les changements que votre enfant s'apprête à vivre. Vous avez pu constater qu'il vivra des transformations importantes sur les plans physique (corps et cerveau), cognitif (la pensée), affectif, social et occupationnel. Sur ce chemin qui le mène à l'âge adulte, vous avez un grand rôle à jouer, et c'est ce dont il sera question dans la partie suivante du livre.

Partie II

être parent d'un adolescent

La partie I du livre se concentrait sur tous les changements qui surviennent chez votre enfant pendant la période de l'adolescence. Vous devez maintenant vous demander comment vous devrez adapter votre façon de jouer votre rôle de parent.

Ce rôle sera en effet appelé à changer de différentes façons avec l'entrée de votre enfant dans cette extraordinaire période de sa vie. Notez que lorsque je dis « extraordinaire », je veux dire « qui ne ressemble à aucune autre période de la vie ». Cela peut signifier qu'il y aura des moments extraordinairement positifs et excitants, tout autant que des moments extraordinairement négatifs, conflictuels ou angoissants pour votre ado et pour vous! Votre capacité d'adaptation sera mise au défi.

Vous devrez faire le deuil de votre enfant pour faire place à un adulte en devenir. Son attitude envers vous changera et vous devrez par conséquent adapter votre façon de communiquer avec lui. Il deviendra plus secret et vous devrez trouver des façons de le superviser pour sa sécurité sans brimer son plus grand besoin d'intimité.

Vous aurez de nouvelles inquiétudes, par exemple la crainte qu'il soit influencé négativement par son groupe de pairs. Vous aurez de nombreuses décisions à prendre, notamment lorsqu'il vous demandera de nouvelles permissions : « Est-ce que je peux aller dans un party chez ce nouvel ami? Est-ce que je peux aller magasiner au centre commercial avec quelques amis (sans les parents!)? Est-ce que je peux avoir un cellulaire à mon prochain anniversaire? Tu me passes ton char? »

Heureusement, même si cette période n'est pas évidente et que lire ce livre (ou n'importe quel autre) ne répondra probablement pas totalement à toute la complexité des questions que votre nouveau rôle vous apporte, il vous fait part d'outils universels qui peuvent vous aider à mieux le jouer. Cela ne signifie pas que ces outils vous permettront d'éviter tous les conflits, mais vous parviendrez probablement à mieux les gérer ou à les résoudre plus facilement. Cela ne veut pas dire que votre ado ne fera pas d'erreurs de jeunesse, mais vous saurez faire en sorte qu'il en retire un apprentissage. Cela ne veut pas dire qu'il ne subira pas l'influence de ses pairs par souci d'appartenance à un groupe, mais vous pourrez tenter de lui offrir un sain équilibre en l'influençant vous aussi, à votre façon (idéalement, le plus positivement possible, même si vous êtes humain et que vous n'êtes pas parfait).

Bref, l'adolescence est une étape du développement de votre enfant qui est fascinante, mais qui vous fera maintes fois vous remettre en question. Elle ne correspondra pas nécessairement à la période orageuse et extrêmement conflictuelle décrite dans les médias, mais il faut tout de même plus qu'un livre sur l'adolescence pour arriver à bien jouer le rôle de parent d'ado. Il s'agit d'un rôle rempli de subtilités qui demande d'être rationnel plutôt qu'émotif.

Les chapitres de cette partie pourront vous aider à mieux jouer ce rôle, mais il faudra également que vous fassiez intervenir votre bon jugement, la connaissance que vous avez de votre ado, qui est unique, ainsi que la caractéristique la plus importante chez un parent, selon moi : l'amour inconditionnel que vous avez pour votre enfant.

Chapitre 5

FAIRE LE DEUIL DE VOTRE ENFANT

Votre enfant entre dans l'adolescence? Ce n'est donc plus un enfant et vous devrez faire le deuil de l'enfant qu'il était! Pourquoi utiliser un mot si dramatique que le mot «deuil»? Parce que par moments, vous vous ennuierez de l'époque où, aux yeux de votre enfant, papa et maman étaient les meilleurs, ils avaient toujours raison et il était inconcevable de se passer d'eux.

Votre ado commencera à s'apercevoir que vous êtes un être humain avec des qualités... et de nombreux défauts, dont probablement celui de ne rien comprendre aux réalités de la nouvelle génération! Parfois, en réaction à vos commentaires ou à vos conseils, il lèvera les yeux au ciel, comme s'il savait tout et que vous étiez le dernier des imbéciles! Finie l'époque où à ses yeux, vous étiez tout puissant et doté de la science infuse. Désormais, il vous fera parfois (je dis bien parfois) sentir comme si vous étiez un vieux dinosaure complètement dépassé, un «quétaine» des années 40 (même si vous êtes nés en 1961!).

Vous vous ennuierez également de la période ou vous aviez le contrôle à 100 % de sa tenue vestimentaire. Surtout si sa quête d'identité l'amène à adopter des styles un peu excentriques, marginaux ou simplement conformes au toupet qui couvre les yeux et aux fonds de culotte très bas, épidémie qui sévit férocement depuis quelques années dans les écoles secondaires nord-américaines! La musique hip-hop, techno, «heavy métal», dance et rap vous fera regretter les CD de comptines usés que vous aviez pourtant envie de casser en mille miettes il y a quelques années à peine.

L'étape où votre enfant quitte l'enfance pour devenir un adolescent correspond bel et bien à un deuil. L'enfant doit partir pour faire place à l'ado et l'ado devra partir pour faire place à l'adulte. En tant que parent, faire son deuil signifie de lâcher prise par rapport au lien parent-enfant que l'on avait et d'accepter sereinement la transformation imminente de sa relation avec lui. Cela veut dire de s'ouvrir à l'idée que plus il gagnera de la maturité, de l'autonomie et aura besoin de liberté et d'intimité, moins on aura un contrôle sur sa vie.

S'accrocher à l'enfant qu'il était et au contrôle que l'on avait comme parent sur sa vie à la période où l'on faisait des choix à sa place n'est pas sain. Pour devenir un adulte autonome et responsable, il doit apprendre à faire ses propres choix, à développer sa propre identité. Cela signifie qu'il rejettera probablement certains choix que vous auriez faits à sa place, si vous aviez pu. Cela signifie également qu'il fera des erreurs, dont les conséquences nécessiteront probablement votre soutien, puisqu'il n'est pas encore tout à fait un adulte.

Pas le premier deuil

Certains d'entre vous sont probablement surpris de lire qu'ils devront faire un deuil et d'autres se disent probablement que ce n'est pas le premier deuil qu'ils font par rapport à leur enfant puisque ce n'est pas la première transformation que ce dernier vit.

Lorsqu'un enfant est sevré de l'allaitement ou qu'il entre à la garderie, cela représente parfois un mini deuil pour la maman qui change de rôle. Lorsqu'un enfant se met à ramper ou à marcher, les parents sont souvent contents, mais regrettent un peu le temps où l'enfant ne pouvait se déplacer seul et qu'il demandait donc moins d'énergie et de supervision. Les parents doivent également faire le deuil du temps où il était un poupon qui se laissait prendre et cajoler, par opposition à la période où il est bien trop occupé à apprendre à se déplacer et à découvrir son environnement. Quand l'enfant fait son entrée à l'école, on doit faire le deuil de la période où il n'y avait pas de temps à consacrer aux devoirs en soirée...

Finalement, avoir un enfant correspond à une suite de deuils pour les parents nostalgiques, le deuil ultime étant celui du départ de l'enfant de la maison familiale, lorsqu'il s'établit en appartement. Certains auteurs parlent même de l'existence du « syndrome du nid vide », lorsque des parents souffrent de symptômes dépressifs quand ils se retrouvent seuls au départ des enfants devenus adultes.

Mais pour que votre enfant grandisse bien et pour que vous puissiez adapter constamment votre rôle de parent à toutes ces étapes de son développement, vous avez dû accepter le changement, laisser partir le nouveau-né pour faire place au bambin, laisser partir le bambin pour faire place au jeune enfant, laisser partir le jeune enfant pour faire place à l'écolier et maintenant, vous devez ouvrir votre cœur et y faire une grande place pour un adolescent qui ne sera pas toujours très doux avec vous!

Comment y arriver

L'adolescence est souvent une période où les parents apprennent à se parler dans leur tête, à s'autorassurer ou à s'autocalmer par rapport aux erreurs, aux demandes ou aux attitudes parfois arrogantes de leur enfant.

Souvent, les parents se disent :

« L'adolescence n'est qu'une période qui a un début et une fin. »
« On va sûrement en rire quand il va avoir 25 ans! »
« Il ne fait pas ça contre moi, il cherche simplement son identité. »

En fait, tout est une question de perception. Vous pouvez choisir de regretter l'enfant que vous aviez et anticiper l'adolescence avec négativisme ou vous pouvez choisir de vous réjouir et d'être fasciné par la transformation qui s'apprête à survenir devant vos yeux. Après tout, plus votre adolescent deviendra libre, responsable et autonome, plus vous aussi, vous serez libre! Pensez-y :

- lorsqu'il voudra pouvoir être seul quelques minutes ou quelques heures à la maison, vous pourrez sortir sans lui et avoir des moments de calme et d'intimité ou faire une sortie en couple sans avoir le stress de devoir trouver une gardienne et de devoir la payer;
- lorsqu'il apprendra à conduire, vous aurez terminé de jouer au taxi;
- lorsqu'il commencera à travailler, vous aurez fini de payer pour des bonbons, des sorties au cinéma et pour des lecteurs de musique numérique;
- lorsqu'il sera au cégep dans un domaine que vous n'avez pas étudié, il sera totalement responsable de ses apprentissages et vous n'aurez plus à superviser ses résultats et ses travaux scolaires.

Bref, la fin graduelle de la dépendance de votre enfant à vous signifie que vous regagnez peu à peu et partiellement la liberté que vous aviez lorsque vous étiez un couple sans enfant. Attention! Je dis bien partiellement et pas totalement, parce que souvent, être parent signifie de se soucier de nos enfants jusqu'à la fin de nos jours, même lorsqu'ils sont partis de la maison. On ne retrouve jamais totalement l'insouciance de nos jours sans enfant! Mais la liberté, le temps de faire des choses pour soi et l'intimité dans le couple reviennent peu à peu.

Attendez-vous à vivre des moments de grande fierté durant la métamorphose de votre enfant. Vous aurez les yeux remplis de larmes de joie et de fierté lorsque vous le verrez beau comme un prince ou belle comme une princesse à son bal de fin d'études secondaires. Vous serez agréablement surpris lorsqu'il vous fera part de ses opinions sur la politique, l'environnement ou le monde du travail, lors d'une discussion philosophique au cours de laquelle vous constaterez son goût de changer le monde!

Par moment, son admiration pour vous resurgira. Lorsque vous lui donnerez plus de responsabilités en échange de liberté ou d'argent, il réalisera à quel point il est difficile d'assumer certaines d'entre elles et il se dira :

- « Mais comment maman fait pour tenir sa chambre aussi rangée, tout en ayant à faire le ménage, les repas, la vaisselle et faire marcher le chien deux fois par jour? »

- « Mais comment papa a-t-il fait pour arriver à travailler à l'autre bout de la ville, revenir dans le trafic, pour ensuite tondre le gazon et trouver le temps et l'énergie pour jouer avec moi au hockey dans la rue? »

L'adolescence... un détachement? Pas si sûr!

Une très belle expression que j'ai entendue quelque part dit qu'il y a deux legs importants que l'on peut laisser à nos enfants : des racines... et des ailes! Cela veut dire qu'en tant que parent d'adolescent, vous devrez à la fois nourrir le lien d'attachement qui vous lie à votre enfant tout en lui permettant de prendre de plus en plus d'autonomie, même si cela peut sembler complètement contradictoire, à première vue.

Auparavant, les chercheurs se concentraient sur la prise d'autonomie des adolescents et l'associaient à un détachement de leurs parents. De ces théories a probablement découlé l'impression générale que l'adolescence est une période de grands conflits entre parents et enfants. Plus récemment, des chercheurs se sont mis à s'intéresser au rôle de l'attachement parent-enfant dans un sain développement chez les ados. Il est vrai que votre jeune réclamera de plus en plus d'autonomie. Si vous êtes sage, vous accepterez d'abandonner le contrôle que vous aviez sur certains aspects de sa vie, ceux pour lesquels il est maintenant suffisamment mature pour prendre ses propres décisions, et vous continuerez de le guider pour d'autres aspects de sa vie pour lesquels il n'a pas encore suffisamment de connaissances ou de maturité pour faire des choix complètement autonomes.

Même si les ados deviennent de plus en plus autonomes, il est psychologiquement sain qu'ils continuent d'être attachés à leurs parents qui peuvent encore leur servir de guide. Les grandes théories sur l'attachement parent-enfant ont été développées dans les années 1970 et 1980 par des auteurs très brillants, tels que Mary Ainsworth (1979) et John Bowlby (1989). Les recherches dans ce domaine ont permis de découvrir que par le lien d'attachement, le bébé se sert de son parent (souvent la mère, en premier lieu), comme base de sécurité à partir de laquelle il peut explorer son environnement. Un tel lien se crée par la constance et la qualité de la réponse du parent aux besoins de son enfant, dès les premiers jours de sa vie. Il constitue les fondations du développement psychologique durant l'enfance, l'adolescence et même l'âge adulte.

Même si vous avez un deuil à faire lorsque votre jeune passe de l'enfance à l'adolescence, l'énergie mise à veiller à ses besoins et à sa sécurité depuis qu'il est né n'a pas été déployée en vain... En fait, dans les années 1990 et 2000, des chercheurs ont découvert que les adolescents qui avaient un lien d'attachement « sécure » avec leurs parents ont tendance à démontrer plus de compétences sociales, un meilleur bien-être tel que démontré par des indices comme une bonne estime de soi, une bonne adaptation affective et une bonne santé physique (Cooper, Shaver, & Collins, 1998; Egeland & Carlson, 2004; Hilburn-Cobb, 2004). D'autres chercheurs ont démontré qu'un bon lien d'attachement entre parents et ado diminuait les probabilités que ce dernier adopte des comportements problématiques (Allen, Hauser, Eickholt, Bell, O'Conner, 1994).

Malgré la transformation imminente du lien qui vous attache à votre enfant et les quelques conflits qui parsèmeront son adolescence, vous resterez probablement une importante figure d'attachement pour lui. Cet attachement qui lui a permis d'explorer son environnement lorsqu'il était bébé lui permettra maintenant d'explorer un univers qui deviendra de plus en plus vaste et complexe.

Profiter de l'adolescence de son enfant, au lieu de s'en méfier

L'adolescence vous paraîtra peut-être une longue période à passer parce qu'elle est remplie de défis, qu'elle vous remet en question et qu'elle vous fait prendre conscience que vous vieillissez, mais lorsqu'elle sera terminée et que votre jeune adulte aura une relation plus amicale avec vous, vous vous direz sûrement : « Mon dieu que sa jeunesse a passé vite » !

Vous serez peut-être alors moins en deuil de son adolescence que de son enfance. Vous vous souviendrez peut-être des conflits difficiles vécus avec lui à cette période, mais vous pourrez également contempler ces moments avec recul et peut-être même arriverez-vous à en rire. Qui sait? Peut-être souffrirez-vous du syndrome du nid vide une fois que votre jeune aura quitté la maison...

Raison de plus pour tenter de profiter au maximum de ces dernières années de vie commune, de vous émerveiller devant l'extraordinaire métamorphose qu'il s'apprête à vivre sous vos yeux et de faire un maximum d'efforts pour préserver la qualité de votre relation avec lui, même si la nature de celle-ci changera de façon indéniable.

Chapitre 6

VOUS CHANGEZ, VOUS AUSSI!

Le développement... tout au long de la vie!

À plusieurs reprises, je vous ai dit que bien connaître votre ado et bien observer les changements qu'il vit est aussi important (ou même plus) que de lire ce livre, qui vous apporte des connaissances générales sur cette étape de son développement.

Or, il est tout aussi important de bien vous connaître et d'être conscient que vous êtes vous-même toujours en développement! J'entends certains d'entre vous penser tout haut : « Quoi? Je me développe toujours? Ben voyons! Ça fait longtemps que j'ai arrêté de grandir, et que j'ai trouvé mon identité. Ma personnalité est stable depuis un bon bout! »

Vous avez raison! Vous avez cessé de grandir, et vous ne vivez plus de grandes transformations depuis la fin de votre adolescence. Mais sachez qu'un être humain se développe tout au long de sa vie. Même après l'adolescence, nous vivons des étapes qui nous transforment. Évidemment, ces transformations de l'âge adulte ne sont pas aussi profondes et ne se font pas au même rythme que durant l'adolescence, mais devenir adulte ne signifie pas que nous devenons statiques.

Pensez seulement à la transformation que vous avez subie lorsque vous êtes devenu parent pour la première fois! Votre vision du monde, des êtres humains, de la vie en général a probablement changé à ce moment. Il est possible que votre façon de vous percevoir vous-même ait également évolué depuis ce temps, les enfants étant souvent notre miroir, tant pour nos bons côtés que pour nos défauts.

Pensez également à la transformation que vous vivrez lorsque vous prendrez votre retraite. Vous devrez alors redéfinir votre rôle dans la vie. Cesser de travailler pourrait également avoir un impact sur votre vie de couple. Vous devrez à l'avance songer à ce que vous ferez à partir de ce moment et évaluer vos finances personnelles pour bien vous préparer.

Voir vos propres parents vieillir, perdre de l'autonomie, puis mourir apportera certainement de nouvelles dimensions à votre façon de voir la vie. Celle-ci deviendra sûrement de plus en plus précieuse à vos yeux, notamment lorsque vous constaterez que le chemin parcouru est plus long que celui qui reste encore à parcourir. Ce sentiment que la mort est devant soi, sans nécessairement être imminente, est peut-être déjà présent en vous, mais il prendra de l'ampleur lorsque vous verrez des gens de votre génération, des amis, des frères et sœurs ou des collègues disparaître. Une chose est certaine, c'est que la grande majorité des ados n'en sont pas là. Ils se sentent invincibles et immortels, comme si la mort n'existait pas ou qu'elle était réservée aux autres.

Dans la quarantaine et la cinquantaine, les femmes parmi vous vivront leur ménopause, ce qui signifie la fin de la possibilité de procréer et plusieurs changements hormonaux qui auront des impacts physiques et parfois des impacts sur l'humeur. Heureusement, la ménopause ou l'andropause (phénomène équivalent chez l'homme) ne signifie pas la fin de la vie sexuelle, mais les changements que subira votre corps dans les prochaines années, que vous soyez un homme ou une femme, vous forceront à redéfinir votre image corporelle. Tout cela pendant que votre enfant arrive au summum de sa beauté et de sa forme physique!

Les impacts que votre ado a sur vous...

L'entrée de votre enfant dans son adolescence peut avoir des impacts sur votre développement. Entre autres, il est possible que votre façon d'adapter votre rôle de parent soit différente de celle de l'autre parent et que vos différences d'opinions entraînent des conflits dans votre couple ou votre relation.

L'adolescence de votre enfant pourra changer des choses dans vos finances. Les poussées de croissance créant parfois des rages alimentaires, vos futurs paniers d'épicerie risquent de coûter plus cher, particulièrement dans les familles où il y a plus d'un garçon! Mais, il ne faut pas se méprendre... de nombreuses filles ont également souvent de ces fringales extrêmes, et se retrouvent plusieurs fois par jour devant le frigo ou le garde-manger en se plaignant « qu'il n'y a rien à manger dans cette maison »! Peut-être déciderez-vous d'inscrire votre ado dans une école privée, ou que vous aurez à payer des traitements d'orthodontie, tous des éléments qui peuvent changer la réalité budgétaire de la famille. De plus, pour ceux qui auront à payer d'éventuelles études postsecondaires à leur progéniture, l'adolescence de ce dernier peut représenter le « sprint » final pour l'épargne-études!

Votre ado, par ses attitudes parfois ingrates et sa façon de remettre en question ou même de carrément rejeter certaines de vos valeurs, vous fera parfois sentir comme un moins que rien, comme quelqu'un de dépassé. Pour ceux parmi vous qui ont une estime de soi plus fragile, cela pourrait être blessant, et même affecter votre humeur et vos relations avec les autres.

Votre enfant n'est pas à blâmer pour les impacts que son adolescence a sur votre couple, vos finances personnelles ou sur votre estime de soi. Après tout, il n'a jamais demandé de venir au monde, et vous devez assumer jusqu'au bout votre décision d'avoir procréé, même si cette étape de sa vie est plus difficile. En tant qu'adulte, c'est à vous d'avoir à apprendre à gérer ces situations, à trouver des solutions à vos problèmes.

À moins que votre ado vive de graves problèmes de santé mentale, la plupart de ses attitudes confrontantes sont normales. Si vous et l'autre parent ne vous entendez pas sur la façon d'éduquer et d'encadrer votre ado, il est de votre responsabilité de mieux communiquer et de trouver une façon de vous entendre. Ses rages alimentaires qui font que vous devez constamment remplir le frigo font partie de son développement et sont prévisibles. Son école privée et ses appareils d'orthodontie relèvent, après tout, de VOS choix. Il a peut-être manifesté l'intérêt d'aller à la même école que son meilleur ami, elle vous a peut-être fait part de son désir d'avoir un sourire parfait, mais la décision finale vous revient!

Je sais bien qu'il n'est guère agréable de se faire rappeler nos responsabilités. Je sais également que beaucoup de parents sont tentés d'abandonner leurs responsabilités parentales lorsque leur enfant entre dans l'adolescence... c'est comme s'ils baissaient les bras, comme s'ils lançaient la serviette, comme s'ils abdiquaient, parce que tout est trop difficile.

Pourtant, il s'agit d'une période où votre enfant a grandement besoin de vous, même s'il fournit considérablement d'efforts pour vous prouver qu'il est presque adulte et complètement autonome. Le fait est qu'il n'est pas adulte et qu'il n'est qu'à moitié autonome! Vous devrez donc apprendre à composer avec les réalités que vous impose votre propre développement en même temps que vous aurez à gérer sa « crise d'adolescence », si crise il y a, bien entendu! C'est d'ailleurs parce que concilier ces deux réalités est difficile que des gens comme moi écrivent des livres. Pour vous donner des moyens de vous faciliter la vie!

Les problèmes d'un ado... futiles? Oh que non!

Pendant que vous serez confronté aux crises, aux dilemmes, aux remises en question et aux défis de votre propre développement d'adulte, votre ado vous arrivera avec les problèmes et les questionnements propres à l'adolescence. À côté de vos nouvelles réalités comme votre vieillissement, vos seins tombants, votre ventre bedonnant ou votre calvitie, la crise que fiston fera lorsqu'il découvrira un bouton sur son nez vous semblera drôlement exagérée, lui qui est en passe de devenir un jeune homme musclé et beau comme un cœur! Après tout, il arrive au sommet de sa force, de sa santé et de son charme, tandis qu'il y a déjà plusieurs années que vous avez amorcé la pente descendante!

En réalisant que vos parents sont en perte d'autonomie, que certains de vos amis ou collègues meurent et que la mort vous attend au bout du chemin, la crise que votre ado vous fera lorsque vous ne pourrez pas le reconduire à un party le fera paraître bien ingrat à vos yeux!

Ses demandes pour un ordinateur personnel, un iPod et un téléphone intelligent pour Noël au moment où vous serez occupé à faire le bilan de vos finances personnelles en vue de déterminer si vous prendrez votre retraite à 55, 65 ou 75 ans, sembleront bien exagérées et bien égocentriques! Son argument «Tous mes amis en ont! » vous paraîtra bien ridicule, surtout si tous vos amis pourront prendre leur retraite à 60 ans, alors que vous devrez attendre d'avoir 65 ans pour prendre la vôtre!

Bien que ses questionnements, ses défis et ses remises en question typiques de l'adolescence vous paraissent bien futiles comparés à ceux de votre quarantaine ou de votre cinquantaine, ils sont néanmoins bien réels. De par votre grande expérience, vous avez déjà affronté mille fois les problèmes qui se posent à votre jeune. Mais pour lui, tout cela est nouveau et il n'a aucune expérience en ces domaines. Donc, il a beaucoup moins confiance en lui que vous. Son besoin de votre soutien est réel, non pas un caprice.

C'est à vous de le comprendre, et non à lui de comprendre VOS crises existentielles. Pourquoi? Pour la simple et bonne raison que vous POUVEZ le comprendre, puisque vous avez déjà vécu cette étape de votre vie où vous cherchiez votre identité, où vous aviez l'impression que tout le monde vous observait et où être accepté par votre groupe de pairs était presque une question de vie ou de mort.

Même si cette époque vous semble lointaine, si vous faites un effort, vous pourrez vous en souvenir et comprendre la perspective de votre ado. De son côté, il est beaucoup moins en position de comprendre votre perspective. Il n'a aucune idée de ce que vieillir peut représenter pour un être humain, et c'est très bien ainsi, à mon humble avis. Il aura bien le temps de le découvrir, et le plus tard sera le mieux.

Avouez que l'insouciance et l'égocentrisme de votre adolescence, bien qu'ils pouvaient avoir leurs inconvénients, avaient tout de même un petit quelque chose d'excitant, d'exultant! Quoi de mieux que d'avoir l'impression d'être invincible et qu'on a toute la vie devant soi?

Laissez à votre ado ce plaisir qui n'est qu'éphémère, sans lui dire que ses problèmes d'ados ne sont rien comparativement à vos problèmes d'adulte! De toute façon, même s'il était très altruiste et qu'il voulait vous soutenir dans votre développement, il n'aurait aucune idée de la façon de le faire. C'est à vous de le soutenir dans la détresse occasionnelle que peut lui faire subir cette étape « métamorphosante » de sa vie. Faites-le, même si parfois, vous auriez envie de banaliser cette détresse lorsque vous la comparez à celle de vos parents en perte d'autonomie, ou à la vôtre, lorsqu'en vérifiant le solde de vos REER, vous réalisez que vous avez été cigale plutôt que fourmi!

Bref, non seulement vous devrez vous adapter aux changements chez votre enfant, mais vous devrez également vous ajuster, en même temps, à vos propres changements. Il faudra faire preuve de courage, de patience, de persévérance et d'une capacité d'adaptation devant tous les défis que vous vivrez pendant cette période puisque vous êtes toujours un modèle pour votre ado. Êtes-vous surpris d'apprendre que vous pouvez continuer à l'influencer? C'est ce que je vous expliquerai dans le prochain chapitre!

Chapitre 7

Votre pouvoir d'influencer votre ado

La peur des mauvaises influences chez les amis

Une des plus grandes peurs des parents d'adolescents est la crainte que leurs rejetons subissent les influences négatives d'un groupe d'amis peu recommandables. Ils ont en partie raison, puisque certaines études démontrent que les comportements délinquants d'un ado sont souvent associés au fait de fréquenter des pairs délinquants (Elliot et al., 1985).

Par contre, d'autres études indiquent que l'influence des attitudes parentales sur les comportements des jeunes demeure importante durant l'adolescence. À travers différentes méthodes d'éducation, les parents peuvent avoir un impact substantiel sur les comportements d'adolescents qui sont leurs plus grandes sources d'inquiétude, tels que la réussite scolaire, la consommation de substances ou la délinquance.

À titre d'exemple, à part les capacités intellectuelles d'un ado, le fait que ses parents s'attendent à un certain niveau de réussite scolaire de sa part serait le facteur qui prédit le mieux sa réussite (Featherman, 1980; Seginer, 1983). La surveillance ou la supervision parentale aurait une influence majeure sur la délinquance et la consommation de drogues (Coombs & Landsverk, 1988; Loeber & Dishion, 1983), ainsi que sur les résultats scolaires (Dornbush, Ritter, Leiderman, Roberts, & Fraleigh, 1987). Enfin, les efforts que déploient les parents pour impliquer leur ado dans certaines prises de décision semblent nourrir la confiance en soi (Baumrind, 1991 b; Grotevant & Cooper, 1986; Hauser, Powers, Noam, Jacobsen, Weiss, & Follansbee, 1984), améliorer la performance scolaire (Dornbusch et al., 1987; Yee & Flanagan, 1985) et décourager l'abus de drogue (Glynn, 1984) ou les activités délinquantes (Dornbusch & Ritter, 1991).

Bien qu'il soit pertinent de vous soucier des fréquentations de votre jeune, il est beaucoup plus important de vous concentrer sur vos attitudes parentales. Si vous jouez bien votre rôle de parent, les chances sont bonnes que si l'un de ses amis lui propose de faire un mauvais coup ou lui suggère une activité risquée, il déclinera l'invitation. Il sera également attiré et il attirera des amis qui lui ressembleront et qui partageront des valeurs similaires aux siennes.

Comme, depuis l'enfance, votre enfant observe vos comportements et est influencé par vos valeurs, il est fort probable qu'il s'associe à des pairs dont vous approuverez les attitudes et les comportements. C'est d'ailleurs ce qu'a découvert un groupe de chercheurs. (Brown, Mounts, Lamborn, & Steinberg, 1993). Certaines attitudes parentales, telles que la supervision, l'encouragement à la réussite scolaire et la prise de décision conjointe, influenceraient positivement le comportement des adolescents par rapport à la réussite scolaire, à l'abus de substances et à l'indépendance. À leur tour, ces comportements sont significativement reliés au fait de s'associer ou non à certains types de pairs.

Évidemment, puisque votre ado est en quête d'identité, il est possible qu'il fasse « l'essai » de fréquentations dont les comportements et les valeurs sont différents des vôtres. Pour un jeune, la différence peut parfois être attirante, peut susciter son intérêt et sa curiosité ou représenter une occasion de vous prouver qu'il est un être humain à part entière, indépendant de vous et qui a la possibilité de faire des choix de vie différents. Mais il est fort possible qu'après quelques semaines de ce type de fréquentation, votre ado réalise qu'il n'est pas à l'aise avec ce genre d'amis, puisque nous avons tous tendance à nous sentir mieux dans ce que l'on connaît, dans ce qui nous ressemble. Au lieu d'interdire carrément à votre ado de fréquenter des amis que vous jugez peu recommandables, adoptez plutôt une approche interrogative. Il n'est pas interdit non plus d'exprimer vos sentiments par rapport à ce groupe de pairs, mais choisissez bien vos mots. Voici des exemples.

Exemple 1: « Ce ne sont que des voyous et des irresponsables »

Ce genre de commentaire risque de montrer à votre ado que vous avez des préjugés, surtout si ses amis adoptent un style vestimentaire provocateur (parce qu'ils sont eux aussi en quête d'identité), mais qu'en fait, leurs valeurs sont similaires aux vôtres. Si c'est le cas, vos commentaires alimenteront la croyance chez votre ado que vous êtes vieux jeu, fermé d'esprit. Cela pourrait détériorer votre relation avec lui et, par le fait même, diminuer l'influence positive que vous pourriez continuer d'avoir sur lui.

Exemple 2 : « Parle-moi de ce qui t'intéresse et de ce qui t'attire chez ce nouvel ami. Qu'as-tu en commun avec lui ou elle? ».

Si vous questionnez votre ado plutôt que de lui faire la morale, vous déclencherez chez lui un processus de réflexion très sain qui pourrait l'amener à remettre en question cette fréquentation. Cette remise en question pourra lui confirmer qu'il s'agit véritablement d'un bon ami ou encore lui faire réaliser qu'il n'a rien en commun avec cette personne et qu'elle ne lui apporte pas grand-chose comparativement à d'autres amis. Ainsi, vous l'aurez guidé dans un processus de décision sans le confronter et sans lui manquer de respect. Il en retirera un apprentissage – sur les critères qu'il devait utiliser pour choisir ses fréquentations – plutôt qu'un sentiment de rébellion contre vous.

Vous pouvez influencer positivement votre ado

Votre ado ne le laisse pas paraître, mais ce que vous faites et ce que vous dites a de l'importance pour lui. Il ne vous imite plus comme lorsqu'il avait trois ans, mais il vous observe, pèse le pour et le contre de ce que vous faites, et pourrait adopter plusieurs de vos attitudes, peut-être même sans s'en rendre compte. Surtout si vous avez un bon lien avec lui.

C'est surtout si vous avez des attitudes parentales démontrant votre chaleur, votre écoute et une ouverture d'esprit que votre ado vous respectera, vous fera confiance et se laissera influencer par vous.

D'abord et avant tout, il est important que vous acceptiez que votre enfant est une personne différente de vous. Cela peut paraître évident à première vue, mais de nombreux parents l'oublient parfois.

Avez-vous déjà vu des parents insister pour que leur enfant performe dans des cours de musique ou des activités sportives comme si l'honneur de la famille en dépendait?

Avez-vous déjà connu des gens dont le choix de carrière a été totalement influencé par la pression des parents et qui, au bout de quelques années, s'apercevaient qu'ils étaient malheureux dans leur métier ou leur profession?

Comme quoi la pression des parents peut parfois avoir autant de conséquences désastreuses que la pression des pairs! À preuve, ce genre de situation sert de base à plusieurs films et romans. Il s'agit d'exemples de parents qui veulent le bien de leur enfant, mais qui perçoivent leur enfant comme leur prolongement. C'est comme si le bien-être de leur progéniture devait absolument passer par un chemin tracé par eux.

Il est facile de tomber dans ce piège et c'est pour cette raison que je le dis et je le répète encore : votre enfant est une personne différente de vous, dont vous souhaitez le bien et qui vous ressemble, mais qui a le droit de faire ses propres choix. Le chemin qui mènera à son bien-être et à son bonheur que vous souhaitez tant est peut-être un chemin différent du vôtre, de celui que vous aviez imaginé pour lui.

Ainsi, il vaut mieux lui poser les questions qui l'aideront à trouver SON chemin, plutôt que de lui indiquer un chemin déjà tout tracé par vous.

Il possède une partie de vos gènes, il a évolué dans un environnement où vous avez été présent et que vous avez contrôlé, il sera donc grandement influencé par vous. Mais l'adolescence est la période où il doit apprendre à se différencier, à peser le pour et le contre de tout ce que vous lui avez inculqué, et c'est sain qu'il le fasse. Si vous le respectez et que vous avez une bonne relation avec lui (malgré quelques conflits occasionnels), les chances sont qu'il ne rejettera que très peu de vos valeurs et de vos opinions, qu'il en adoptera une grande partie.

Soyez humble, excusez-vous, reconnaissez votre erreur lorsque vous en faites une et respectez-le!

Si vous voulez que votre adolescent vous respecte, vous devez d'abord le respecter. Si vous voulez qu'il reconnaisse ses erreurs, reconnaissez les vôtres. Vous êtes encore et toujours un modèle pour lui, même si c'est à temps partiel à cette étape!

Maintenant qu'il a un regard plus critique sur vous, il rejettera certaines de vos attitudes, et il en adoptera d'autres. Donc, lorsque vous faites une erreur de jugement, surtout lorsqu'elle concerne votre relation avec lui, ayez l'humilité de reconnaître votre erreur et de vous excuser.

Reconnaître une partie de vérité dans ce qu'il dit est la meilleure façon de désamorcer sa colère et de pouvoir continuer à l'influencer, malgré vos imperfections et vos erreurs. Votre ado vous admirera et vous respectera pour votre humilité. Si au contraire, vous adoptez l'attitude de « J'ai toujours raison et tu as toujours tort parce que je suis le parent et toi l'enfant », il risque de se concentrer sur vos défauts et de se jurer de ne jamais devenir comme vous, malgré vos qualités, qu'il ne verra plus. Et voilà votre potentiel d'influence positive parti en fumée...

Exemple : « Olivier, je m'excuse d'avoir mal réagi lorsque tu m'as demandé d'avoir la permission d'inviter plusieurs amis à la maison ce week-end. Je n'aurais pas dû perdre patience et crier. Tu as dû m'en vouloir après. Je ne dis pas que je vais accepter ta demande, mais laisse-moi un peu de temps pour la considérer et réfléchir. Je te donnerai ma réponse demain. »

Dans cet exemple, le parent donne raison à son ado qui, face à la première réaction impulsive de son parent, s'est probablement dit « Il capote, il est trop sévère! » s'il ne l'a pas carrément exprimé haut et fort! Lui donner raison a pour effet de désamorcer sa colère ou son sentiment de rébellion qu'a pu causer la réaction exagérée du parent. Ensuite, le fait que le parent reconnaisse son erreur et qu'il s'excuse en démontrant son désir de le respecter fait en sorte que le jeune aura probablement plus de chances de le respecter à son tour... Il est même possible qu'il ressente de l'admiration pour son parent en se disant « Oh my God, je ne suis pas certain que j'aurais été prêt à avouer mon erreur ainsi! Comment fait-il? »

Agir en ado pour être un parent « cool » et gagner son acceptation... À NE PAS FAIRE!

Souhaitez-vous que votre ado reste ainsi toute sa vie, ou souhaitez-vous qu'il devienne un adulte responsable? Avez-vous déjà vu un adulte entre 40 et 50 ans porter des vêtements achetés dans une boutique pour ado afin de se rajeunir? Ne trouviez-vous pas qu'il avait l'air ridicule plutôt que l'air jeune?! Ne mésinterprétez pas mon propos... il n'y a rien de mal à suivre la mode et à vouloir paraître un peu plus jeune... mais comme dans tout, la modération a bien meilleur goût!

Votre ado a encore besoin de stabilité et il a également besoin de voir des modèles d'adultes autour de lui. Vos vêtements de la mode d'il y a deux ans (une éternité à ses yeux!), vos attitudes de parents un peu plates et vieux jeu sont une façon de lui offrir cette stabilité et un modèle adulte. De toute façon, si vous voulez trop lui ressembler, il risque de vous trouver «wannabe[1]». C'est une bataille perdue d'avance! Alors, aussi bien assumer votre rôle d'adulte. Il n'en aura que plus de respect pour vous, car vous serez authentique au lieu de jouer un jeu qui lui crève les yeux. Les ados aiment la mode et ce qui est «trendy», mais ils aiment également ce qui est authentique et les gens qui osent être eux-mêmes. Ne jouez pas à l'ado. Il a besoin que vous soyez adulte. Des ados, il y en a des centaines autour de lui à l'école!

De plus, vous verrez dans les chapitres suivants que votre ado aura encore besoin d'encadrement. Il doit être différent de celui d'un enfant, mais il n'est certes pas prêt à ce que les parents abandonnent leur rôle d'éducateurs. Or, vouloir être «cool», pour certains parents, peut aussi vouloir dire de laisser l'ado complètement à lui-même, ne lui imposer aucun cadre ou aucune limite, par peur de le brimer ou, pire encore, par peur d'entrer en conflit avec lui. Vous verrez dans les prochains chapitres que ce sont des erreurs à éviter. Les conflits sont inévitables que vous agissiez en parents «cool» ou non, mais ils peuvent être facilement gérés si vous agissez en adulte (voir chapitre 12, sur la résolution de conflit)!

[1] Wannabe: dans le langage des ados un «wannabe» est une personne fausse, qui manque d'authenticité et qui copie le style vestimentaire ou la façon de parler de ses idoles, afin d'être accepté. Les «wannabe» sont probablement des gens qui manquent de confiance en eux et qui ont besoin d'être guidés...
Note de l'auteure: Normalement, ce sont les ados qui ont besoin d'être guidés et les parents qui les guident... pas le contraire!

Chapitre 8

UN STYLE PARENTAL EFFICACE AVEC LES ADOS... ÇA EXISTE?

Depuis le début de la deuxième partie du livre, je vous entretiens sur le fait qu'il faut faire le deuil de l'enfant, accepter l'ado et adapter votre style parental à ce nouveau stade de son développement.

Votre façon de faire de la discipline, d'imposer des règles et des couvre-feux, d'intervenir en cas de non-respect de ces règles devra également changer. ATTENTION! Il ne faut pas abandonner votre rôle de parent, en vous disant qu'une fois rendus ados, les enfants sont impossibles à contrôler et que les parents n'ont plus aucune influence.

Au contraire. Au cours des années à venir, vous aurez un rôle très important à jouer. Il sera fait de subtilités et de nuances. Vous devrez encore encadrer votre ado, mais lui permettre de négocier et le faire participer à des prises de décision dans la famille. Vous devrez encore superviser ses comportements et ses allées et venues, mais en lui laissant progressivement des chances de vous prouver son autonomie et le fait que vous pouvez lui faire confiance.

Vous aurez à lui faire vivre des conséquences lorsqu'il ne respectera pas les règles, mais au lieu d'être un retrait dans la chambre pour trois minutes, il s'agira plutôt de conséquences qui font appel à son raisonnement ou encore les conséquences naturelles de ses actes (ex. : tu as abîmé la propriété du voisin avec tes amis, organise-toi pour lui rembourser les réparations jusqu›au dernier sou).

Il y a plusieurs raisons qui expliquent pourquoi vous devez adapter votre façon de faire la discipline avec votre enfant :

- il sera bientôt un adulte et il doit donc apprendre à prendre des décisions et à faire des choix, en assumant les conséquences;
- son corps change, son cerveau se développe encore, de même que ses capacités cognitives qui lui permettent maintenant d'avoir un jugement plus critique, d'argumenter et de négocier;
- il a RÉELLEMENT besoin de plus d'autonomie, de liberté et d'intimité;

- son adolescence sera probablement parsemée de situations difficiles et stressantes pour lesquelles il aura besoin de votre soutien. Pour cette raison, vous devrez maintenir une relation de confiance avec lui, tout en l'encadrant et en lui donnant de plus en plus d'autonomie... même si tout cela semble contradictoire!

Si vous avez bien lu la partie I avant de lire celle-ci, vous êtes déjà au courant de tout cela, mais ce bref rappel sera utile pour comprendre pourquoi un certain style d'éducation a plus de succès que les autres avec des ados.

En fait, selon une auteure renommée qui s'est longtemps penchée sur les attitudes parentales, Diana Baumrind (1971 et 1991), le style de discipline d'un parent peut varier sur deux grandes dimensions :

a) les exigences, la supervision et la fermeté;
b) la chaleur humaine, le soutien moral et l'écoute

Chez les parents de style DÉMOCRATIQUE, les deux dimensions sont importantes. Ils offrent à la fois un cadre avec des limites claires ET des manifestations de leur amour inconditionnel en se montrant chaleureux, à l'écoute et en offrant leur soutien à leur enfant ou leur ado.

Chez les parents de style AUTORITAIRE, on retrouvera beaucoup d'exigences, de limites et de fermeté, mais peu de souci à écouter leur ado de façon active, à tenter de le comprendre, de dialoguer et de le soutenir. Au lieu de s'ouvrir à l'opinion de son ado, le parent autoritaire aura tendance à répondre « C'est comme ça parce que je suis ton parent, c'est moi qui décide et je ne veux pas discuter... un point, c'est tout! ». Ce genre de discipline peut amener un jeune à se replier sur lui-même, à éprouver des difficultés à s'affirmer et à avoir peu d'initiative. D'un autre côté, les adolescents qui atteignent le stade de leur développement cognitif leur permettant d'avoir un jugement critique et d'argumenter pourraient se rebeller contre de tels parents qui ne leur laissent pas le droit de s'exprimer.

Les parents de style PERMISSIF ont tendance à abandonner leur rôle d'encadrement pour ne se consacrer qu'à l'aspect chaleureux du rôle de parent... Souvent, ils cherchent à éviter le conflit ou une détérioration de la relation avec leur ado en tentant de devenir une sorte d'ami plutôt qu'un parent qui assume le rôle parfois désagréable d'encadrer son enfant pour s'assurer de sa sécurité, quitte à le frustrer. Les parents permissifs laissent leur jeune faire tout ce qu'il veut, ce qui fait qu'il n'apprend jamais à s'autocontrôler et à tolérer les frustrations. Il développe l'illusion que tout se déroulera toujours comme il l'entend, ce qui lui cause des difficultés dans ses relations à l'extérieur de la famille, surtout dans ses relations avec l'autorité (professeurs, patrons, etc.).

Les parents permissifs sont tout de même moins pires que les parents de type NÉGLIGENT, qui n'encadrent pas leur ado et qui ne lui offrent pas de soutien. Ces parents ne s'impliquent pas du tout dans la vie de leur jeune. Ils ne seront jamais capables de répondre à la question « Il est 22 h, où est votre ado? ». Mais, avant de les juger, sachez qu'il s'agit souvent de parents aux prises avec des problèmes de santé mentale ou de consommation. Bien sûr, il existe aussi ceux qui sont simplement irresponsables ou qui n'aiment pas leurs enfants. Les adolescents qui ont de tels parents peuvent éprouver de nombreux problèmes dans leur vie, tant sur le plan affectif que sur celui de leurs comportements.

J'imagine que vous vous doutez bien que les grands gagnants au concours des meilleurs parents d'ados sont (roulement de tambour!) :

Les parents de style DÉMOCRATIQUE!!!

Adopter ce style parental n'est pas si simple. Il s'agit d'un équilibre à viser, mais comme les meilleurs des funambules, les parents qui visent cet objectif peuvent avoir par moments de petites pertes d'équilibre! Même à l'âge adulte, nous avons parfois de petites sautes d'humeur, des périodes où nous gérons moins bien notre stress et au cours desquelles nous ne respecterons pas à la lettre les beaux principes du style démocratique. Que voulez-vous, pour être parent, il faut avant tout être humain, et un humain, ça fait des erreurs. Mais ce qui peut compenser pour les erreurs d'un être humain, c'est justement son humanité et son humilité.

À titre d'exemple, une mère qui a l'habitude d'imposer des règles claires à ses ados, de les renégocier avec eux au fur et à mesure qu'ils prennent de la maturité, qui les écoute et les soutient lorsqu'ils vivent des difficultés, peut, après une journée cauchemardesque au bureau et 90 minutes d'embouteillage, avoir une réplique du style : « Tu vas faire ce que je te demande parce que je suis ta mère et que c'est moi qui mène ici. Allez, pas de discussion! ». C'est le genre de réplique qu'aurait un parent autoritaire, mais si cela lui arrive seulement une fois par trois mois, on peut dire qu'elle réussit tout de même très bien à concilier le besoin de ses ados d'être encadrés et celui de pouvoir s'exprimer, dialoguer et être soutenus. Elle est une « pas pire » mère démocratique!

Selon moi, après les années d'adolescence de vos enfants, si vous avez réussi à être « pas pire » démocratique, ce qui est tout de même réaliste, vous mériteriez une médaille!

D'ailleurs, si elle est vraiment du type démocratique, il y a de fortes chances que la mère décrite dans l'exemple s'excuse ultérieurement auprès de son ado pour sa saute d'humeur et prenne le temps de s'expliquer avec lui par la suite. Comme il en a été question dans la section « Soyez humble... » du chapitre 7.

Lorsque l'on fait une recherche dans la documentation scientifique sur les attitudes parentales (ce que j'ai fait avant d'écrire ce livre), on s'aperçoit que le style démocratique a de nombreux avantages pour le développement des adolescents. Ces derniers auraient, entre autres :

- plus de succès dans leurs résultats scolaires;
- un taux moins élevé d'abandon scolaire;
- une plus forte estime de soi;
- moins de comportements délinquants;
- moins de problèmes de consommation.

Avouez que si le style démocratique pouvait se développer en prenant une pilule, vous abandonneriez sur-le-champ la lecture de ce livre pour courir tout droit chez votre médecin afin de vous la faire prescrire!

Mais hélas (ou heureusement!), ce style parental se développe avec un soupçon de bonne foi, beaucoup de patience, une grande dose de capacité d'écoute, quelques cuillérées d'humilité, quelques tasses de jugement, et plusieurs litres d'amour inconditionnel!

En fait, dans un article scientifique assez récent (Steinberg et Silk, 2002), des auteurs ont établi des raisons pour lesquelles le style démocratique serait plus efficace que les autres avec les ados.

Premièrement, les parents de style démocratique arrivent à trouver un certain équilibre entre le contrôle et l'autonomie pour leurs ados. Ils leur donnent plusieurs occasions de développer leur indépendance, tout en continuant de les encadrer afin de leur éviter de tomber dans certains pièges ou de faire des erreurs de jeunesse qui pourraient avoir de fâcheuses conséquences à long terme. Sans totalement contrôler les comportements de leurs ados comme lorsqu'ils étaient de jeunes enfants, ces parents continuent à jouer un rôle de guide.

Deuxièmement, les parents de style démocratique ont tendance à s'engager dans des discussions avec leurs ados au cours desquelles ils les laissent exprimer leurs points de vues. Ce genre de discussions en famille donne la chance aux jeunes d'apprendre à communiquer adéquatement, de façon respectueuse, et à devenir des personnes socialement habiles.

Troisièmement, le haut niveau d'implication des parents dans la vie de leurs ados et l'attitude chaleureuse qu'ils ont envers eux font en sorte qu'ils continuent d'être une influence pour eux. En effet, les jeunes sont beaucoup plus réceptifs aux valeurs et aux conseils de parents dont ils se sentent aimés et respectés, et qui sont à leur écoute.

Pour mieux comprendre pourquoi les ados sont plus réceptifs à ce genre de parents, imaginez-vous deux types de patrons :

Le patron de style autoritaire :

C'est le genre de patron à qui il faut toujours dire « Oui monsieur », de façon soumise, comme on doit dire « Oui mon général » dans l'armée. Si vous trouvez qu'une façon de faire dans l'entreprise est illogique et pourrait être améliorée, il ne veut surtout pas l'entendre. Vous n'avez pas le droit d'exprimer votre opinion, puisque c'est lui le patron, et que vous n'êtes qu'un simple employé, qu'un exécutant.

Lorsque vous travaillez selon ses exigences, il vous ignore, comme s'il tenait cela pour acquis. Par contre, lorsque vous faites une petite erreur sans grand impact pour la compagnie, il vous menace immédiatement d'un congédiement.

Si vous avez une façon plus efficace de vous acquitter de vos tâches que celle qu'il vous impose, vous devez les utiliser en cachette, sinon ce sera la tempête au bureau! Son attitude de dictateur vous fait rager, et jamais vous n'accepterez de donner plus que votre 100 % au travail. Dès qu'il est 16 h 58, vous commencez à ranger votre poste de travail et vous avez déjà la tête à la maison. À 17 h, vous franchissez le seuil de la porte de l'entreprise en poussant un soupir de soulagement, en souhaitant que votre patron attrape un virus qui le clouera au lit pour une semaine, histoire de souffler un peu et d'avoir une ambiance plus détendue au bureau pour quelques jours. Sur le chemin du retour à la maison, lorsque vous êtes pris dans un embouteillage, vous vous surprenez à réfléchir à un changement de carrière, à « vous établir à votre compte », afin d'éviter à tout prix les risques de tomber sur un autre patron si difficile.

Le patron de style démocratique :

Maintenant, imaginez que vous travaillez pour une autre entreprise, où votre patron vous laisse une certaine liberté dans votre façon de travailler, à condition que cela se fasse à l'intérieur de certaines limites (ex. : lorsque vous rencontrez des clients, vous devez respecter un certain code vestimentaire) et que les résultats de votre travail soient à la hauteur de ses attentes.

Il est ouvert à entendre vos opinions sur certaines façons de fonctionner à l'intérieur de la compagnie. Vous avez même été surpris de l'entendre vous remercier pour avoir courageusement donné votre point de vue qui, selon lui, peut contribuer à faire évoluer le climat de travail de l'entreprise! Bien sûr, c'est lui qui a le pouvoir de prendre les décisions finales, puisque c'est lui le patron de la boîte. Mais vous sentez que votre opinion est entendue, considérée, respectée et même... appréciée!

Bien que ce ne soit pas la liberté totale et que tous les employés doivent fonctionner à l'intérieur d'un certain cadre (sinon, ce serait l'anarchie!), vous sentez que tout le monde se sent respecté et jouit d'une certaine autonomie dans le choix de ses méthodes de travail. Lorsque la garderie appelle pour vous dire que votre enfant commence à être malade, et que votre patron perçoit de l'inquiétude dans votre regard, il vous fait un clin d'œil en vous disant de quitter, parce que votre place est auprès de votre enfant, à la maison. Il vous dit que de toute façon, même s'il vous forçait à rester au bureau pour travailler, vous ne seriez pas vraiment efficace, puisque votre tête est ailleurs.

En revanche, lorsqu'il y a des périodes de pointe en terme de quantité de travail, vous n'hésitez aucunement à couper de moitié votre heure de dîner, ou à quitter le bureau un peu plus tard. Il est le genre de patron qui vous motive à donner votre 110 % ! C'est un patron de style démocratique.

J'espère que ces exemples de patrons vous aident à vous mettre à la place d'un ado qui a des parents autoritaires et d'un ado qui a des parents de type démocratique. Par contre, cet exemple a un défaut qui peut induire en erreur... jamais un patron n'aura un amour inconditionnel pour ses employés comme la plupart de parents ont pour leurs enfants! Vous savez, cette grande vague de chaleur, de joie et d'admiration sans fin que l'on ressent lorsqu'on nous remet notre nouveau-né dans nos bras après un long et pénible accouchement? Ce grand amour qui nous fait oublier les douleurs et l'angoisse du travail? Eh bien! C'est grâce à cet amour très fort que vous pourrez rester un parent démocratique, même lorsque durant l'adolescence, fiston ou fillette lèvera les yeux au ciel en vous faisant sentir comme s'il savait tout et que vous êtes né de la dernière pluie, pire encore, comme si vous étiez complètement stupide!

En fait, un autre auteur spécialisé dans le domaine de l'adolescence, Steinberg (1990), a établi que trois composantes du style démocratique contribuaient à un développement psychologique sain et au succès scolaire:

- l'acceptation et la chaleur;
- la supervision des comportements et la fermeté;
- la démocratie et le fait de favoriser l'autonomie psychologique.

Maintenant que vous savez qu'il existe un style parental fait sur mesure pour les ados, les deux prochains chapitres vous expliqueront plus en détail comment arriver à mettre tout cela en pratique dans votre vie de famille. Dans le chapitre 9, il sera question de soutien, d'écoute et de communication, tandis que dans le chapitre 10, il sera question d'encadrement... démocratique, bien entendu!

Chapitre 9

OFFRIR VOTRE SOUTIEN ET SAVOIR ÉCOUTER

Même s'il vous fait parfois sentir que votre opinion n'a plus aucune importance pour lui, croyez-le ou non, votre rejeton a encore besoin de votre écoute et de votre soutien. Même s'il aime se faire croire qu'il est un adulte, la réalité est qu'il se comporte encore parfois comme un enfant:

- il mange encore des bonbons et des céréales sucrées;
- il regarde encore des dessins animés;
- elle dort encore avec un toutou;
- elle réclame encore des câlins, des bisous, de l'attention et même parfois un petit rituel de rapprochement avant le coucher;
- elle vous demande en pleurant si vous parviendrez à enlever cette vilaine tache sur son chandail préféré.

Cela signifie que votre ado dépend encore de vous, un peu moins que lorsqu'il était enfant, mais il dépend tout de même de vous. Il ne le dira pas comme ça, trop fier de ses récents progrès sur le plan de l'autonomie, mais il a encore besoin d'être guidé.

La meilleure image que j'ai pu trouver pour exprimer le rôle d'un parent d'adolescent, est la suivante:

Quand notre enfant est en bas âge, il dépend totalement de nous et nous devons avoir un contrôle sur ses comportements et prendre des décisions à sa place pour le protéger des dangers et des pièges qui parsèment le monde. C'est comme lui tenir fermement la main, au début du chemin de sa vie.

Quand notre enfant devient adolescent, il a besoin de liberté, il prend de l'autonomie, on a beaucoup moins de contrôle sur ses comportements et sur ses choix, mais il aura encore besoin de nous lorsque la vie lui jouera de mauvais tours. C'est comme si l'on doit lâcher la main de notre enfant pour le laisser marcher seul, mais en le suivant de près pour l'avertir s'il se dirige vers un mur et l'aider à se relever s'il tombe.

Vous avez vu qu'au cours de son adolescence, votre enfant vivra des expériences stressantes et difficiles :

- l'entrée au secondaire;
- le premier emploi rémunéré;
- la première relation amoureuse;
- la première peine d'amour;
- les conflits avec les amis;
- un conflit de personnalités avec un de ses professeurs;
- la définition de son identité;
- ses premières menstruations, sa première éjaculation;
- la redéfinition de son image corporelle;
- ses premiers choix de cours et son choix de carrière en fonction de ses aptitudes et de ses intérêts (alors qu'il n'a peut-être pas encore trouvé son identité!), etc.

Il devra confronter de plus en plus de situations du monde extérieur sans vous avoir à ses côtés.

La maison familiale et votre présence devraient donc être comme un refuge où il sait qu'il sera à l'abri, écouté et soutenu. Bref, vous êtes comme un phare lorsqu'il est dans la tempête, l'aidant à naviguer jusqu'à bon port!

Je sais bien que vous devez vous-même parfois braver la tempête au travail, dans la circulation, dans votre vie de couple, ou encore avec vos parents vieillissants. Mais vous êtes un vieux loup de mer, alors que lui n'est encore qu'un petit moussaillon! Malgré que vous vivez vous-même des situations stressantes, tentez de faire en sorte que votre ado vous perçoive comme étant solide comme le roc.

Tentez d'être un modèle de résolution de problèmes, de gestion du temps, de gestion de conflits et de gestion du stress. Rappelez-vous que vous êtes encore un modèle pour lui, et l'une de ses plus fortes influences, si vous parvenez à maintenir une bonne relation avec lui. Si vous parlez de vos problèmes à votre ado, faites-le seulement si vous lui parlez également des solutions que vous envisagez, afin qu'il apprenne comment gérer ses propres problèmes. Ne lui confiez pas vos problèmes pour avoir son soutien. Il s'agit d'une trop grande responsabilité reposant sur des épaules encore trop frêles. À court terme, cela pourrait lui donner un sentiment d'importance, mais à long terme, cela sera un stress de plus qui s'ajoutera à la longue liste énumérée précédemment.

Bref, vous devez tenter de rester une figure sécurisante pour votre ado. Mais, attention! Le réflexe de bien des parents est de vouloir protéger leur ado des dangers et des problèmes en lui dictant ce qu'il devrait ou ce qu'il aurait dû faire. Ce ton moralisateur est souvent déplaisant pour les ados, et il ne leur apprend pas comment trouver leurs propres solutions.

Exemple :
Un ado rentre de l'école en colère...

« C'est pas possible! Mon prof de maths explique tellement mal... Chaque fois que je vais le voir en lui disant que je ne comprends pas un exercice, il me réexplique de la même manière qu'il l'a expliqué à toute la classe. Il me semble que c'est évident que si je n'ai pas compris de cette façon la première fois, je ne le comprendrai pas la deuxième fois! »

Réponse du parent moralisateur :

« Au lieu de chialer contre tes profs, tu devrais peut-être mettre un peu plus de temps et d'efforts à tes travaux scolaires. Organise-toi pour ne pas échouer ton année scolaire, sinon, tu devras suivre des cours d'été! »

Cette réponse comporte un blâme et même une menace. Rien pour encourager l'ado à se confier à son parent de nouveau. Pourtant, obtenir les confidences de son ado reste parfois l'un des seuls moyens de garder un certain contrôle sur sa vie et de pouvoir le guider. En répondant ainsi, le parent le fait se sentir inadéquat et donne l'impression qu'il croit que les adultes savent tout, alors que les ados ne font que des bêtises. Il se peut que le parent ait constaté que son jeune ne fournit pas assez d'efforts à ses études... mais ce n'est certainement pas en le blâmant et en le menaçant qu'il augmentera sa motivation scolaire! Si quelqu'un vous répondait ainsi, est-ce que cela vous donnerait envie de suivre son conseil?

Soutenir son ado signifie bien souvent de simplement être présent, l'écouter, lui poser des questions qui le feront réfléchir et qui le guideront dans la recherche de SES propres solutions.

Réponse du parent à l'écoute :

« Tu n'as pas l'air d'aimer la façon dont ton prof enseigne. Ce doit être difficile de rester attentif en classe si tu ne comprends pas sa façon d'expliquer les maths. Ce doit être frustrant de ne pas comprendre, même après être allé demander une aide supplémentaire à ton prof. As-tu réfléchi à une façon de t'en sortir ? »

Dans cette réponse, le parent répète dans ses propres mots ce que son ado vient de lui confier. Il lui prouve ainsi qu'il l'a bien écouté. Ensuite, il l'aide à mettre des mots sur ses émotions (ce que les ados ont parfois de la difficulté à faire, si vous vous souvenez bien du chapitre sur le développement du cerveau), en supposant comment il doit se sentir dans la situation. Enfin, le parent termine en tentant de l'orienter vers une recherche de solution, ce qui est plus constructif que de chialer contre son prof. Le parent n'a pas blâmé son ado sur ce point. Il s'est contenté d'ignorer le « chialage », de faire ressortir ce qu'il pouvait y avoir de vrai dans le message de celui-ci et de l'aider à se concentrer sur la recherche de solutions.

Avec ce genre de réponse, l'ado se sent compris, soutenu et encouragé. Il aura certainement tendance à continuer de se confier à son parent lorsqu'il vivra d'autres situations stressantes. En se confiant, il donnera à son parent l'occasion de pouvoir continuer à être un guide pour lui.

Bien sûr, quand un jeune blâme un de ses professeurs, le réflexe de bien des parents est d'y percevoir de l'exagération et de tenter, en tant que figure d'autorité, de soutenir la position du professeur comme s'il fallait être solidaires entre adultes, Mais vous ne savez pas ce qui s'est réellement passé entre votre enfant et son prof, puisque vous n'étiez pas présent. Il faut répondre d'une façon qui montre à votre ado que vous êtes là pour le soutenir, mais qu'il doit également fournir un effort dans la recherche de solution. Sa scolarité est SA responsabilité. Vous, il y a longtemps que vous avez complétez la vôtre... Ne vous inquiétez pas. Si votre ado est curieux de savoir quelle solution vous mettriez de l'avant si vous étiez à sa place, il vous le demandera. Mais au moins, la demande viendra de lui et vous saurez alors qu'il est ouvert à entendre votre opinion de parent qui a de l'expérience.

Savoir écouter

J'espère que mon dernier exemple vous a donné le goût de développer davantage vos habiletés d'écoute active! Voici quelques étapes à suivre lorsque votre enfant vous arrive avec ses confidences sur les situations stressantes qu'il a pu vivre.

1. Évaluer si vous avez à ce moment le temps, l'énergie et la capacité d'appliquer les cinq principes de l'écoute suivants :

- Ouvrir les oreilles : cela signifie mettre ce que vous faites de côté pour être totalement attentif à ce que votre enfant a à vous dire. Certains diraient « être tout ouïe »!
- Utiliser le langage corporel pour lui montrer que vous êtes attentif à ce qu'il dit : cela signifie lui montrer des signes non verbaux que vous l'écoutez attentivement. Vous pouvez par exemple vous asseoir au bout de son lit s'il est couché et qu'il a choisi de se confier avant d'aller dormir, lui faire face, le regarder dans les yeux, etc.
- Poser des questions ouvertes : cela signifie lui poser des questions auxquelles il ne peut répondre ni par oui ni par non, par exemple : « Explique moi en détail comment... » ou « Comment cela s'est passé... ».
- Démontrer que l'on comprend ce qu'il dit en utilisant ce que je m'amuse à appeler des « tics de psy » : dire « Mmm-Hmm », hocher la tête, dire « Oui », « Ok », « Je comprends ».
- L'encourager à en dire plus: lui demander, par exemple, : « Peux-tu m'en dire plus? », « Que s'est-il passé ensuite »?

Si vous en avez le temps et l'énergie, écoutez votre ado en appliquant ces principes.

Si vous n'avez ni le temps, ni l'énergie de respecter ces étapes, dites lui à quel moment vous serez disponible pour vraiment prendre le temps d'écouter ce qu'il a à vous dire.

Exemple : « Je comprends que tu as vécu quelque chose de difficile et j'aimerais beaucoup prendre le temps de t'écouter attentivement. Présentement, je suis occupé à préparer le souper et je crois que tu n'auras pas toute mon attention. Mais si tu veux, on peut en parler pendant le souper. »

2. Réfléchir avant de répondre :
Quand votre ado se confie à vous, peut-être avez-vous tendance à suggérer des solutions toutes faites de type « Tu as juste à faire ceci ou cela... ». Il est évident que, du haut de votre quarantaine d'années de vie (approximativement!), vous avez beaucoup de facilité à trouver des solutions aux petits problèmes de votre jeune de 12, 14 ou 17 ans. Mais lui répondre ainsi peut avoir l'effet pervers qu'il ne se sente pas vraiment écouté, un peu comme si vous donniez votre solution pour vous débarrasser.

En précipitant votre réponse, vous pourriez lui couper la parole sans avoir pris le temps de comprendre tous les détails de ce qu'il veut vous expliquer. Vous risquez de le frustrer en lui donnant un conseil dont il n'a pas nécessairement besoin. Premièrement, il veut peut-être seulement se sentir compris. Deuxièmement, il aurait peut-être pu trouver lui-même sa solution avec quelques-uns de vos encouragements, ce qui aurait eu pour effet d'augmenter sa capacité de résolution de problème et son estime de soi. En lui donnant une réponse toute faite, vous le privez de tout ça.

3. Résumer et refléter :
Quand votre ado a terminé de parler et que vous sentez qu'il est allé au bout de son message, la meilleure chose à faire est de lui démontrer que vous l'avez bien écouté en résumant dans vos propres mots ce qu'il vient de vous dire. Commencez en disant « Si je comprends bien, tu... », et terminez en disant « Est-ce que j'ai bien compris? ».

Ensuite, tentez d'interpréter les émotions qui se cachent dans son message. Pour y arriver, essayez de vous mettre à sa place et utilisez votre intuition. Vous pouvez par exemple dire : « Tu as du te sentir en colère... Est-ce que je me trompe? ». Laissez votre ado vous corriger si vous vous trompez. Lui seul sait comment il se sent et vous n'êtes pas dans sa tête! Mais le fait de nommer comment vous pensez qu'il se sent peut l'aider à nommer lui-même ses émotions.

Parfois, écouter ne sera pas suffisant, et votre ado aura véritablement besoin d'être guidé dans une résolution de problème. Dans ce cas, avant de l'aider, il faut tout de même vous assurer de l'avoir écouté jusqu'au bout. Vous pouvez ensuite l'encourager à générer ses propres solutions. Cela peut même être amusant, surtout si vous lui suggérez de dire tout ce qui lui passe par la tête, même les idées les plus folles. Cela favorisera le développement de sa créativité! Si votre ado a des difficultés à trouver des solutions, vous pourrez alors lui en suggérer et le faire profiter pleinement de toute votre sagesse d'adulte qui a du vécu.

Savoir repérer et même créer les moments où votre ado est ouvert...

Ils sont dans leur bulle

Bien des parents se plaignent que leur ado est inaccessible, qu'il est toujours isolé dans sa chambre ou occupé avec un gadget électronique (télé, ordi, cellulaire, iPod). C'est bien beau de savoir comment écouter son ado, mais encore faut-il qu'il y ait des moments dans la journée où il est avec vous, en relation réelle avec vous et non virtuelle avec son réseau social!

Ne vous en faites pas, tout ça est normal. En grandissant, votre ado a de plus en plus besoin d'intimité, et d'ouvrir ses horizons aux valeurs et façons de voir d'autres personnes que ses parents. Il le fera principalement avec ses amis. Donc, lorsqu'il est à la maison, il aura parfois tendance à se couper de vous pour entrer dans son monde et son égocentrisme typiquement adolescent.

Il sera souvent devant le miroir de sa chambre, en train d'essayer des styles vestimentaires, de nouvelles façons de se placer les cheveux ou de se maquiller. D'autres fois, il jouera du « air guitar » en s'imaginant devenir une « rock star ». Ou encore, il sera étendu sur son lit en s'imaginant refaire le monde ou simplement en se demandant qui il est. À d'autres moments, il sera au téléphone avec un ami, en train d'avoir une discussion qui vous semblera totalement insignifiante... une véritable perte de temps selon la plupart des parents.

Après avoir lu la première partie de ce livre, vous savez maintenant que ces dialogues avec ses pairs lui servent de miroir social et qu'ils l'aident à cheminer dans la définition de son identité. Un parent avisé en vaut deux!

Une des meilleures scènes de film pour illustrer ce flânage essentiel chez les ados, est celle du film québécois C.R.A.Z.Y. , durant laquelle Zachary, le personnage principal, écoute du Pink Floyd et du David Bowie dans sa chambre, en s'entraînant ou en faisant du « lip sync ». Évidemment, cette scène se déroule dans les années 1970... Malheureusement pour vous, aujourd'hui, Pink Floyd et David Bowie ont été remplacés par bien d'autres artistes qui vous casseront probablement les oreilles, tout comme vos idoles des années 1960 ou 1970 ont cassé celles de vos parents!

Comment être à l'écoute de votre ado s'il s'enferme souvent dans sa bulle?
Premièrement, il faut être présent et disponible pour saisir les petits moments précieux où il souhaite se confier à vous. S'il est souvent seul à la maison parce que vous êtes absent, vous consacrant à votre carrière ou à vos loisirs de préretraité, vous passerez sûrement à côté de certaines opportunités de le soutenir et de le guider. Pour être présent psychologiquement, il faut minimalement être présent physiquement.

Vous pouvez planifier des moments où votre ado n'a pas le choix d'être en relation avec vous en établissant certaines règles de vie à la maison. Un bon exemple est d'accorder une grande importance aux soupers en famille sans télé, ordi, cellulaire ou toute autre forme de distraction. Même si votre ado rouspète contre cette règle, insistez! Faites tout de même preuve d'une certaine flexibilité. S'il a terminé ses devoirs et qu'il a hâte de poursuive une conversation avec un ami au téléphone qu'il a interrompue pour respecter la règle du souper en famille, laissez-le sortir de table lorsqu'il a terminé son assiette, même s'il a mangé à une vitesse à laquelle vous vous seriez probablement étouffé. Il a fait l'effort de respecter votre beau principe de souper en famille, faites l'effort de respecter son urgence de se reconnecter à son réseau social.

Un autre moment propice aux confidences pour bien des ados est l'heure du coucher. Attention!!! J'ai dit «pour bien des ados», pas «pour tous les ados»! Mais il est vrai que nombreux sont ceux qui apprécient un rapprochement et une petite discussion avec un parent juste avant de dire «bonne nuit». Souvent, ils seront étendus sur leur lit et vous serez assis sur le bord de celui-ci, ou encore appuyé sur le cadre de la porte de sa chambre et ils se mettront à vous raconter une anecdote de leur journée. Cela surprend certains parents qui me disent: «Quand je lui demande ce qui s'est passé de bon dans sa journée, alors qu'il revient de l'école, il me répond un "rien" un peu sec, en lançant son sac d'école sur le plancher de l'entrée de la maison, pour ensuite aller s'écraser sur le divan du salon ou s'enfermer dans sa chambre... puis, au moment de lui dire bonne nuit, c'est comme s'il avait été remplacé par un autre ado qui avait soudainement plein de choses à raconter!».

Au fond, les ados ne sont pas toujours si différents de nous. Quand ils reviennent de l'école, ils n'ont parfois pas envie de parler de leur journée. Ils ont surtout le goût de passer à autre chose et de se changer les idées pour se détendre un peu. Rappelez-vous que l'école secondaire peut être stressante pour lui avec les cours parfois ennuyeux, la pression d'être accepté par les pairs et l'impression que tout le monde épie ses moindres défauts. Ajoutez à cela l'énergie que demandent les poussées de croissance et le manque de sommeil causé par un retard de phase (voir Partie I), et vous obtenez un résultat qui inciterait n'importe qui de s'écraser sur un divan en revenant de l'école!

Cela ne veut pas dire que votre ado ne veut rien savoir de vous, mais se faire recevoir par un père ou une mère qui veut tout savoir de sa journée dès qu'il met le pied dans maison a de quoi lui donner le goût de s'isoler dans sa chambre. Même si l'intention du parent est bienveillante. Soyez simplement un peu patient. Si vous savez l'écouter tout en respectant son rythme et le fait qu'il puisse commencer à vouloir avoir un jardin secret, il viendra à vous pour se confier en temps et lieu.

Cependant, vous pouvez insister pour qu'il vienne vous dire bonne nuit avant de se coucher. Même pour les adultes, le moment juste avant de se mettre au lit est propice à la réflexion. On fait le bilan de ce qui s'est passé dans la journée, on a envie de faire un brin de jasette avec notre conjoint. Il en est de même pour bien des ados. J'en ai même vu certains qui réclamaient encore un petit rituel pré-dodo à leurs parents! Bon, c'est sûr qu'il n'était pas question de leur lire un conte de fées, mais plutôt d'écouter les péripéties de leur journée à la polyvalente... ce que vous souhaitiez faire lorsqu'il a mis le pied dans la maison, cet après-midi.

D'autres parents insistent pour avoir régulièrement du temps positif parent-ado. Il peut s'agir d'aller prendre un chocolat chaud tous les samedis matins au café du coin, de faire une séance de magasinage mère-fille une fois par deux mois, ou encore un voyage de pêche père-fils chaque année... Soyez créatif! L'important est de trouver une activité qui vous plaira autant à vous qu'à votre ado. Ça peut être plus facile lorsque l'ado est du même sexe que vous et a les mêmes intérêts, mais il s'agit de se creuser un peu les méninges pour trouver une activité que mère-fils ou père-fille apprécieront tous deux. Croyez-moi ça vaut la peine! Ces moments positifs peuvent aider à mettre les vieux conflits de côté et à retrouver une cohésion parent-ado qui peut être bien salutaire.

Laissez-moi vous parler d'une confidence qu'une ado, dont je tairai le nom, m'a faite... Elle m'a dit qu'un des seuls moments où elle se sentait à l'aise de parler de choses plus profondes avec sa mère, c'était lorsqu'elle était en voiture avec elle. En effet, elle anticipait souvent un regard désapprobateur de la part de sa mère. Or, en voiture, cette dernière devait garder les yeux sur la route. Ainsi, elle pouvait lui confier des gaffes qu'elle avait faites à l'école ou avec ses amis, sans craindre d'avoir à faire face à ses gros yeux méchants! Pourtant, elle avait une mère compréhensive et il était bien rare qu'elle lui faisait de tels yeux! Mais les ados sont comme ça. Ils anticipent souvent des réactions exagérées de la part de leurs parents. Rappelez-vous les gaffes de votre adolescence... Ne vous êtes-vous jamais dit « *Oh boy*, mes parents vont me tuer »? Et puis finalement, vous êtes toujours vivant!!

Bref, quand votre ado vous demande de faire une fois de plus le taxi, au lieu de ronchonner, pensez qu'il peut s'agir d'une bonne occasion d'obtenir des confidences de sa part et de pouvoir jouer votre rôle de guide et de soutien.

Si vous avez de la difficulté à écouter

Avoir une bonne capacité d'écoute n'est pas donné à tout le monde. Certains ont plutôt de grandes qualités d'orateur! Si c'est votre cas, ne vous en faites pas trop. L'important, c'est de savoir vous excuser lorsque vous réalisez que vous avez manqué d'écoute à un certain moment, et de tenter de vous reprendre plus tard.

Reconnaissez devant votre ado que l'écoute n'est pas votre force et ajoutez que vous êtes de bonne foi et que vous voulez sincèrement faire des efforts, que vous voulez être présent dans sa vie et pouvoir le soutenir. Si l'écoute est plutôt la force de l'autre parent, laissez-le jouer ce rôle... Il pourra ensuite vous informer de ce qui se passe dans la vie de votre ado. À deux, vous pourrez déterminer comment vous pourriez le soutenir à votre façon.

Pour certains parents qui ont peu de capacité d'écoute, leur force sera de dédramatiser les problèmes de leur ado avec un peu d'humour, par exemple. D'autres auront une tendance « moralisatrice », mais si l'ado perçoit une certaine logique dans cette morale, elle fera son petit bonhomme de chemin dans son esprit, même s'il semble la rejeter à première vue.

Vous pouvez également vous assurer qu'un autre adulte significatif est à l'écoute de votre ado, et qu'il vous informe de ce qu'il vit. Ce peut être un oncle, une tante, un entraîneur. Manifestez tout de même à votre ado que vous voulez continuer à le soutenir à votre façon, même s'il n'est plus un jeune enfant. C'est si important!

Et sachez que les habiletés d'écoute peuvent se développer avec la pratique. Cela pourrait vous être utile non seulement avec votre ado, mais dans de nombreux autres aspects de votre vie : votre couple, les collègues, les amis, etc.

Chapitre 10

ADAPTER VOTRE FAÇON D'ENCADRER VOTRE ENFANT, JUSTEMENT PARCE QU'IL N'EN EST PLUS UN!

Maintenant que vous savez comment être à l'écoute de votre ado et la façon de continuer d'être une figure de sécurité et de soutien pour lui, il vous sera plus facile d'assumer votre rôle de parent encadrant. Pourquoi? Parce que l'écoute, le soutien, l'attention et l'affection que vous lui donnerez favoriseront son respect.

Cela ne veut pas dire que certaines de vos décisions ne le frustreront pas et qu'il n'y aura jamais de conflit entre vous, mais il ne s'agira probablement que d'épisodes ponctuels qui seront vite résolus.

En fait, comme il en a déjà été question dans la partie I, le fossé entre les générations ne serait qu'un mythe, selon plusieurs auteurs. Certaines études démontrent que la plupart des ados et leurs parents partagent les mêmes valeurs et croyances par rapport au travail, l'accomplissement de soi et l'orientation de carrière (Gecas & Seff, 1990). Pour la majorité des familles, les conflits parents-ados peuvent faire partie du quotidien, mais restent souvent légers en termes d'intensité. Ils ne prennent pas de proportions tumultueuses comme pouvaient le croire les premiers auteurs qui se sont penchés sur l'adolescence au début du siècle dernier.

Il semblerait que la pire période pour les conflits serait le début de l'adolescence. Les principaux facteurs pouvant causer ces conflits ont été abordés dans la première partie de ce livre : les changements biologiques associés à la puberté, les progrès sur le plan cognitif impliquant le raisonnement logique et un certain idéalisme (auquel est comparé l'imperfection des parents!), les changements sociaux orientant l'ado vers l'indépendance et sa recherche d'identité, et les défis qui attendent les parents dans leur propre développement, tel que discuté au chapitre 6.

La plupart des conflits parents-ados concernent des sujets de la vie quotidienne comme la tenue vestimentaire, le ménage de la chambre, le couvre-feu, la longueur des conversations au téléphone. Ca vous dit quelque chose? Ce n'est que très rarement que les conflits seront liés à des problèmes majeurs tels que la consommation de drogue ou des comportements délinquants. Selon certaines données américaines, les conflits intenses seront tout de même présents dans environ 20 % des familles (Montemayor, 1982). Ce niveau de conflit, lorsqu'il se prolonge dans le temps, est associé à de nombreux problèmes de l'adolescence dont on entend parler dans les médias : fugues, délinquance, abandon scolaire... (Brook, Brook, Gordon, Whiteman, & Cohen, 1990). Cela ne signifie pas que c'est l'adolescence en tant que telle qui est la source des conflits dans la famille. Bien souvent, tous les ingrédients pour que ces conflits éclatent étaient déjà présents durant l'enfance, mais à cause de leur niveau de développement, les enfants étaient tout simplement moins en position physique ou cognitive de s'opposer et de confronter leurs parents.

C'est pour cette raison qu'en tant que parent, il faut toujours travailler la qualité de la relation avec nos enfants, en même temps que la discipline... et ce travail doit se poursuivre durant l'adolescence. Il faut demeurer un soutien pour eux en étant respectueux à leur égard tout en n'ayant pas peur de faire respecter certaines règles également.

Établir des règles claires...

Avec votre conjoint, tentez d'identifier les règles que vous voulez que votre ado respecte dans la maison. Elles doivent être claires, simples, pas trop nombreuses (il faut savoir choisir ses batailles!), paraître logiques aux yeux de votre ado, et éventuellement être négociables.

Habituellement, les grands thèmes qui constituent les règles de parents d'ados sont les suivants.

- Les heures de rentrée (couvre-feu) et les heures de coucher (attention, votre ado peut se coucher à l'heure que vous le souhaitez, mais il ne sera pas nécessairement capable de dormir de façon instantanée. Souvenez-vous de la section sur les problèmes de sommeil des ados, dans la partie I du livre).
- Les heures de rentrée et de coucher peuvent varier en tenant compte de la situation (période scolaire, vacances, fins de semaine, occasions spéciales).
- Le respect des aires communes de la maison (ex. : ne pas laisser traîner ses choses dans le salon).

- La régularité et la façon dont il entretient sa chambre (certains parents exigent qu'elle soit toujours propre, d'autres exigent que la porte soit fermée et de faire un grand ménage une fois par mois).
- Ce qu'il peut faire et ce qu'il n'a pas le droit de faire lorsque vous êtes absent de la maison (ex. : peut-il inviter des amis lorsqu'il est seul, combien, peut-il inviter des amis de sexe opposé?).
- La supervision et l'encadrement de son travail scolaire (ex. : vous montrer son relevé de notes, ses résultats d'examens, faire une période de devoirs, d'étude ou de lecture avant de pouvoir s'occuper de sa vie sociale en soirée).
- La gestion des appareils électroniques (télé, Internet, clavardage, jeux vidéo). Certains parents limitent le temps d'utilisation et exigent que leurs ados se servent de l'ordinateur dans une pièce où ils sont présents. Certains utilisent des outils de contrôle parental pour éviter que leurs enfants aient accès à du contenu pour adultes. D'autres exigent que les soupers en famille se déroulent sans ces distractions électroniques.
- La permission de faire certaines activités, d'utiliser certains moyens de transport et de fréquenter certaines personnes, etc.

Adapter les règles en fonction de votre confiance et de sa maturité...

Vous vous attendiez peut-être à ce que je vous fournisse une liste de règlements toute faite que vous auriez pu tenter de faire respecter dans votre foyer... Malheureusement, je ne ferai pas votre devoir de parent à votre place!

Il n'y a aucune liste de règles ou de code de vie qui ferait l'unanimité dans toutes les familles, pour la bonne raison que tous les parents sont différents et que tous les ados sont différents. Votre liste de règlements doit refléter vos valeurs et être établie en fonction de la maturité de votre ado et de la confiance que vous avez en lui. Il peut y avoir de grands principes de base à respecter, mais il vous appartient de déterminer les règles spécifiques que vous voulez adopter chez vous.

Même si une liste universelle de règles pouvait exister, il faudrait constamment la réviser en fonction du niveau de développement de votre enfant.

À court terme, votre liste de règlements sera stable et ferme, mais à long terme, elle sera flexible et négociable. Vous pouvez obliger votre ado de 13 ans à utiliser l'ordinateur seulement lorsque vous êtes dans la maison et dans une pièce commune (ex. : le salon), mais il est possible qu'à 17 ans, il ait son propre ordinateur portable dans sa chambre. Vous pouvez exiger qu'il rentre à 22 h les soirs de week-end lorsqu'il a 14 ans, mais il sera difficile de maintenir ce couvre-feu à l'aube de ses 18 ans!

Sachez que même l'ado le plus docile et le plus respectueux remettra en question et contestera certaines règles du code de vie que vous aurez établies après les avoir respectées quelques mois ou quelques années. Si vous oubliez d'adapter vos règlements en fonction de son niveau de développement, n'ayez crainte, il vous le rappellera! Ne vous sentez surtout pas coupable de cet oubli. Il est tout à fait normal pour des parents de percevoir leur ado encore comme leur petit bébé! L'important, c'est de reconnaître que fiston ou fillette a peut-être raison lorsqu'il ou elle vous exprime son besoin de liberté et d'autonomie. Si votre jeune sent qu'il est écouté et que son opinion est considérée, il ne vous en voudra pas trop de cet oubli! Rappelez-vous du patron démocratique... pourriez-vous en vouloir à un tel patron si un jour il oublie quelque chose dans ses nombreuses tâches dont il doit s'acquitter quotidiennement? Je crois qu'il serait du genre à être pardonné facilement!

Il pourrait vous dire spontanément au moment où vous soupez tranquillement: « Je suis tanné d'être le seul de mon groupe à devoir rentrer à 22 h. À partir de maintenant, j'aimerais pouvoir rentrer à minuit. Tous mes amis ont le droit, bon! »

Une telle remarque qui semble venir de nulle part peut vous surprendre. Rappelez-lui qu'il doit rester poli et respectueux et que vous avez besoin d'un peu de temps pour y réfléchir. Il peut être bon de reconnaître une partie de vérité dans ce qu'il dit, même si vous n'êtes pas d'accord à 100 % avec son affirmation. Peut-être que vous ne le croyez pas lorsqu'il vous dit que tous ses amis ont le droit de rentrer à minuit, mais il est peut-être vrai que son couvre-feu est le même depuis longtemps, et qu'il vous a souvent prouvé que vous pouviez lui faire confiance, puisqu'il rentre presque toujours à temps et qu'il appelle pour vous aviser s'il anticipe un léger retard.

L'important, ce n'est pas de faire ses quatre volontés, mais bien de lui faire sentir que vous considérez sérieusement son opinion, que vous comprenez son besoin d'avoir plus de liberté, et que la décision finale vous appartient. Donnez-vous le droit à un délai de réflexion et surtout, de consultation entre parents, afin de lui donner une réponse réfléchie, logique et cohérente.

Faire face aux demandes de permission qui surgissent du néant!

De façon similaire, votre ado vous prendra parfois au dépourvu lorsqu'il vous demandera soudainement une permission pour la première fois. Certaines de ses demandes pourraient même vous sembler complètement farfelues. Faites-moi confiance, il y a de quoi rester bouche bée, à certains moments :

- Votre fiston de 16 ans, qui a toujours été habitué au confort des luxueux hôtels « tout-inclus » des Caraïbes, pourrait un jour vous demander : « Papa, tous mes amis partent en camping sauvage pour le week-end. Il y aura de l'alcool, mais nous serons responsables. Est-ce que tu me passes ta voiture? »

- Votre fille de 17 ans qui a toujours aimé le camping en famille pourrait vous arriver avec la demande suivante :« Maman, mes amis et mon chum sont en train de discuter de la possibilité de faire un voyage dans le sud pour la semaine de relâche au cégep. Comme je n'ai pas encore 18 ans, il me faudrait l'autorisation d'un parent. J'ai calculé mes économies, et j'ai assez d'argent pour me payer le voyage, avion et hôtel inclus. Alors, tu veux me le signer, ce papier d'autorisation? »

- Vos jumelles de 16 ans ont quelques amis âgés de 18 ans... des bons gars et des bonnes filles qui ont eu quelques difficultés d'apprentissage et qui ont dû redoubler, ce qui fait qu'ils sont dans la même classe qu'elles, malgré la différence d'âge. Un vendredi, en revenant de l'école, elles vous demandent : « Papa, maman, nos amis de 18 ans en ont assez de faire du salon chez les uns et chez les autres. Ils veulent sortir dans les bars où l'on peut danser. Les parents de nos amis mineurs leur ont permis de les accompagner. Si vous refusez que nous y allions, nous serons condamnées à passer nos samedis soirs avec vous! »

- On est au mois de mai et votre fils pré-pubère de 12 ans vous annonce qu'il n'est pas question qu'il fréquente le camp de jour cet été. C'est pour les bébés et il s'y est ennuyé tout l'été dernier. Cet été, il veut se garder tout seul...

Il n'y a pas de doute, ce genre de demandes vous forcera à développer l'art du compromis!

Une chose est certaine, l'argument « Tous mes amis ont le droit » ne devrait pas être le seul élément à considérer dans votre prise de décision. La vérité est probablement que seulement certains amis ont le droit! Et même si c'était vrai, votre tâche est de déterminer si la permission demandée est en accord avec vos valeurs, si elle se situe dans votre zone de confort quant à la sécurité de votre ado, si ce dernier est assez mature et digne de confiance pour obtenir cette permission.

En tout temps, votre réponse immédiate devrait être qu'il devra attendre que vous ayez eu le temps de réfléchir à sa demande et de vous consulter entre parents avant de lui donner une réponse. Si vous mettez en pratique vos nouvelles habiletés d'écoute, vous répéterez dans vos mots la demande de votre ado et vous reconnaîtrez son besoin de faire comme ses amis, sa peur d'être rejeté s'il n'en a pas la possibilité, et son besoin grandissant de liberté. Vous devrez également lui poser des questions afin d'obtenir des informations qui vous guideront dans votre prise de décision. Par exemple :

- Où (Chez qui le party aura lieu ?);
- Quand (Quel jour ? À partir de quelle heure ?);
- Comment (Quels seront vos moyens de transport pour vous y rendre?);
- Combien de temps (À quelle heure le party se termine-t-il ?);
- Est-ce qu'il y a aura des parents ?;
- Est-ce qu'il y aura de l'alcool ?

Et toute autre question qui vous passe par la tête. Vous avez le droit d'exiger d'être en mesure de prendre une décision éclairée!

Dans le cas où l'un des amis qui a « le droit » est le meilleur ami de votre ado et que vous connaissez bien les parents, vous pouvez aviser votre jeune que vous aimeriez les contacter pour en discuter avec eux. Avoir le point de vue d'autres parents ne garantira pas que vous allez prendre la même décision, mais cela pourrait vous faire voir la situation sous un angle différent et intéressant.

Quelle que soit votre décision (un « oui » sans condition, un « oui » avec conditions, un « non »), démontrez à votre ado que vous avez le souci de respecter son besoin grandissant de liberté et son besoin de socialiser avec ses pairs. Ainsi, un « non » ne devrait jamais être un « non » bête et sec.

Comment dire « non » de façon moins frustrante pour votre ado.
Un jour ou l'autre, votre enfant arrivera à un âge où il fera ses choix seul, et où vous n'aurez plus de contrôle sur ses allées et venues. Ainsi, votre « non » devrait toujours être suivi de « pour le moment ». Il s'agit donc d'un « non » temporaire, ce qui est déjà moins frustrant qu'un « non » qui lui semblera permanent et éternel!

Vous pourriez dire : « Pour le moment, je trouve que tu es un peu trop jeune pour prendre le métro sans adulte, surtout à cette station où il semble y avoir beaucoup de criminalité. Je serai ouvert à en rediscuter dans un an, alors que tu seras un peu plus vieux et que j'aurai eu l'occasion de t'y accompagner à quelques reprises pour t'informer de ce à quoi tu devras faire attention quand tu seras autorisé à y aller sans moi. En attendant, je te propose de te conduire directement où tu veux aller où chez un ami dont les parents accepteront de s'occuper de votre transport. »

Malgré la moue qu'il vous fera, votre ado appréciera toujours que vous expliquiez les raisons qui justifient votre « non », car il est à un âge où il peut comprendre la logique derrière ces raisons (à condition qu'il y en ait, bien entendu!). Il sentira que vous considérez qu'il est un être humain intelligent, capable de comprendre le bon sens.

Même si la demande de votre ado est complètement farfelue et que nous n'avez pas le choix de dire « non », si vous reconnaissez le besoin réel qui se cache derrière sa demande et que vous proposez une autre façon de répondre à ce besoin, votre ado ne pourra pas trop vous en vouloir, et il apprendra l'art du compromis. La grande majorité du temps, le besoin qui se cache derrière une demande de permission d'un ado en est un de socialisation.

J'imagine que vous n'accepteriez pas qu'il sorte dans un bar à l'âge de 14 ans. Par contre, vous pouvez comprendre qu'il ait besoin parfois de voir ses amis dans un endroit où il n'y a pas de parent. Vous pourriez alors lui proposer d'inviter certains de ses amis à la maison (ceux que vous connaissez et en qui vous avez confiance), un soir que vous et votre conjoint irez au cinéma en amoureux. Ainsi, il aura une soirée entre amis et sans parent, sans les dangers associés au fait d'aller dans un bar en si bas âge. Vous pourrez lui dire que si tout se passe bien, selon vos conditions et qu'il vous prouve que c'est une bonne décision (ex. : lui et ses amis n'ont rien cassé, ils ont rangé le sous-sol après leur soirée), il pourra le faire plus régulièrement, sur des périodes plus longues, jusqu'à ce qu'il puisse aller dans un bar!

Il peut paraître beaucoup plus simple de dire carrément « non », sans toutes ces justifications et ces recherches de compromis, mais renier le besoin de socialisation de votre ado pourrait l'amener à prendre la décision de faire ce qu'il veut en cachette, avec tous les risques que cela comporte et qu'il ignore parce qu'il est encore si jeune.

Dire « oui » à toutes ses demandes et sans condition peut également sembler plus simple, et même vous épargner beaucoup de conflits ou d'argumentation. Mais à cause de son immaturité, votre ado risque de prendre de mauvaises décisions qui pourraient avoir des conséquences fâcheuses pour son développement.

Même si expliquer votre « non » et chercher des solutions de compromis semble plus compliqué et ardu à court terme, dites-vous que c'est un investissement pour le long terme. Les conflits qui en résulteront, s'il y a lieu, seront légers et facilement résolus, puisque cette façon plus complexe de dire « non » fera en sorte que votre ado se sentira respecté.

De plus, pour ce qui est de trouver des compromis, vous n'êtes pas obligé de faire le travail seul. Vous pouvez impliquer votre ado. En lui expliquant la partie de sa demande qui vous rend inconfortable, vous pourriez lui poser la question suivante: « Vois-tu une solution qui te permettrait de faire ton activité et qui me rendrait plus confortable ou en confiance? » Cela lui permettra de faire graduellement l'apprentissage de la négociation, de la recherche de solutions, de la résolution de problème, et de la prise de décision. C'est une approche positive qui demande des efforts, mais qui aura l'avantage de le motiver à devenir responsable et à vous prouver que vous pouvez lui faire confiance!

Comment dire « Oui, mais... »

À d'autres moments, la demande de votre ado ne vous semblera pas si farfelue, et vous voudrez lui donner sa fameuse permission, mais certains éléments vous inquiéteront. Par exemple, lorsqu'il sera rendu à un âge où il pourra prendre le métro à cette station où la criminalité est élevée, vous direz peut-être « Oui, mais... tu peux y aller seulement si vous êtes trois amis ou plus. Je veux également que tu prennes mon cellulaire avec toi pour que tu puisses m'appeler si jamais il vous arrivait quelque chose ».

N'hésitez jamais à dire « oui, mais... », c'est-à-dire à accepter la demande de votre ado en imposant certaines conditions qui vous rassureront. Faites-lui comprendre qu'il change vite et que son besoin grandissant de liberté met au défi votre capacité d'adaptation. Les conditions que vous lui imposez sont une façon pour vous de faciliter cette adaptation. Elles sont comme les deux petites roulettes sécurisantes que vous aviez installées à son premier vélo! Elles permettent de prendre de l'autonomie, mais plus graduellement et dans une certaine zone de confort.

Rassurez votre ado en lui disant que, comme les roulettes du vélo, ces conditions ne seront probablement que des mesures temporaires, surtout si elles lui permettent de vous prouver qu'il est mature et digne de confiance!

Des exemples de conditions sécurisantes :

- une heure de rentrée;
- le nombre et la qualité des amis qui l'accompagneront;
- le fait que vous ou d'autres parents que vous connaissez assurent leur transport vers une activité, si une façon indépendante d'y aller vous semble trop dangereuse.

Au cours d'une discussion, faites comprendre à votre jeune que vous voulez lui donner graduellement plus de liberté tout en vous assurant de sa sécurité. Il pourra vous en vouloir d'être un peu père poule ou mère poule, mais il ne pourra jamais vous en vouloir de l'aimer autant. Surtout si vos efforts et votre créativité dans vos solutions de compromis pour satisfaire son besoin d'autonomie sont apparents!

Ne cherchez pas à être accepté de lui en étant trop permissif, en voulant être un ami plutôt qu'un parent...

Certains parents ont peur des conflits avec leurs ados. Ils sentent que ces derniers se détachent d'eux, et ils pensent que se montrer permissifs avec eux, être « cool » et agir en ami est la seule façon de préserver le peu d'amour qu'ils perçoivent en eux.

Je l'ai déjà dit et je le répète : il s'agit là d'une grave erreur! D'abord, des amis « cools », votre ado en aura des tonnes de son âge, mais il existe seulement deux personnes dans le monde qui peuvent jouer le rôle crucial de parent auprès de lui. Ensuite, même si vous tentez de jouer au parent « cool », il devra tout de même devenir autonome en se détachant un peu de vous et en développant son réseau social à l'extérieur de la famille. Enfin, je le répète une fois de plus, il a encore besoin d'être encadré, même s'il fournit des efforts surhumains pour vous prouver le contraire!

Quoi que vous fassiez pour faire partie de son clan d'amis, vous serez toujours à ses yeux « papa » ou « maman », adultes d'une autre génération. Alors aussi bien jouer ce rôle jusqu'au bout, en le faisant pour son bien et en sachant que vous n'aurez pas de regrets plus tard. La relation plus amicale avec votre ado, c'est lorsqu'il sera adulte que vous l'aurez. Un peu de patience encore!

C'est plus facile en équipe de deux!

Encadrer ainsi votre ado, de façon ferme mais démocratique, peut paraître assez complexe à première vue. Pour cette raison, je dis souvent aux parents qu'on n'est pas trop de deux pour soutenir et encadrer un ado! Encore faut-il que le couple de parents communique bien et régulièrement pour former une bonne équipe, dans laquelle on se soucie d'être un modèle de saine communication où l'on se soutient mutuellement. Dans les montagnes russes que représente l'adolescence de votre enfant, avoir quelqu'un à qui l'on peut tenir la main peut être drôlement rassurant... c'est pourquoi dans le prochain chapitre, il sera question de préserver et même de nourrir votre relation de couple.

Chapitre 11

VOTRE RELATION DE COUPLE

Ce chapitre n'est pas qu'une parenthèse entre deux chapitres où il est question de prendre soin de votre grand ado... Prendre soin de votre couple, ça veut dire aussi de prendre soin de votre enfant.

Il a fallu être deux pour concevoir votre enfant. Par la suite, le partage des tâches difficiles telles que les boires de la nuit vous a probablement aidé à survivre à la période de la toute première enfance. Maintenant que votre enfant entre dans l'adolescence, vous verrez qu'encore une fois, on n'est pas trop de deux pour l'éduquer et le soutenir.

Être un couple solide n'a pas que du bon pour les parents. Lorsque les parents collaborent, se respectent mutuellement, communiquent de façon adéquate et se soutiennent dans l'atteinte de leurs besoins respectifs, cela aide les enfants et les adolescents à développer des attitudes positives envers à la fois les hommes et les femmes (Biller, 1993; Tamis-LeMonda & Cabrera, 2002). Toutefois, un manque de cohérence, de collaboration et de chaleur entre les parents, ajouté au fait qu'un des deux discrédite l'autre devant les enfants ou les ados ou qu'un des deux parents ne s'implique pas dans l'éducation, compromet le développement des enfants et des ados. (McHale, Khazan, Erera, Rotman, DeCourcey, & McConnell, 2002).

Il semblerait que les parents qui vivent un mariage (ou une union) heureux soient plus sensibles, plus à l'écoute, plus chaleureux et affectueux envers leurs enfants et leurs ados. Ce serait surtout l'intimité et la bonne communication dans la relation de couple qui permettrait aux parents de se montrer plus affectueux envers leurs ados (Grych, 2002). Pas besoin d'être psy pour comprendre ça: plus on est en amour et qu'on reçoit de l'amour, plus il est facile d'en donner!

Il est également facile de comprendre que si notre énergie et nos ressources sont épuisées par les conflits conjugaux, il sera bien difficile d'avoir la patience et la subtilité que demande l'application du style parental démocratique. Comment avoir l'énergie et la capacité d'encadrer et d'être à l'écoute d'un ado parfois arrogant quand on vient de se disputer sur des tâches ménagères, sur la gestion des finances de la famille ou sur une présomption d'adultère?

Se compléter l'un et l'autre...

Dans le chapitre sur l'écoute et le soutien de vos ados (voir chapitre 9), j'ai mentionné que ce ne sont pas tous les parents qui sont doués pour l'écoute. Peut-être que vous vous reconnaissez, ou que vous reconnaissez votre conjoint dans cette affirmation. Il en est de même pour toutes les qualités d'un super-parent-parfait:

- être capable d'écoute;
- être patient;
- être un bon pédagogue;
- être un bon communicateur;
- être doté d'un bons sens de l'humour;
- être humble;
- être capable de s'affirmer;
- être sûr de soi;
- être capable d'établir des règles logiques et les faire respecter;
- être capable d'adapter la discipline en fonction de la maturité de son enfant;
- être un bon négociateur;
- être doué pour la recherche de solutions et la résolution de problème;
- être bon bricoleur;
- être un bon cuisinier;
- être une personne organisée, etc.

Malheureusement, personne ne peut avoir toutes ces qualités. Il n'existe donc pas de parent parfait. Je me permets de parler à nouveau de parent « pas pire », concept qui est plus réaliste! Si chacun de vous, dans votre couple, êtes un parent pas pire, avec des qualités différentes l'un de l'autre, vous pourriez arriver à vous compléter à un point tel qu'en tant que couple de parents, vous approcheriez la perfection!

Cela veut dire que seul, vous êtes une personne qui a des qualités et des défauts. À deux, vos qualités s'additionnent à celles de votre conjoint, et les forces de l'un peuvent atténuer les faiblesses de l'autre. Par exemple, un des deux parents peut être très extraverti, avoir le sens de l'humour et être ouvert à parler de n'importe quel sujet avec de grandes qualités de bon pédagogue, mais avoir peu de capacité d'écoute. L'autre parent peut être du type plus introverti, mal à l'aise d'aborder des sujets tels que la sexualité ou les risques de tomber dans l'enfer de la drogue, mais sera capable de prêter une oreille attentive aux confidences de son ado et de tempérer le caractère plus bouillant de son conjoint lorsque le jeune fera des gaffes!

Seuls, chacun de leur côté, les parents sont des humains imparfaits dont les failles pourraient leur nuire dans leur rôle d'éduquer un ado, mais à deux, ils peuvent former une équipe du tonnerre!

Les parents peuvent se faire des commentaires constructifs sur leurs attitudes parentales, l'un devenant ainsi le miroir de l'autre, outil indispensable pour s'améliorer et ajuster nos façons de faire avec un enfant devenant adulte. Ainsi, une mère pourrait respectueusement dire à un père qu'il a tendance à surprotéger sa fille, et qu'il pourrait peut-être lui faire un peu plus confiance. De la même manière, un père pourrait conseiller à une mère moralisatrice de laisser leur fils faire un peu plus d'essais-erreurs et de laisser la vie lui apprendre certaines leçons inoffensives.

Si ces commentaires se font dans le respect de l'autre et que chacun est ouvert à la critique constructive, ce genre d'interaction entre parents peut faire de la magie quand vient le temps de survivre à l'adolescence de votre enfant!

Se confier l'un à l'autre et se soutenir (parce qu'avoir un ado peut mettre votre couple à rude épreuve)

Lorsqu'un couple s'aime vraiment, l'un devient automatiquement la principale source de soutien de l'autre lorsque ce dernier vit des épreuves, que ce soit professionnellement, dans la vie familiale... ou en tant que parent d'ado!

Votre ado vous fera probablement vivre des moments pénibles. Son arrogance et la remise en question de vos valeurs, de vos règlements et de ce que vous êtes en général pourraient porter atteinte à votre estime de soi.

Dans votre couple, cela vous arrivera probablement à tour de rôle, rarement en même temps,. Il est important que vous puissiez compter l'un sur l'autre pour vous relever lorsque votre ado vous fait de telles jambettes! Attention, il n'est pas ici question de faire front commun pour déclarer la guère à votre enfant. Disons que ce ne serait pas sain pour l'harmonie familiale!

Il s'agit plutôt d'aider le conjoint à relativiser les paroles parfois blessantes de l'ado, à ne pas « le prendre personnel » mais plutôt avec philosophie et sans émotions. Le recul du parent qui n'a pas été impliqué dans le conflit avec l'ado peut être d'un grand secours pour celui qui vient de se faire crêper le chignon!

Lorsque vous vivez des inquiétudes par rapport à votre ado, ou des conflits avec ce dernier, votre conjoint, l'autre parent, devrait être votre premier confident. De même, lorsqu'il se confie à vous pour un souci concernant votre ado, votre première attitude devrait en être une d'écoute et de soutien... pas de reproches! Rappelez-vous que vous êtes tous les deux des êtres humains imparfaits et susceptibles de faire des erreurs, surtout lorsqu'il s'agit de remplir une tâche aussi chargée d'émotions que d'éduquer un ado! À l'impossible, nul n'est tenu et être parfait est impossible!

Parfois, votre ado trouvera cette solidarité entre parents un peu lourde et frustrante, mais elle sera surtout sécurisante, car elle sera synonyme de stabilité pour lui qui vit l'une des périodes de sa vie où il y a le plus d'instabilité, tant sur le plan de son humeur que sur celui de son identité!

Les avantages de prendre des décisions à deux

Au chapitre 10, il a été question de la possibilité que votre ado vous arrive parfois avec des demandes de permissions qui semblent venir de nulle part. Dans ces situations, un petit « meeting » entre parents s'impose avant de rendre votre décision finale à votre grand enfant chéri!

Peser le pour et le contre d'une proposition et trouver des solutions est souvent plus facile lorsqu'on le fait à deux, surtout si c'est avec la personne avec qui l'on a la plus grande complicité au monde : notre conjoint (du moins, il me semble que cela devrait être ainsi)!

Votre conjoint pourrait vous faire penser à des dangers associés à la demande de fiston ou de fillette, dangers que vous n'aviez pas anticipés. De votre côté, vous pourriez rappeler à votre conjoint à quel point votre ado est prudent et responsable, et qu'il mérite votre confiance.

Votre conjoint pourrait imaginer une façon de vous rassurer tous les deux, tout en permettant à votre ado de faire l'activité pour laquelle il vous a demandé une permission. Vous pourriez lui dire que sa solution est bonne, mais qu'elle risque d'humilier fiston devant ses amis (ex. : aller le reconduire, alors que tous ses amis s'y rendent à pied). Vous proposez alors une deuxième solution tout aussi rassurante pour vous, mais moins humiliante pour fiston (ex. : il n'a qu'à nous appeler discrètement en disant un « code secret » dans le téléphone, ce qui empêchera ses amis de savoir qu'il est en communication avec ses parents, et qui nous indiquera qu'il s'est rendu à destination sain et sauf)!

Après ce scénario, j'imagine des parents qui se font un *high five* et qui sont maintenant prêts et confiants à rendre leur verdict à un ado bougonnant!

Si vous décidez de refuser la permission demandée, il sera plus facile, à deux, d'établir les arguments qui justifient votre décision et même d'anticiper les contre-arguments de votre ado! Encore une fois, l'idée n'est pas de faire front commun contre lui. Rappelez-vous que vous devez, à deux, tenter d'arriver à l'attitude équilibrée des parents démocratiques, et non pas faire équipe pour être doublement autoritaire! Ainsi, en donnant votre réponse négative à votre ado, l'un de vous pourrait jouer le rôle de celui qui est ferme et l'autre pourrait jouer celui qui est compréhensif par rapport au besoin réel qui se cache derrière la demande farfelue qu'il vous a faite! C'est un peu les rôles de *good cop - bad cop* . L'important est de jouer ces rôles en alternance pour ne pas que l'un d'entre vous se retrouve toujours dans le mauvais rôle, ce qui pourrait miner sa relation avec votre ado.

Prendre les décisions majeures à deux réduit considérablement le doute qui pourrait demeurer dans votre esprit et vous permet de maintenir fermement votre encadrement, malgré les arguments et les négociations persistantes de votre ado!

Être deux vous aidera également à vous rappeler mutuellement d'adapter les règles en fonction de la maturité grandissante de votre jeune. Donc, en même temps que de vous aider à être plus ferme, être deux vous aidera aussi à être plus flexible! Finalement, être deux est presque essentiel pour parvenir à atteindre les objectifs parfois contradictoires dont il est souvent question dans ce livre...

Se faire du bien, se divertir

Pour bien gérer le stress qu'apporte parfois la mission d'éduquer un ado jusqu'à ce qu'il devienne un adulte responsable, il peut être bon de vous ressourcer en vous divertissant, en vous changeant les idées et, parfois, le faire à deux, c'est mieux!

Faire des activités en couple qui vous détendront et pour lesquelles vous aurez comme loi non écrite de ne pas discuter de fiston ou de fillette pourrait nourrir la complicité dont vous aurez tant besoin pour arriver au bout de votre mission.

Faites des randonnées en vélo, allez au théâtre ou au cinéma, faites une promenade quotidienne en vous tenant la main et en imaginant des projets d'avenir que vous aimeriez accomplir une fois à votre retraite.

Être parent d'ado vous demande d'être orienté vers le sens du devoir et des responsabilités, d'une part pour bien faire votre travail de parent et d'autre part parce que vous êtes toujours un modèle qui peut influencer votre ado et l'aider à devenir lui-même plus responsable.

Mais dans la vie, il faut parfois s'orienter vers le plaisir et investir du temps et de l'énergie dans votre relation de couple. Dans ce livre, j'ai souvent dit que lorsque les ados sont devenus adultes, les parents, avec le recul, arrivent à rire des moments difficiles que l'adolescence de leur enfant leur a fait vivre. Eh bien! Laissez-moi maintenant vous dire que les parents qui savent prendre du temps pour eux arrivent même à le faire PENDANT l'adolescence de leur enfant. Ce n'est pas de l'irresponsabilité. Au contraire, c'est de l'hygiène mentale!

En travaillant à maintenir une belle harmonie dans votre relation de couple, vous offrirez également un modèle de saine relation amoureuse à votre ado, ce qui l'aidera à faire de meilleurs choix lorsque sera venu le temps pour lui de se trouver un partenaire de vie.

N'oubliez pas que ce travail pour votre couple n'est pas nécessairement très ardu, surtout lorsqu'il est question d'avoir du plaisir à deux. L'effort réside surtout dans le fait de « bloquer » du temps dans vos agendas chargés, pour arriver à le faire. Beaucoup de couples négligent de le faire, s'éloignent l'un de l'autre et finissent par se séparer. Il faut de la discipline pour s'accorder des moments à deux et nourrir la relation de couple, mais il s'agit d'un bon investissement pour vous en tant qu'individu, pour votre couple, et même pour votre ado!

Être des modèles de saine relation interpersonnelle

Dans le chapitre suivant, il sera question de stratégies de communication qui vous aideront à mieux gérer les différences d'opinions et les conflits dans votre relation parent-ado. Mais ces stratégies pourront également vous aider dans vos autres relations interpersonnelles telles que votre relation de couple.

Vous y apprendrez comment faire des critiques constructives, comment affirmer votre différence d'opinions de façon respectueuse, comment désarmer quelqu'un en colère qui vous attaque verbalement, toutes des stratégies qui peuvent vous être fort utiles avec un ado qui a des sautes d'humeur et qui commence à exprimer sa différence, mais également dans votre relation de couple, avec votre partenaire avec qui vous faites équipe pour éduquer cet ado.

Si, en couple, vous utilisez ces façons de communiquer, votre ado arrivera peut-être à les appliquer lui-même sans trop s'en rendre compte, par effet de mimétisme. Si, dans votre relation de couple, vous vous engueulez et vous vous manquez de respect, votre ado apprendra à faire de même avec vous et dans ses autres relations interpersonnelles. Pourquoi vous respecterait-il si votre conjoint ne vous respecte pas? Pourquoi respecterait-il votre conjoint si vous-même lui manquez de respect? Pourquoi respecterait-il ses amis, son chum, sa blonde, si le modèle de relation de couple qu'il a à la maison n'est pas caractérisé par le respect?

Votre couple est un outil pour apprendre à votre enfant comment communiquer sainement, comment résoudre des conflits, comment exprimer une différence d'opinions de façon respectueuse... à condition que vous sachiez comment faire tout cela et que vous le mettiez en pratique, évidemment!

Mais avant de passer au chapitre suivant qui portera sur la communication, permettez-moi d'adresser un mot aux parents de familles monoparentales et aux parents de familles recomposées dans les deux prochaines sections.

Les parents de famille monoparentale

J'espère que le début de ce chapitre ne vous a pas trop fait regretter le temps où vous étiez en couple, ou ne vous a pas trop donné l'impression qu'éduquer un ado seul est une mission impossible.

Certains parents séparés trouvent leurs responsabilités parentales beaucoup plus faciles à assumer depuis qu'ils se sont sortis d'une relation abusive ou d'une relation avec une personne aux prises avec des problèmes de santé mentale ou de consommation de substances.

Comparez votre situation actuelle à une situation antérieure qui était pire ne veut pas dire que vous êtes dans des conditions idéales. La condition idéale, de façon incontestable, c'est d'être deux parents pour assumer l'éducation de notre ado, à condition que cette relation de couple soit saine et harmonieuse. Si cette condition n'était pas respectée dans votre relation avec l'autre parent de votre ado, vous êtes probablement mieux seul, mais être seul pour encadrer et soutenir un jeune qui commence à vous remettre en question, à contester votre autorité et qui vit toutes sortes de changements mettant à défi votre capacité d'adaptation, c'est très difficile.

Les parents chefs de famille monoparentale qui s'en sortent bien ont souvent de nombreuses ressources : un réseau social leur permettant d'avoir parfois du répit et de se ressourcer, des parents qui donnent un coup de main pour certaines tâches à effectuer à la maison, des amis à qui ils peuvent se confier lorsqu'ils vivent des situations stressantes ou des tensions, ou même un ex-conjoint avec qui ils tentent d'entretenir une bonne relation de coparentalité, lorsque c'est possible.

Pour ces parents, trouver des façons d'avoir régulièrement des moments de qualité avec leur ado devient presque une question de survie! L'idée est de s'assurer de maintenir une relation de confiance et une bonne communication avec le jeune, pour ensuite pouvoir se sentir plus à l'aise de l'encadrer, tout en se sentant suffisamment proche de lui pour le soutenir et être affectueux avec lui.

Certains parents de famille monoparentale pourraient être tentés de traiter leur ado comme un adulte, d'une part pour qu'il accomplisse des tâches dans la maison, tâches qu'un conjoint aurait probablement accomplies, et d'autre part pour se sentir moins seul et pouvoir lui confier leurs problèmes. Mais votre ado n'est pas un adulte. Il n'y a rien de mal à lui demander d'accomplir certaines tâches dans la maison, cela peut même lui donner un sens des responsabilités et même les parents qui vivent à deux devraient le faire! Mais il est en apprentissage et il y a des chances que les tâches ne soient pas nécessairement accomplies comme vous vous y attendiez. Parfois, il oubliera même de les faire et il vous faudra répéter.

Votre ado pourrait ressentir que les tâches qu'il doit faire dans la maison sont presque une question de survie pour vous, et non des opportunités d'apprentissage pour lui. Et cela fait toute une différence. Certains ados ont naturellement le sens des responsabilités et ne s'en ressentiront pas, mais d'autres percevront une tension et une source de stress dans le fait de devoir aider leur parent dans la tenue d'une maison, stress qui s'ajoutera à tous les autres qui sont communs aux ados (ex.: changements liés à la puberté, entrée à l'école secondaire, pression exercée par les pairs... vous devez commencer à connaître cette liste par cœur maintenant !).

De même, en vivant seul, vous n'avez pas de conjoint à qui confier les problèmes que vous vivez au travail ou dans d'autres aspects de votre vie personnelle tels que votre relation avec votre ado.

Il pourrait être tentant de prendre votre ado pour un petit confident, un peu comme s'il était le remplaçant de votre conjoint. Le fait qu'il prenne de la maturité au niveau cognitif pourrait vous amener à le confondre avec un adulte, mais les problèmes d'adultes sont trop lourds pour lui. C'est surtout lui qui a besoin de votre soutien, et non le contraire. Finalement, vous avez pour défi de vous approcher le plus possible de l'équilibre d'un parent démocratique, mais sans l'autre parent pour vous servir de miroir, de soutien et de contrepoids lors de pertes d'équilibre. Raison de plus pour ne pas vous isoler et avoir un bon réseau d'amis à qui vous pouvez confier vos problèmes d'adultes. Tout le monde a besoin d'être soutenu, vous compris. Ce n'est pas un signe que vous êtes incomplet, c'est un signe que vous êtes humain, simplement!

Gardez en tête que votre séparation d'avec l'autre parent de votre ado peut-être une source de stress pour lui. Peu importe si la séparation est récente où si elle a eu lieu durant sa petite enfance, les changements qu'il vit durant l'adolescence tels que sa quête d'identité, son idéalisme, ses premières relations amoureuses, peuvent l'amener à se questionner sur les conflits qui ont mené à votre séparation, sur qui est à blâmer pour cette rupture.

Si votre ex-conjoint ne s'implique pas dans sa vie, votre ado peut vivre un sentiment d'abandon, ce qui peut affecter son estime de soi. Or, l'estime de soi agit comme une bulle de protection contre les adversités de la vie, et elle est donc particulièrement importante durant l'adolescence, période riche en changements et en sources de stress.

Si votre ado souffre de l'absence d'un père ou d'une mère, il serait peut-être important de prêter une attention particulière à son estime de soi, en lui faisant vivre de nombreuses situations où il se sent valorisé (ex. : activités sportives ou artistiques), et le mettre en contact avec des personnes chaleureuses qui le feront se sentir important. Il peut s'agir de ses grands-parents, d'un oncle ou d'une tante, de vos amis. Bref, des adultes qui tiennent à lui et qui le lui démontrent.

Élever un adolescent seul peut représenter tout un défi. Ce n'est pas impossible, ni insurmontable. Vous avez toute mon admiration, et j'espère sincèrement que ce livre vous aidera à accomplir votre mission!

Les familles recomposées

Souvent, les familles nucléaires se transforment en familles monoparentales, qui elles, à leur tour, se transforment en familles recomposées.

Si, dans une famille nucléaire avec les deux parents « d'origine », il faut une saine communication, imaginez à quel point il en faut dans une famille recomposée dont les différents membres doivent apprendre à vivre ensemble et à s'apprivoiser...

Une famille recomposée est un peu comme l'union de deux microcultures, ce qui donne parfois lieu à des microchocs culturels! Fréquenter quelqu'un quand chacun vit de son côté, ce n'est vraiment pas la même chose que cohabiter. De loin, un conjoint et ses enfants peuvent paraître charmants et faciles à vivre, mais quand vient le temps de cohabiter, on constate rapidement certaines habitudes et certaines manies de l'autre qui peuvent nous agacer. On peut s'apercevoir que sa façon d'éduquer ses enfants est différente de la nôtre, ou que le fait de ne pas avoir pas d'enfant l'ammène à devoir s'adapter à la réalité de la vie familiale.

Les beaux-parents peuvent avoir une relation formidable avec les adolescents de leur conjoint, mais j'ai rencontré bien des familles où il y avait régulièrement des flammèches entre un ado et son beau-parent. J'ai déjà parlé d'à quel point votre amour inconditionnel pour votre enfant vous sera indispensable pour passer au travers les hauts et les bas de son adolescence. Eh bien! Voilà une réalité qui vous paraîtra peut-être un peu cruelle, mais qui est tout de même vraie : le beau-parent de votre ado n'a pas cet amour inconditionnel pour lui. Il ou elle vous a choisi, mais lui ou elle et votre ado ne se sont pas choisis. Aussi, votre jeune ne considère pas nécessairement cette personne comme une figure d'attachement ou de sécurité, à moins que ce conjoint n'ait été présent dans sa vie depuis sa petite enfance et qu'un profond attachement se soit développé entre eux depuis.

Cette absence d'attachement, ou cet attachement de moindre intensité, peut comporter des avantages et des inconvénients...

Votre ado et son beau-parent peuvent avoir moins de patience et de tolérance l'un envers l'autre. Pour votre ado qui recherche de plus en plus de liberté, un beau-parent représente une figure d'autorité de plus dans sa vie. De même, en étant moins attaché que vous à votre enfant, le beau-parent pourrait avoir plus de difficulté que vous à accepter ses sautes d'humeur et son arrogance typiques de l'adolescence.

Par contre, le fait qu'il y ait moins d'émotivité entre eux pourrait, dans certains cas, permettre des échanges moins houleux et des attitudes plus rationnelles l'un envers l'autre.

Une chose est certaine, une bonne communication entre conjoints sera aussi importante, et peut-être même encore plus importante, qu'entre deux conjoints qui sont les parents biologiques de l'ado. Vous devez vous entendre sur la façon dont vous voyez vos rôles respectifs par rapport aux ados de la nouvelle famille recomposée, les siens, s'il ou elle en a, et les vôtres.

À mon avis, un beau-parent peut avoir un certain rôle d'encadrement auprès des enfants de son conjoint, tout comme les professeurs à l'école ont une autorité sur vos enfants, même s'ils ne sont pas leurs parents. Toutefois, au début d'une cohabitation, il y a une période d'apprivoisement à respecter. Avant de commencer à encadrer l'ado de son conjoint, un beau-parent doit d'abord établir une relation de confiance avec ce dernier.

Cela peut se faire en soutenant l'ado, en l'aidant à accomplir certaines tâches, qu'elles soient scolaires ou ménagères, et surtout, en prenant le temps de s'amuser avec lui. Autrement dit, avant de jouer le rôle encadrant du style parental démocratique, un beau-parent doit commencer par jouer le rôle d'écoute et de soutien, afin d'obtenir le respect de l'ado, qui se sentira lui-même respecté. Par la suite il peut graduellement assumer une certaine autorité sur l'ado, mais en gardant en tête que ce sont ses parents qui prendront les grandes décisions quant à son éducation (ex. : le choix d'une école secondaire).

De même, il peut être bon que l'ado sente que ce sont ses parents qui établissent certaines règles, idéalement avec une certaine cohérence entre les deux maisons (surtout dans les cas de garde partagée), et que le beau-parent s'assure par moments (ex. : quand le parent est absent), que ces règles soient respectées. Autrement dit, dans un monde idéal, les parents prennent les décisions, et les beaux-parents font le suivi. Ils sont des exécutants!

Parfois, lorsque la relation entre eux sera bonne, un beau-parent obtiendra des confidences d'un ado auxquelles son parent n'aura pas accès. Par exemple, une jeune fille pourrait dire à sa belle-mère (en qui elle a confiance) qu'elle aimerait commencer à prendre la pilule anticonceptionnelle, mais qu'elle n'ose pas en parler à son père, qui risque de réagir émotivement et de refuser. De même, un garçon pourrait confier à son beau-père qu'il trouve que sa mère est surprotectrice ou qu'elle ne s'intéresse pas assez à ses activités sportives.

Dans ce cas, le beau-parent doit tenter de mettre en pratique les principes de l'écoute active (voir chapitre 9), tout en étant solidaire de son conjoint. Lorsqu'il a une bonne capacité d'écoute et qu'il se sent apte à le faire, le beau-parent peut agir à titre de messager ou même de médiateur entre un ado et son parent. Mais, ce rôle est délicat, en ce sens que qu'il ne doit pas faire alliance avec l'ado contre le parent, ou encore faire équipe avec le parent pour écraser l'ado sous une autorité trop forte. Comme dans un couple où les deux conjoints sont les parents des mêmes enfants, un beau-parent peut soutenir son conjoint à travers l'adolescence tumultueuse de son enfant, lui faire des critiques constructives et l'amener à prendre du recul par rapport aux conflits qui peuvent parfois éclater dans la famille. Mais pour que cela fonctionne bien, il faut beaucoup de communication et de respect entre les conjoints.

D'ailleurs, le prochain chapitre, le dernier de cette partie du livre, vise justement à vous donner des stratégies de communication, afin que vous puissiez atteindre une certaine harmonie dans votre famille, qu'elle soit nucléaire, monoparentale ou recomposée.

Chapitre 12

LA QUALITÉ DE LA COMMUNICATION

Préserver une relation de confiance avec votre ado

Au chapitre 7, j'ai parlé du fait que les parents peuvent avoir une forte influence sur leur adolescent. Du moins, cette influence est souvent plus forte que les parents le croient! Pour continuer d'être une influence positive pour votre ado, pour rester informé sur ce qui se passe dans sa vie, pour pouvoir continuer à le guider, il faut savoir maintenir une relation de confiance avec lui.

Pour y arriver, il peut être utile de développer certaines habiletés de communication. Nous avons déjà vu comment développer votre capacité d'écoute active au chapitre 9. Mais ici, il est plutôt question de savoir comment mieux vous exprimer lorsqu'il s'agit d'intervenir, d'exprimer une différence d'opinions, de demander un service ou de faire une critique constructive.

Le but est de savoir comment mieux communiquer avec votre jeune, mais également avec votre conjoint, puisqu'il est si important de faire une bonne équipe lorsqu'il s'agit d'éduquer un ado!

En sachant mieux communiquer, vous serez mieux outillé pour maintenir une certaine harmonie dans votre foyer, malgré le fait que des ados et des adultes y cohabitent! D'ailleurs, à ce sujet, rappelez-vous, encore une fois, que le fossé entre les générations est un mythe. Sur plusieurs grands principes moraux, sur certaines valeurs religieuses ou reliées au monde du travail, parents et ados s'entendent généralement bien. C'est surtout par rapport à des questions de la vie quotidienne que de légers conflits peuvent éclater, notamment en ce qui concerne les tâches ménagères, les heures de couvre-feu, les tenues vestimentaires...

Bien que je viens tout juste de qualifier ces conflits de « légers », le fait qu'ils puissent survenir sur une base quasi quotidienne peut causer une certaine tension, ou être responsable d'une certaine lourdeur dans la famille.

Mieux communiquer vous permettra de désamorcer rapidement ces conflits parents-ado. Cela vous aidera dans votre relation de couple, afin de former une bonne équipe de parents, comme je le disais quelques paragraphes plus tôt. Et surtout, en devenant un bon communicateur, vous influencerez positivement votre ado dans ce domaine. En vous observant, il apprendra lui-même à mieux communiquer ses opinons, ses différences de point de vue, ses demandes, ses besoins de façon respectueuse. Le rêve de tout parent d'ado, quoi!

Mais attention. Ce n'est pas parce que vous devenez un modèle de communication exemplaire que votre ado apprendra à faire de même du jour au lendemain! Parfois, sa façon de communiquer sera maladroite, mais fort de vos nouvelles habiletés, vous saurez comment l'amener à mieux exprimer sa pensée et ses émotions.

Avant de vous donner ces précieux trucs de bonne communication, permettez-moi d'énumérer quelques attitudes que vous devriez éviter. Ce sont des attitudes qui peuvent miner la relation de confiance entre votre ado et vous, ou encore bloquer la communication.

- Paniquer ou se mettre en colère:

  Lorsque votre ado vous demandera la permission de rentrer à trois heures du matin, vous arrivera avec un bulletin catastrophique, vous dira qu'il a besoin d'un moyen de contraception ou encore lorsque vous trouverez un peu de « pot » dans ses poches de pantalon, il se peut que des émotions extrêmes montent en vous telles que la panique ou la rage. C'est justement lorsque les parents deviennent émotifs à ce point que les ados disent, de façon parfois arrogante « Capote pas »! Habituellement, ce genre de réplique donne lieu à une escalade de colère et à un conflit qui sera difficile à résoudre. Lorsqu'une telle situation se produit, donnez-vous le temps de revenir au calme avant de communiquer ou d'intervenir auprès de lui. C'est avec calme que vous parviendrez à prendre des décisions conformes au style parental démocratique, ou du moins, au style « pas pire » démocratique! Pour revenir au calme, allez marcher, discutez avec votre conjoint, prenez un bon bain chaud. Respirez!

- Faire la morale :
  Par un phénomène que je ne comprends pas trop encore, quand les parents adoptent un ton moralisateur, les oreilles des ados se bouchent! Blague à part, avouez que personne n'aime se faire faire la morale, vous y compris! Évidemment, lorsque votre ado fera une erreur de jeunesse ou vous demandera une permission farfelue, il se pourrait que vous ayez une soudaine envie de vous transformer en schtroumpf à lunettes! Pourtant, il vous faudra résister à cette tentation. Vos valeurs morales seront beaucoup mieux apprises par votre ado lorsqu'il vous verra les mettre en pratique dans votre quotidien, lorsque vous serez vous-même respectueux, poli, ponctuel, responsable, patient, persévérant, etc. Quand il fait des bêtises ou des demandes farfelues, mieux vaut avoir un discours clair, concret, qui fait appel à sa logique et à ses nouvelles capacités de raisonnement. Vous pourrez discuter de morale avec lui lorsqu'il voudra avoir une grande discussion philosophique avec vous sur sa nouvelle envie idéaliste de refaire le monde. À ce moment précis, ses oreilles seront grandes ouvertes! Si vous avez tendance à devenir moralisateur sans vous en rendre compte, ne vous inquiétez surtout pas. Il existe un bon truc pour en prendre conscience: normalement, lorsque les parents leur font la morale, en même temps que leurs oreilles se bouchent, les yeux des ados se lèvent vers le ciel!

- Commencer ses phrases par « Dans mon temps » :
  Même en évitant de le faire, il y a de fortes chances qu'à certains moments, votre ado vous trouve vieux jeu et dépassé. Alors, imaginez si vous avez tendance à comparer son époque à la vôtre, en disant que tout était bien mieux dans votre temps! Oui, dans votre temps, on jouait plus souvent dehors et on faisait plus d'exercice... Oui, dans votre temps, la pornographie n'était pas aussi facilement accessible... Oui, dans votre temps, vous marchiez deux kilomètres pour vous rendre à l'école... Mais pensez-vous vraiment qu'en lui parlant ainsi, vous donnerez envie à votre ado d'abandonner ses gadgets électroniques, de jouer à la marelle, de résister à sa curiosité de « googler » les mots « gros seins » et de marcher beau temps mauvais temps pour aller à l'école? J'ai souvent affirmé que le fossé entre les générations est un mythe, mais avec une telle attitude, vous pourriez réellement en créer un entre vous et votre ado! Évidemment, il arrive à tous les ados de questionner leurs parents

sur comment certaines choses se passaient dans leur temps. Vous pourrez alors en profiter pour partager votre passé avec nostalgie. Mais tentez tout de même d'éviter de dénigrer l'époque actuelle et les jeunes d'aujourd'hui. Personnellement, je crois fermement que chaque époque a ses avantages et ses inconvénients... et je n'aimerais certainement pas revenir à une époque où il fallait faire la lessive à la main, ou encore à une époque pas si lointaine où il n'y avait pas Internet, ni iPod.

- Lui reprocher de toujours s'isoler dans sa chambre ou de ne pas assez se confier à vous :

  Évidemment, la dépression chez les adolescents existe, et il est bon qu'un parent soit vigilant par rapport à la tendance à l'isolement que son ado dépressif pourrait commencer à manifester. Toutefois, si votre ado devient un peu plus secret et qu'il s'enferme de temps en temps dans sa chambre, il ne faut pas nécessairement conclure à un épisode de dépression majeure. Surtout si ce même ado continue d'aller à l'école, de manger comme un ogre, de vouloir voir ses amis et d'avoir du plaisir! En grandissant, votre ado aura de plus en plus besoin d'intimité, parce qu'il prend conscience qu'il est une personne à part entière différente de vous. Sur certains sujets, il préfèrera se confier à ses amis au cours de longues conversations téléphoniques qu'il aura avec eux, enfermé dans sa chambre! À d'autres moments, il voudra être seul pour rêvasser tranquillement à ce qu'il pourrait devenir une fois adulte, ou à la manière dont il pourrait demander à cette fille de sortir avec lui, ou à la façon dont elle pourrait séduire ce nouvel élève qui vient d'arriver à l'école! Résistez à l'envie de lui interdire d'avoir un jardin secret et de tout vouloir savoir sur sa vie. Croyez-moi, il y a des choses que vous ne voulez pas savoir. Rappelez-vous que c'est à cet âge que l'on commence à avoir un intérêt pour les pairs du sexe opposé (ou du même sexe, selon l'orientation sexuelle), et qu'apparaissent donc les premiers fantasmes et les comportements masturbatoires! Aucun parent ne veut connaître cet aspect très intime de la vie de son ado. De même, résistez à l'envie de le bombarder de questions lorsqu'il revient de l'école, ou encore de lire son journal intime. Votre ado a le droit de profiter d'une certaine intimité, et viendra se confier à vous et vous demander conseil quand bon lui semblera... ce qui arrivera assez régulièrement si vous maintenez une relation de confiance avec lui, justement en respectant son intimité.

- Dénigrer son « look », ses choix musicaux, ses amis...
  Votre ado est en quête d'identité. Il cherche à savoir qui il est, et pour y arriver, il fait toutes sortes d'expérimentations plus ou moins heureuses! Évidemment, vous avez le droit de refuser qu'il se fasse tatouer une obscénité sur le front, ou qu'elle porte un décolleté plongeant pour aller à l'école. Mais choisissez vos batailles! Est-ce si grave si vous trouvez que les vêtements qu'il a choisi de porter aujourd'hui n'ont pas des couleurs les plus harmonieuses? Est-ce si grave si le trait de crayon autour de ses yeux est un peu trop épais? Est-ce si grave si la musique qu'il écoute n'est pas aussi mélodieuse et douce à vos oreilles que celle des Beatles, de U2, de Coldplay, de Céline Dion, d'Isabelle Boulay ou de Mes Aïeux? Plus vous laisserez votre ado faire ses essais et erreurs sur le plan de sa recherche d'identité, plus vite il la trouvera et moins il sera tenté d'en adopter une à l'extrême opposé de la vôtre! De plus, n'oubliez pas qu'avec une remise en question de son image corporelle, l'estime de soi de votre ado peut être fragilisée, et il a beaucoup plus besoin de vous entendre dire à quel point il est beau qu'à quel point ses goûts musicaux vous déplaisent ou qu'il s'habille mal. De toute façon, les goûts musicaux et vestimentaires des adolescents sont habituellement très passagers. La vitesse à laquelle ils varient risque même de vous étourdir.

Savoir vous affirmer avec respect, sans attitude accusatrice : le message affirmatif

Bien des ados trouvent que leurs parents sont toujours sur leur dos! Ils ont probablement raison, tant les parents de faire ainsi, que les ados de se plaindre de la situation!

Pourquoi? C'est bien simple : les parents peuvent avoir raison d'être sur le dos de leurs ados, entre autres parce que la fatigue associée à leur croissance et leur trouble de sommeil, additionnée à leur besoin de socialiser avec les pairs et de rêvasser font en sorte que les jeunes ne sont pas toujours très vaillants!

La première image qui vient à l'esprit de bien des gens quand ont parle d'adolescence est un grand «flanc mou» avec une casquette et des boutons, avachi sur un divan, qui mange du « fast food » et qui fait peu attention à l'ordre et au rangement dans la maison!

De leur côté, les ados ont probablement raison de se plaindre que leurs parents sont toujours sur leur dos, parce que ces derniers ont de la difficulté à comprendre qu'ils ne sont pas encore adultes, qu'ils sont en apprentissage, qu'il faut répéter certaines consignes avec la patience d'un ange... L'insatisfaction de papa et maman peut se traduire par de la colère, des accusations et un certain dénigrement.

Par exemple, imaginez un ado qui entre dans la maison et néglige de ranger ses souliers dans le placard pour la xième fois, même si sa mère lui demande régulièrement de le faire. Il se pourrait que sa mère entre en furie dans le salon, lui arrache la télécommande des mains, éteigne le téléviseur et lui lance :

« Espèce de traîneux et de paresseux! Tu laisses toujours traîner tes maudits souliers dans l'entrée. Tu ne fais jamais ce qu'on te demande de faire. On dirait que tu m'en veux et que tu fais exprès pour me mettre en colère! Si ça continue, je vais les jeter aux poubelles, tes foutues godasses! »

Et ça, c'est un scénario modéré... Imaginez la même mère qui vit cette situation après avoir été prise plus d'une heure dans un embouteillage!

Pourtant, l'agressivité et les accusations ne feront rien pour augmenter la crédibilité de la mère aux yeux de son ado, ni le respect que ce dernier aura pour elle, ni sa motivation à ranger ses souliers! Il ira probablement se réfugier dans sa chambre et téléphonera un ami pour lui dire à quel point sa mère « capote » pour rien!

Est-ce que cela veut dire que cette mère aurait dû passivement prendre les souliers de son garçon, les mettre dans le placard elle-même pour ensuite aller lui demander docilement ce qu'il aimerait manger pour souper, comme s'il était roi et maître dans la maison? Certainement pas!

Un parent peut toujours et même doit affirmer ses insatisfactions, le non-respect des règles, ses désaccords et ses différences d'opinions... à condition de le faire en parlant au « je ».

J'imagine que vous avez tous déjà entendu quelque part qu'il faut parler au « je »? Toutefois, je doute que tous savent exactement ce que cela veut dire. L'autre jour, j'ai entendu une mère dire à sa fille : « JE trouve que tu m'énarves! » Il y avait bel et bien un « je » dans la phrase, et je dirais même que dans son intonation, la mère avait accentué son « Je » pour être certaine de faire un message au « je ». Mais son message n'était toutefois pas un bon exemple de saine communication. Il était vague, ne précisait pas la raison de son irritation et était même blessant.

Parler au « Je », veut dire affirmer respectueusement son désaccord ou son insatisfaction par rapport au COMPORTEMENT de quelqu'un d'autre, sans accuser la personne dans son intégrité.

Donc, au lieu de vous contenter de mettre des « je » ici et là dans vos phrases, je vous suggère plutôt la recette suivante :

Quand...
Je me sens... (en voilà un, un « je »!)
Parce que...
J'aimerais que... (et voilà un « j' »... l'équivalent d'un autre « je »!)

Le « quand » sert à déterminer le comportement ou la situation qui vous a déplu, en évitant d'accuser la personne de n'être qu'une ceci ou une cela, ou de généraliser en disant qu'elle fait TOUJOURS ceci ou JAMAIS cela.

Dans l'exemple de la mère avec son fils, elle aurait pu dire :
« **Quand** tu laisses tes souliers dans le milieu de l'entrée de la maison... »

Ainsi, elle ne le traite pas de noms, elle ne dit pas qu'il fait toujours ceci ou jamais cela, ce qui aurait été faux de toute façon. Elle se contente de nommer une situation.

Ensuite, le « Je me sens » sert à nommer l'émotion que la situation a déclenchée en nous. Et personne ne peut nous contredire sur comment on se sent, parce que personne ne peut venir voir ce qui se passe dans notre tête ou dans notre cœur.

La mère aurait pu dire : « Quand tu laisses tes souliers dans le milieu de l'entrée de la maison... **Je me sens** en colère... »

Jusqu'à maintenant, l'ado ne peut pas vraiment dire que sa mère capote, parce que c'est vrai que ses souliers sont dans l'entrée. Il ne peut pas s'obstiner sur le fait qu'elle puisse ressentir de la colère, surtout si le langage non verbal de cette dernière est cohérent avec son message (lire ici que la mère a les sourcils froncés, une veine sur le front qui palpite et la boucane qui lui sort par les oreilles!).

Ensuite, le « Parce que » sert à exprimer comment nous avons interprété la situation. C'est cette même interprétation qui a amené l'émotion exprimée au « Je ».

Ainsi, la mère aurait pu dire :

« Quand tu laisses tes souliers dans le milieu de l'entrée de la maison... Je me sens en colère... **Parce que** ces temps-ci, j'ai l'impression que tu t'éloignes de moi, que tu te fous de moi et que tu fais exprès pour ignorer mes consignes... »

Là, il peut y avoir matière à discussion, car l'interprétation que nous faisons du comportement d'autrui peut être erronée et dépendre de nos états d'âme et de nos expériences antérieures avec cette personne.

L'ado aurait alors pu répondre à sa mère : « Tu capotes! Je suis peut-être distrait et j'oublie peut-être de ranger mes souliers, mais je ne me fous pas de toi et je ne fais pas exprès pour ignorer tes consignes! »

Oui, je vous le concède. Malgré mes techniques infaillibles, il se pourrait que votre ado vous dise que vous capotez! Mais si c'est pour vous rappeler qu'un ado est souvent distrait et qu'il ne faut pas prendre ses oublis sur le plan personnel, ce n'est pas si grave!

Enfin, le « J'aimerais que... » sert à formuler une demande claire, à proposer une alternative au comportement qui a déplu ou qui a été critiqué. Une critique est constructive seulement si elle est accompagnée de suggestions.

Dans l'exemple qui nous concerne, la mère aurait pu terminer son message en faisant la demande suivante à son ado :

« Quand tu laisses tes souliers dans le milieu de l'entrée de la maison... Je me sens en colère... Parce que c'est temps ci, j'ai l'impression que tu t'éloignes de moi, que tu te fous de moi et que tu fais exprès pour ignorer mes consignes...

J'aimerais que tu prennes l'habitude de ranger tes souliers dans le placard chaque fois que tu rentres à la maison, s'il te plaît. J'apprécie déjà que tu enlèves tes souliers avant d'entrer dans le salon, mais les mettre dans le placard ne te demande pas beaucoup plus d'effort. La maison aura l'air mieux rangée et cela évitera que la personne qui entre après toi trébuche sur tes souliers. »

Ici, non seulement la mère formule une demande claire, mais elle le fait poliment, en soulignant ce que son ado fait déjà de bien (il enlève ses souliers avant d'entrer dans le salon) et en expliquant la logique derrière ses attentes, ce qui prend en considération les récents acquis de son grand gars sur le plan cognitif!

En s'exprimant ainsi, elle augmente ses chances d'obtenir la collaboration et la bonne foi de son ado. Cela ne veut pas dire qu'elle n'aura pas à répéter sa demande. Les ados oublient parfois de respecter certaines consignes et font souvent répéter leurs parents pour plusieurs raisons :

- ils sont parfois fatigués (à cause de l'énergie physique que demandent leurs poussées de croissance ou à cause de manque de sommeil ou parce qu'en grandissant, leurs activités se multiplient plus vite que leur capacité à s'adapter à ce nouveau rythme!);
- comme les enfants, ils sont encore plus orientés vers le plaisir que vers les responsabilités. Il faut leur laisser le temps de prendre de la maturité avant de s'attendre à ce qu'ils soient totalement responsables, sans savoir à répéter les consignes;
- leur monde devient plus complexe et leur capacité à gérer plusieurs dossiers à la fois n'est pas encore parfaitement développée (ex. : les demandes de plusieurs profs du secondaire, les exigences reliées à l'entretien du réseau social, les exigences d'un nouvel emploi étudiant, les activités sportives ou culturelles, etc.).

Cette façon d'exprimer vos insatisfactions ou vos demandes ne fera pas nécessairement des miracles au niveau de l'exécution systématique de certaines tâches par votre ado, mais elle aidera sûrement à maintenir une certaine harmonie et un certain respect entre les membres de votre famille.

À l'aide de cette technique de communication, si vous affirmez respectueusement vos insatisfactions au fur et à mesure qu'elles surviennent, vous éviterez ainsi une accumulation de frustrations qui pourrait donner lieu à un éventuel « pétage de coche » ou ce qu'un professionnel comme moi devrait plutôt appeler une attaque verbale agressive.

Si vous et votre conjoint apprenez à vous exprimer ainsi, à formuler des messages affirmatifs plutôt qu'agressifs, votre ado apprendra progressivement à s'exprimer de la même manière, ce qui l'aidera dans ses relations avec vous, et avec toute autre personne à l'extérieur de la famille.

C'est un beau cadeau à lui faire et à vous faire...

Les conseils de famille

Même si vous venez d'apprendre une belle recette de bonne communication, cela ne veut pas dire qu'il sera facile de l'appliquer quotidiennement. Comprendre une technique expliquée dans un livre et savoir en faire un style de vie sont deux choses complètement différentes. C'est d'ailleurs la raison pour laquelle bien des psychologues sont des cordonniers mal chaussés!

Il pourrait y avoir des moments où vous vivrez plus de stress à votre travail ou dans votre vie personnelle. Il pourrait y avoir des moments où votre ado est plus difficile, parce que lui-même vit plus de stress à l'école ou dans sa vie personnelle. Cela peut augmenter la charge d'émotivité et contribuer à une moins grande capacité de votre part à utiliser le message affirmatif de façon automatique et spontanée.

Pour cette raison, je suggère souvent aux familles où il y a des ados, et particulièrement aux familles recomposées (qui ont encore un plus grand besoin de communiquer régulièrement), d'instaurer ce que j'appelle « un conseil de famille ».

Il s'agit de prendre le temps, de façon régulière, de s'asseoir en famille autour de la table et de faire le bilan des derniers jours à l'aide de la technique du message affirmatif.

Par exemple, ce conseil peut être tenu chaque dimanche pendant le souper familial. Cela peut se faire à n'importe quel moment, l'important étant que tous les membres de la famille soient présents.

Pendant la semaine qui précède le conseil, chaque membre de la famille doit mettre sur papier les points qu'il aimerait y aborder, et se préparer à les exprimer avec le « Quand... je me sens... parce que... j'aimerais que... ». Ces points peuvent être des conflits qui ont eu lieu durant la semaine, ou encore des situations qui ont donné lieu à des insatisfactions.

Pendant le conseil, on prend le temps de revenir sur ces points, mais avec plus de calme (le recul aidant) et en s'exprimant mieux. Le conseil peut également être une occasion de souligner les points positifs de chaque membre de la famille. Par exemple, une mère pourrait évoquer les récents progrès de sa fille par rapport au ménage de sa chambre, un père pourrait remercier son fils pour un service qu'il lui a rendu durant la semaine... et même les ados pourraient souligner ce qu'ils aiment chez leurs parents!

L'adolescence étant une période où plusieurs parents et ados se concentrent sur le négatif dans leur relation (ex. : il est toujours arrogant, elle est toujours sur mon dos), le conseil de famille pourrait donner l'occasion à chacun de se concentrer sur le positif. Car, oui, du positif, il y en a toujours. Il suffit de s'ouvrir les yeux! Prendre le temps d'identifier les choses positives vous aidera à relativiser l'adolescence de votre enfant qui, par conséquent, vous paraîtra moins longue et plus douce.

Le conseil de famille aide à résoudre les conflits rapidement au lieu de les laisser s'accumuler et de laisser les relations se dégrader. Les ados réalisent que même s'ils sont toujours sur leurs dos, leurs parents continuent de les aimer et de les admirer, profondément. Cela permet également aux parents de réaliser que certains conflits étaient dus à une simple saute d'humeur de leur adolescent, mais qu'ils n'avaient rien avoir avec la façon générale dont ce dernier les perçoit.

Bref, il s'agit d'une saine tradition familiale à établir, qui permet de compenser pour toutes les fois où appliquer de façon spontanée et automatique la technique du message affirmatif aura été plus difficile que de la lire dans ce livre et de la comprendre en théorie.

Dans un conseil, un des parents peut agir à titre de « président », et donnera la parole à chaque membre de la famille à tour de rôle. Il s'assurera que la façon de s'exprimer de chacun est respectueuse et constructive. Dans le cas contraire, le « président » invitera la personne un peu trop agressive à se reprendre en exprimant son message de façon plus adéquate. Les deux parents peuvent prendre le rôle de président en alternance. Mais au lieu de procéder à tour de rôle, il pourrait être décidé que c'est celui des deux qui a le moins de frustrations à exprimer ou le moins de sources de stress à gérer qui assumera le rôle de président, rôle qui demande d'être rationnel plutôt qu'émotif.

D'autres stratégies peuvent être utilisées lors des conseils telles que la résolution de conflit ou la résolution de problème. Les ados peuvent profiter de ce moment où tout le monde est ouvert à la communication pour formuler leurs demandes de permissions et de privilèges. Les parents peuvent alors dire qu'ils prendront quelques jours ou la semaine pour y penser avant de leur formuler leur décision avec la technique du message en « sandwich ». N'ayez crainte... toutes ces techniques feront l'objet des sections suivantes de ce chapitre.

Résoudre un conflit ou un problème

La résolution de problème et la résolution de conflit sont deux techniques distinctes, mais qui se ressemblent beaucoup.

Connaître la technique de résolution de problème pourrait vous être utile en tant que parent d'adolescent, car ce dernier aura besoin de votre soutien lorsqu'il vivra de nouvelles situations problématiques auxquelles il n'a encore jamais fait face. Vous vous souvenez que je vous ai déjà recommandé de tenter d'éviter de tomber dans le piège de faire la morale ou de donner des solutions toutes faites à votre ado lorsqu'il se confie à vous. À quelques reprises, dans ce livre, je vous ai plutôt suggéré de l'orienter vers la recherche de ses propres solutions.

Lorsque vous aurez à le faire, ayez en tête ces différentes étapes afin de guider votre ado dans cette recherche de solutions.

Étape	Ce qu'il faut faire
Identifier le problème	À première vue, il semble évident que pour résoudre un problème, il faut bien l'identifier... mais ce n'est pas toujours si facile à faire! Dans certains cas, les ados identifieront très bien les conséquences d'un problème, mais éprouveront des difficultés à en trouver la source. Par exemple, il pourrait croire que le problème, c'est que son ami oublie toujours de lui rendre un objet qu'il lui a prêté, alors que le problème, c'est peut-être qu'il n'ose pas s'affirmer et qu'il ne lui a jamais demandé de lui remettre! Vous êtes là pour l'aider à réfléchir aux causes possibles d'un problème.
Dresser une liste des solutions possibles	À mon avis, cette étape est la plus amusante et elle est celle qui demande le plus de créativité. Une fois que le problème et sa source ont été bien identifiés, il faut trouver toutes les solutions possibles et imaginables pour résoudre le problème. Vous devez l'encourager à générer ses propres solutions au lieu de vous débarrasser en lui proposant la vôtre. À cause de son immaturité et de son manque d'expérience, votre ado pourrait tergiverser en proposant toutes sortes de solutions qui vous paraîtront inadéquates, mais rassurez-vous. Il ne s'agit que d'énumérer des solutions, et non de faire un choix définitif! Si, après un bon moment d'efforts, votre ado n'a pas encore eu l'idée de la solution que vous avez à l'esprit, vous pourriez lui demander s'il est intéressé à savoir ce que vous avez à lui proposer.
Peser les « pour » et les « contre » de chaque solution	À cette étape, votre ado doit évaluer les conséquences possibles de chacune des solutions qu'il aura trouvées (avec votre aide), et déterminer les avantages et les inconvénients qu'elles comportent. Il apprend ainsi à être moins impulsif et à réfléchir aux conséquences à moyen et long terme de ses gestes. Grâce à la lecture du chapitre sur le développement du cerveau, vous savez que le cerveau des ados continue de se développer, particulièrement leur capacité de jugement, de raisonnement et de planification. Cette étape de la résolution de problèmes est donc une excellente occasion de stimuler le développement de ces nouvelles capacités! Elle peut être faite verbalement ou mentalement, mais les

	suite... premières fois, il sera peut-être plus facile de faire l'exercice sur papier, avec une colonne des « pour » et une des « contre » pour chaque solution trouvée.
Faire un choix de solution et l'appliquer	Une fois les « pour » et les « contre » identifiés pour chaque solution, le choix deviendra beaucoup plus facile pour votre ado. Il faudra ensuite l'appliquer. Pour vous assurer qu'il soit proactif plutôt que passif, vous pouvez l'aider à planifier l'application concrète de sa solution en lui posant des questions :« Je suis très fière que tu aies trouvé une solution, quand comptes-tu agir? Quels sont les obstacles qui pourraient te nuire dans ta solution? Vois-tu des façons de les éviter ou de les contourner? »
Évaluer le résultat	Faites un suivi! Invitez votre ado à vous parler des résultats de l'application de sa solution. Est-ce que tout a fonctionné comme il l'avait planifié? A-t-il eu des surprises? Quel apprentissage en retire-t-il? S'il ne désire pas en parler, n'insistez pas, surtout si le sujet du problème concernait sa vie intime. Mais le fait que vous démontrez un intérêt confirme à votre ado qu'il peut compter sur vous et que vous êtes là pour lui.

Les enfants et les ados de votre famille étant invités à soumettre leurs problèmes au conseil de famille, tous les membres peuvent participer à la recherche de solutions, et les plus jeunes peuvent profiter des expériences et des apprentissages des plus vieux. Mais attention! Pour certains problèmes, votre ado préférera peut-être une discussion seul à seul avec vous, et il faudra respecter cette préférence au risque de perdre sa confiance en vous,

La résolution de conflit est une autre technique qui pourra vous aider dans votre relation avec votre ado, avec votre conjoint et même avec vos collègues de travail. Pendant un conseil de famille, si une dispute éclate entre deux personnes, le président pourra les amener à utiliser la technique détaillée dans le tableau suivant.

Étape	Ce qu'il faut faire
Être calme...	Pour pouvoir résoudre un conflit de façon efficace, il faut que le niveau de colère des deux personnes en conflit soit redescendu à un niveau qui permet une saine communication. Si un essai de résolution de conflit dégénère en escalade d'insultes et d'accusations, vaut mieux interrompre la tentative et se retirer chacun de son côté pour se calmer.
Exposer le problème et identifier sa cause	Comme c'est le cas pour la résolution de problème, un conflit ne peut être résolu si sa cause n'est pas déterminée. La personne frustrée d'une situation peut en parler en utilisant la technique du message affirmatif (quand..., je me sens..., parce que..., j'aimerais que...).
Écouter l'autre sans l'interrompre	Ici, c'est la technique de l'écoute active, déjà vue au chapitre 9, qu'il faut appliquer. On doit regarder l'autre dans les yeux et l'écouter pendant qu'il exprime sa frustration, même si on n'est pas d'accord à 100 % avec ce qu'il dit (c'est ça la partie la plus difficile). On doit utiliser des signes non verbaux pour démontrer qu'on comprend ce qu'il nous dit (ex. : hocher la tête). On peut ensuite répéter dans nos propres mots ce que l'on comprend de son point de vue. Enfin, si certaines parties de son message échappent à notre compréhension, il n'est pas interdit de poser des questions pour l'aider à s'exprimer mieux ou davantage.
Identifier les points sur lesquels les deux personnes s'entendent, et les points qui nécessitent la recherche d'une solution ou d'un compromis	Identifier des points sur lesquels on s'entend peut sembler banal, non nécessaire et même une perte de temps lorsqu'on veut rapidement résoudre un conflit, mais cette étape peut servir à diminuer la colère contre l'autre, à percevoir la bonne foi chez chacun et à réaliser que tous les deux sont motivés à se réconcilier. Identifier les points qui nécessitent la recherche d'une solution correspond à la première étape de la technique de résolution de problème.
Dresser la liste des solutions	Comme dans la technique de résolution de problème, les deux personnes en conflit peuvent dresser une liste de solutions pour chaque point de leur mésentente. Ensuite, ils pourront évaluer les « pour » et les « contre » de chacune des solutions.

Choisir une solution	Après avoir évalué les avantages et les inconvénients de chaque solution trouvée, les deux personnes doivent faire le choix d'une solution qui convient aux deux, et ensuite déterminer où, quand et comment elle sera mise en pratique.

Ces techniques font un peu « recettes » et ne semblent pas très naturelles lorsque nous les utilisons les premières fois. Mais c'est en les appliquant le plus souvent et le plus régulièrement possible que nous les faisons nôtres (en passant, un conseil de famille permet de se « forcer » à les appliquer régulièrement), que nous les adaptons à notre personnalité et qu'elles deviennent ainsi plus naturelles.

C'est un peu comme apprendre à conduire une voiture manuelle. Au début, c'est ardu, on doit réfléchir à tous les mouvements que nous devons faire pour chaque changement de vitesse. À quelques reprises, on peut manquer notre coup et le moteur « étouffera ». On doit redémarrer et recommencer. Mais à force de les répéter, nos mouvements finissent par devenir presque des automatismes... Ce savoir-faire finit par devenir si consolidé que les personnes qui savent conduire une voiture manuelle ont parfois de la difficulté à expliquer ce qu'il faut faire lorsqu'elles tentent d'enseigner ce type de conduite à quelqu'un qui a toujours conduit une voiture automatique.

Apprendre ces techniques devrait être un préalable pour les parents d'ados, car l'adolescence est souvent une période où les problèmes et les conflits dans la famille augmentent. Je sais que je vous ai déjà dit qu'ils étaient généralement faibles en termes d'intensité, mais s'ils reviennent quotidiennement et qu'ils ne sont jamais vraiment résolus, l'ambiance familiale peut devenir très difficile.

Votre adolescent élargit son réseau social et sa vie à l'extérieur de la famille se complexifie graduellement (relations amoureuses, premiers patrons, professeurs multiples, etc.). Utiliser ces techniques en famille ne peut qu'avoir du bon pour lui, puisqu'il pourra ensuite les apprendre et les utiliser dans toutes ses relations interpersonnelles et tout au long de sa vie!

Le message en « sandwich »

Vous avez déjà appris les principales techniques de communication. Les autres techniques que je pourrais expliquer ou que vous pourriez retrouver dans d'autres livres risquent d'être des variations sur le même thème, en ce sens qu'elles respecteront probablement les mêmes grands principes que l'écoute active, le message affirmatif, la résolution de problème et de conflit. Je pourrais donc m'arrêter ici, mais une auteure américaine, Mary Pipher, a recommandé une technique qui m'a beaucoup plue dans son livre *The Shelter of Each Other: Rebuilding our Families.* Il s'agit du « message en sandwich », qui aide à transmettre vos inquiétudes, vos valeurs et même vos critiques d'une façon qui favorisera l'écoute de votre ado et évitera une attitude défensive de sa part.

Le message en sandwich consiste à enrober la partie de votre message la plus difficile à accepter par votre ado (inquiétude de votre part, valeur à respecter, désaccord, critique) autrement dit la viande du sandwich, par deux affirmations positives qui expriment l'amour et la confiance que vous avez en lui... les deux tranches de pain.

Ainsi, à sa fille qui vient de lui demander si elle peut se faire percer le nombril et qui lui a montré plusieurs photos ainsi qu'un article de journal dans lequel on stipule que ce n'est pas nécessairement dangereux, une mère pourrait répondre :

La première tranche de pain :
« Je dois avouer qu'un perçage au nombril peut être joli et féminin. J'apprécie que tu aies pris le temps de t'informer, de m'en parler et de me découper cet article pour que je sois mieux informée. Je suis fière de ta capacité à t'informer et à donner des arguments! Cela démontre que tu es une fille responsable et intelligente! »

Ici, la mère commence son message par une affirmation positive en démontrant qu'elle comprend que sa fille puisse être intéressée par un perçage. Elle reconnaît également les efforts que sa fille a su déployer pour faire connaître son point de vue. S'informer et savoir donner des arguments en faveur de notre opinion sont des qualités, même si c'est pour atteindre un but que vous n'êtes pas nécessairement prêt à approuver!

En commençant son message de façon si positive, elle augmente ses chances que les oreilles de sa fille soient ouvertes pour entendre la partie moins positive du message.

La viande:
«Je demeure inquiète par rapport au temps qu'il faut pour la guérison, et par rapport aux risques d'infection. De plus, j'ai peur que tu le regrettes si tu n'aimes plus ça dans quelques mois. J'aimerais avoir plus de temps pour y penser avant de te donner la permission.»

Ici, la mère exprime les aspects les plus déplaisants de son message pour son ado. Il y est question d'inquiétudes de parents, de possibilité de regret et de délai... Pas facile à accepter! Une chance que la mère a commencé par démontrer sa confiance en son sens des responsabilités! Une chance également qu'elle s'est exprimée au «Je», d'une façon qui n'est pas accusatrice.

Mais idéalement, avant de terminer son message, elle devrait y ajouter un dernier élément positif.

La deuxième tranche de pain:
«Qu'en dirais-tu si nous en discutions à nouveau juste avant la fin des classes? Cela me donnera plus de temps pour évaluer la question, et toi-même tu auras plus de temps pour y réfléchir et même peut-être demander à tes amis ce qu'ils en pensent. J'ai confiance que ce temps nous permettra de prendre une meilleure décision.»

Ici, la mère termine son message positivement en disant qu'elle sera prête à en rediscuter dans un délai pas trop long. Elle profite de l'occasion pour apprendre à sa fille à réfléchir un peu plus longtemps avant de prendre une décision si définitive et elle l'oriente vers son groupe d'amis. Cela permet à sa fille de constater qu'elle ne se considère pas comme possédant la vérité, simplement parce qu'elle est une adulte. Enfin, elle termine son message en disant qu'elle a confiance en l'avenir!

J'entends certains d'entre vous penser: «Oui mais, cela ne fait que reporter le problème à plus tard. La mère aura toujours une décision à prendre par rapport au perçage et sa fille reviendra à la charge à la fin des classes».

Rappelez-vous que plus il grandit, plus vous perdez le contrôle sur les comportements de votre ado. Le fait est que si la fille le veut vraiment, son perçage, elle finira bien par l'avoir un jour... quitte à le faire faire en cachette! Mais vous savez maintenant trois choses qui peuvent rendre le message de cette mère logique à vos yeux.

1- À défaut d'avoir le plein contrôle sur les comportements et les choix de votre ado, vous avez toujours un pouvoir d'influence sur lui.
2- Pour avoir cette influence sur lui, il faut maintenir une relation de confiance avec lui.
3- Les ados sont en quête d'identité et peuvent souvent changer d'idées, de « looks », et d'amis!

En soulignant les aspects positifs chez sa fille, la mère nourrit le lien de confiance qui les unit. En lui parlant des inquiétudes qu'elle a par rapport aux conséquences d'un perçage, elle peut espérer avoir une influence sur sa façon de prendre des décisions, notamment en prenant le temps de s'informer et de réfléchir davantage avant d'agir. Enfin, en se donnant un délai avant de donner sa décision finale, la mère peut espérer que sa fille en quête d'identité aura changé d'idée par rapport au perçage! Qui sait, peut-être que juste avant la fin des classes, sa fille sera dans une période où elle croira que les perçages, c'est tellement « out »!

Mais ici, le but n'est pas de vous donner une solution toute faite au cas où votre ado vous demanderait la permission de se faire percer le nombril! Il ne s'agit que d'un exemple pour illustrer le message en « sandwich ».

Prenons un autre exemple. Celui d'un père qui a reçu un message d'un professeur qui se plaint que son garçon ne remet pas ses devoirs.

La première tranche de pain :
« Je sais que tu veux de plus en plus de responsabilités et d'autonomie, et le fait que je sois sur ton dos par rapport à tes devoirs peut te faire croire que je ne te fais pas confiance. C'est important qu'il y ait de la confiance entre nous et je vais faire des efforts pour être moins sur ton dos et te démontrer ainsi ma confiance ».

La viande :
« Je ne peux m'empêcher de m'inquiéter que tes devoirs soient incomplets ou qu'ils ne soient pas remis, parce que je viens de recevoir un appel d'un de tes profs. Ne pas faire tes devoirs pourrait affecter tes résultats scolaires et avoir des conséquences fâcheuses pour toi. Tu pourrais échouer, devoir suivre des cours d'été, te décourager de l'école... »

La deuxième tranche de pain :
« Tu as toujours été un bon élève et tu es habituellement travaillant. J'ai confiance que tu prendras ce commentaire de ton prof au sérieux et que tu feras des efforts pour remettre tes devoirs. »

Ici, après un premier avertissement d'un prof, le parent décide de donner une seconde chance à son fils de lui prouver qu'il peut lui faire confiance et qu'il est responsable. Il lui transmet des valeurs saines sur la confiance dans une relation et il le met en garde contre les conséquences (naturelles) d'une baisse de résultats scolaires. Ensuite, il invite son fils à faire preuve d'un peu plus de sens des responsabilités, en échange d'être moins sur son dos, ce qui est sûrement une importante source de motivation pour bien des ados.

Cette façon de faire peut être plus difficile et moins naturelle que le réflexe de bien des parents de faire des reproches, de vouloir contrôler, de faire la morale, mais ce sont des efforts bien investis puisque cela permet de préserver la confiance dans la relation, le pouvoir d'influencer votre ado et la bonne communication.

C'est sur cette note que se termine cette deuxième partie du livre... Même après l'avoir lue attentivement, il vous reste encore des questions par rapport à certaines situations spécifiques qui pourraient survenir? N'ayez crainte... vous y trouverez probablement réponse dans la partie suivante du livre.

Partie III

comment réagir face aux situations les plus inquiétantes chez votre ado

Il est possible qu'en se procurant ce livre, certains d'entre vous aient sauté directement à cette partie pour obtenir immédiatement des solutions à leurs inquiétudes les plus fortes en tant que parents d'ado! Depuis que j'exerce ma profession et que je travaille avec des parents, j'ai pu réaliser à quel point ces derniers sont à la recherche de trucs concrets pour résoudre les problèmes qu'ils vivent dans leur quotidien en famille.

Même si cette partie du livre a été écrite afin de répondre à ce grand besoin, je crois que les solutions aux plus grands problèmes de l'adolescence se trouvent dans la prévention (lire ici « commencer à bien jouer son rôle de parent dès la petite enfance »), dans la bonne foi et dans la recherche d'une attitude parentale générale qui vise le développement de l'estime de soi et qui favorise le respect entre les membres d'une même famille. Mais quand je parle en des termes si généraux, la plupart des parents me disent : « Oui mais moi, quand mon ado fait ceci ou cela, je fais quoi concrètement? »!

Donc, je crois que donner des trucs concrets peut tout de même aider de nombreux parents confrontés à des situations particulières. Toutefois, si vous avez lu d'autres auteurs ayant écrit des livres sur les ados, attendez-vous à ce que mes conseils contredisent certains des leurs dans les prochains chapitres. En effet, quand il est question de grandes théories générales du genre : « Il est important de favoriser l'estime de soi chez les enfants », la plupart des experts s'entendent. Par contre, quand ces experts commencent à expliquer comment mettre en pratique ces théories, c'est à ce moment qu'ils ne s'entendent plus!

Ainsi, les conseils que je prodiguerai dans les prochains chapitres se basent sur de grandes théories et aussi sur mon expérience professionnelle et même personnelle avec les ados. J'y ai mis tout mon cœur et mes convictions, mais vous êtes libre de ne pas être d'accord avec moi, car avant de tenter d'élever votre ado avec ce livre comme on tente de faire un gâteau avec un livre de recettes, vous devez d'abord tenter d'utiliser votre propre jugement et la connaissance que vous avez de VOTRE enfant, qui est unique.

Vous devez également comprendre ce qu'est un adolescent et comment le rôle d'un parent se transforme lorsque son enfant atteint la puberté. Pour ça, il faut avoir lu les parties précédentes du livre! Commencez le livre par la présente section si le cœur vous en dit, et tant mieux si vous trouvez immédiatement réponse à votre question, mais il est possible qu'une meilleure harmonie dans votre famille et la prévention d'autres problèmes passent par une compréhension plus générale de l'adolescence.

Les sections de la troisième partie sont relativement courtes et visent surtout à vous suggérer les premières réactions à adopter en cas de problème spécifique. Dans les faits, chaque problème abordé dans cette partie aurait pu faire l'objet d'un livre en soi! Il est donc possible que ma réponse à une de vos questions ne soit que partielle et qu'elle inclue la possibilité de consulter ou de lire un autre livre dont le contenu sur le sujet est plus complet. Si c'est ce que vous comptez faire après la lecture du chapitre qui vous concerne, vous trouverez dans les dernières pages une liste de ressources auprès desquelles vous pourrez obtenir de l'aide, ainsi que des suggestions de lectures supplémentaires.

Je souhaite du plus profond de mon cœur que le contenu de ce livre vous aide à traverser l'adolescence de votre enfant sans que vous n'ayez besoin de ces ressources, mais si jamais vous vous sentiez pris dans un cercle vicieux, n'hésitez pas à chercher de l'aide... Certaines croient que lorsque des parents consultent pour leur enfant, c'est signe que ce sont de mauvais parents. Mais, par expérience, je peux vous dire qu'habituellement, ce sont des parents humbles, de bonne foi et qui ont à cœur le bien-être de leur enfant.

Un choix d'amis peu recommandables

Une des inquiétudes les plus fréquentes chez les parents d'adolescents, c'est la crainte qu'il ne commence à fréquenter des amis peu recommandables, des jeunes ayant un « look » vestimentaire bizarre, qui ont des valeurs opposées à celles des parents, des décrocheurs, des délinquants ou des drogués.

Mais ce n'est pas seulement depuis l'adolescence que votre enfant subit d'autres influences que la vôtre. Dès son entrée au CPE ou en garderie en milieu familial, il côtoie sur une base quotidienne des enfants qui peuvent être différents de ce que vous voulez qu'il devienne. J'ai déjà rencontré des parents dont l'enfant auparavant très doux et très sage a commencé à manifester des comportements agressifs après avoir observé des amis de la garderie. Mais à trois ans, c'est moins inquiétant qu'à l'adolescence. Les parents sont à ce moment des héros aux yeux de leur enfant et demeurent leur modèle principal. Un peu de discipline à la maison en cherchant une cohérence avec la discipline qui se fait à la garderie suffit habituellement pour que l'attitude naturelle de l'enfant revienne.

À l'adolescence, vous êtes toujours un modèle important pour votre enfant, mais il le laisse moins paraître! Son arrogance, sa façon de se moquer de votre style vestimentaire, ses yeux qui se lèvent au ciel lorsque vous lui parlez de valeurs morales sont tous des signes qui peuvent vous faire croire que vous n'avez plus d'influence sur lui. Mais ce n'est qu'une illusion.

Plus la relation entre un ado et son parent est positive, empreinte de respect et de dialogue, plus l'influence de celui-ci reste importante. Dans sa quête d'identité, l'ado pourrait tout de même vouloir faire « l'essai » de fréquentations différentes et aux valeurs variées, mais ce sera souvent pour mieux revenir aux valeurs de ses parents en qui il a confiance. C'est comme lorsqu'on fait l'essai d'un vêtement dans une boutique. Essayer un vêtement ne veut pas dire que nous allons automatiquement l'acheter. Parfois, c'est en essayant un style différent que l'on se confirme que nous sommes mieux avec le style que l'on avait avant!

Les chapitres 9 et 12 du livre peuvent vous aider à maintenir une relation de confiance avec votre ado et ainsi garder la possibilité de l'influencer positivement.

Si une lutte de pouvoir s'installe entre vous et votre ado au sujet de ses fréquentations que vous jugez inadéquates, votre influence sur lui risque de diminuer au profit de l'influence de ses amis... incluant ceux qui sont peu recommandables!

Mais tout cela ne vous dit pas comment agir si fiston ou fillette arrive un jour à la maison avec un nouvel ami qui ne vous inspire pas confiance. Voici, à mon avis, les meilleures attitudes à adopter:

- ne pas paniquer et surtout, ne pas tomber dans le piège d'interdire à votre ado de fréquenter cet ami;
- discuter calmement avec votre ado, en commençant par

reconnaître son besoin de se faire de nouveaux amis;
- reconnaître que fréquenter des personnes différentes peut être intéressant et même, enrichissant;
- souligner si possible une qualité que vous auriez pu remarquer chez le nouvel ami de votre ado. Il est possible que la seule qui vous vienne en tête soit son « petit côté différent »!
- poser des questions pour permettre à votre ado d'exprimer son point de vue :
  - Comment et où as-tu fait la connaissance de cet ami?
  - Depuis quand le côtoies-tu?
  - Quelles sont les qualités de cette personne?
  - Qu'est-ce que cette relation t'apporte?
  - Est-ce que cet ami a parfois des attitudes qui te déplaisent ou avec lesquelles tu te sens mal à l'aise?, etc.
- exprimer vos inquiétudes en reconnaissant qu'il est possible que votre première impression sur cette personne soit exagérée. Dites-lui que si vous vous inquiétez, c'est parce que vous l'aimez et que vous avez à cœur son bien-être. Reconnaissez qu'il arrive à un âge où vous avez moins de contrôle sur sa vie et qu'il doit apprendre à faire ses propres choix, mais qu'il n'est tout de même pas encore un adulte et que votre rôle de parent est de l'avertir si vous croyez qu'il s'oriente dans une mauvaise direction.

Après avoir eu cette discussion avec votre ado, plusieurs scénarios sont possibles;

- il pourrait continuer à fréquenter cet ami pour ensuite s'apercevoir que vous aviez raison et qu'il ne se sent pas bien dans cette relation, qui finira par se « dissoudre » graduellement ou même abruptement;
- il pourrait continuer à le fréquenter et vous pourriez alors apprendre à mieux connaître cet ami et ainsi réaliser que vous vous étiez trompé sur son compte. Dans ce cas, il serait bon d'avoir une nouvelle discussion avec votre ado au cours de laquelle vous reconnaîtrez humblement avoir mal jugé celui-ci. Vous pourriez ensuite dire que cela vous prouve que vous devriez faire plus confiance en son jugement;
- malheureusement, il est possible que, bien que vous ayez eu raison au sujet de cet ami et qu'il soit réellement peu recommandable, votre ado décide de continuer à le fréquenter quand même. Dans ce cas, il vous reste l'espoir qu'il sache faire la part

des choses et apprécier les bons côtés de cette personne sans se laisser influencer par sa partie disons... plus ombrageuse;
- dans le cas où il se laisserait influencer et qu'il commencerait à avoir de mauvais comportements, il faudra que vous fassiez respecter l'encadrement que vous aurez préalablement établi. Le non-respect des règles devra avoir des conséquences naturelles (ex.: s'il commet un vol à l'étalage, la conséquence naturelle serait qu'il se fasse arrêter par la police) ou logiques (ex.: si vous vous apercevez qu'il a volé un commerçant et qu'il ne s'est pas fait arrêter, vous pourriez exiger qu'il remette ce qu'il a volé au propriétaire en s'excusant et en offrant de l'aider pour une fin de semaine). Après avoir dû vivre quelques conséquences de la sorte, il est fort probable que votre ado revienne dans le droit chemin et abandonne cette relation qui lui cause des problèmes. Si ce n'est pas le cas et que, malgré les conséquences, il adopte de plus en plus de comportements délinquants, il sera temps de consulter.

La contraception: elle veut la pilule

Premièrement, ce n'est pas parce que votre ado désire avoir accès à un moyen de contraception qu'il s'apprête à avoir sa première relation sexuelle. Cela peut simplement vouloir dire qu'il est conscient que le moment où il sera prêt peut être difficile à prévoir et qu'un désir spontané est possible. En fait, qu'il aille à vous pour l'aider à ce sujet signifie deux choses.

1. Il vous fait confiance et souhaite que vous le guidiez pour éviter de faire une «erreur de jeunesse».
2. Il est prévoyant et ne veut pas vivre les conséquences d'un acte qui pourrait être impulsif.

C'est pour ces deux raisons que je suis toujours surprise lorsque des parents me disent en paniquant que leur enfant veut un moyen de contraception. Comment auraient-ils réagi si leur fille avait omis de prévoir un moyen de contraception et leur avait annoncé qu'elle est enceinte? Seraient-ils morts d'une crise cardiaque?

Blague à part, si cette demande fait paniquer bien des parents, c'est parce qu'envisager sa sexualité crée souvent un malaise en eux. Un peu comme lorsque l'on pense à la sexualité de nos propres parents...

De plus, l'éveil de la sexualité d'un ado symbolise son autonomie, son détachement de ses parents, le développement d'une sphère intime de sa vie sur laquelle les parents n'ont pas vraiment de contrôle. Bref, pour bien des parents, la demande de la pilule anticonceptionnelle est souvent synonyme de perte de contrôle, d'où le sentiment de panique!

De toute façon, peu importe votre attitude par rapport à la sexualité de votre ado, sachez qu'à partir de 14 ans, la loi lui permet de consulter n'importe quel professionnel de la santé sans ses parents, et dans la confidentialité la plus totale. Donc, à partir de 14 ans, si votre fille est un peu débrouillarde et qu'elle connaît ses droits, il se pourrait qu'elle ait déjà une prescription de pilules anticonceptionnelles sans même que vous ne le sachiez. D'ailleurs, cette loi existe probablement pour éviter que la peur de parler à leurs parents n'empêche certains ados de se protéger, de se faire avorter ou de faire soigner certaines maladies gênantes à dévoiler.

Alors, si votre ado prend son courage à deux mains pour vous faire cette demande, soyez fier de sa prévoyance et du fait que le lien entre vous soit assez bon pour qu'il vous laisse le guider dans cette partie intime de sa vie.

Je vous suggère de le traiter avec respect, de l'informer, de lui partager vos inquiétudes et de le soutenir dans sa démarche. Autrement dit :

- si votre première réaction en est une de surprise et de panique, prenez le temps de vous calmer avant de parler à votre ado. Excusez-vous ensuite pour votre première réaction un peu exagérée en lui disant qu'il est normal que la sexualité d'un ado soit un peu paniquante pour un parent;
- félicitez votre ado pour sa prévoyance et son sens des responsabilités. Le fait qu'il songe à sa première relation sexuelle à un âge un peu précoce selon vous est probablement moins pire que s'il vous arrive en disant qu'il sera bientôt papa ou qu'elle sera bientôt maman;
- dites-lui que vous êtes heureux qu'il vous fasse confiance et confirmez que vous êtes prêt à le soutenir;
- validez ses émotions, en disant qu'il est normal qu'il soit curieux par rapport à la sexualité, qu'il ressente des papillons dans le ventre lors de ses premiers baisers. Il se sentira compris;
- parlez-lui des risques reliés à la sexualité. S'il parle d'un moyen

de contraception, c'est qu'il est conscient des risques de grossesse non désirée. Concentrez-vous plutôt sur les autres risques et leurs moyens de prévention : les infections transmises sexuellement (l'utilisation du condom) et les abus sexuels (refuser fermement et sans hésitation tout attouchement créant un malaise, et s'en aller en cas de non-respect du refus);

- parlez-lui de son droit de consulter en toute confidentialité (s'il a 14 ans et plus) et dites-lui que vous pouvez tout de même l'accompagner chez le médecin s'il le désire. Laissez-le décider de son niveau d'autonomie dans sa démarche.

Bref, une demande de contraception de la part d'un ado n'est pas vraiment un problème. C'est peut-être même une grande chance qui se présente à vous! Le véritable problème, ce pourrait être une réaction de panique de votre part (sans que vous fassiez des excuses par la suite) ou votre refus de l'aider, réactions qui détérioreraient le lien de confiance entre votre ado et vous. Dites-vous que de toute façon, sa première relation sexuelle arrivera un jour, tôt ou tard. Je sais bien que vous souhaiteriez que ce soit à 25 ans... mais ce n'est malheureusement pas de votre ressort!

Les substances illégales : j'ai trouvé des drogues dans sa poche de pantalon

Laissez-moi vous dire qu'idéalement, il faudrait avoir eu une discussion à ce sujet avec votre ado AVANT qu'une telle situation ne survienne! Certains parents croient que parler de drogue avec leur ado pourrait avoir pour effet de tenter le diable! Mais je suis d'avis que l'information JUSTE est la meilleure prévention.

Remarquez que j'ai mis l'accent sur le mot « juste », et ce n'est pas pour rien... Beaucoup de parents prévoyants et de bonne foi tentent d'avoir cette discussion avec leur ado, mais en ayant un discours moralisateur et alarmiste : « Si tu fumes un joint une seule fois, tu voudras ensuite en fumer tous les jours, puis ensuite, ce ne sera pas assez et tu voudras des drogues plus fortes. C'est alors que tu tomberas dans l'enfer de la drogue, que tu n'auras plus d'argent, que tu brûleras les cellules de ton cerveau, que tu deviendras toxicomane et que tu vivras dans la rue! »

Bon d'accord, j'exagère peut-être un peu mon exemple, mais la caricature a l'avantage de créer une image claire dans votre tête de ce qu'il ne faut pas faire en plus de vous faire rire un peu!

Votre ado a probablement quelques amis qui ont déjà fait l'essai d'un joint ou deux, et qui continuent d'aller à l'école, de respecter leurs parents, de faire des sports et de vouloir avoir un jour une belle carrière, une belle maison, des enfants, un VUS et un golden retriever! Si c'est le cas, un discours alarmiste et faux sur les drogues vous discréditera à ses yeux. Il pourrait ne pas écouter votre message, même s'il comporte certaines informations véridiques. C'est comme jeter le bébé avec l'eau du bain!

Pour informer votre ado sur les risques de la consommation, donnez-lui des informations valides. Une excellente ressource pour obtenir ces informations est l'organisme suivant :

▪ **Drogue : aide et référence**
514 527-2626
1 800 265-2626
www.drogue-aidereference.qc.ca

Si vous trouvez une substance qui vous est inconnue dans la poche de pantalon de votre ado avant de faire la lessive, vous pouvez faire appel à cet organisme. On vous aidera à identifier de quelle substance il s'agit et l'on vous informera sur ses effets et son potentiel de dépendance.

Idéalement, vos premières réactions devraient être les suivantes :

- ne pas tenter d'identifier vous-même le problème de substance de votre ado. Est-ce qu'il s'agit d'essais occasionnels, d'abus réguliers ou de dépendance? Seule une évaluation faite par un professionnel pourrait le déterminer. Pour le moment, vous n'en êtes pas encore là;

- ne pas paniquer, ni banaliser la situation. Il faut être lucide. Si vous ne connaissez pas la substance trouvée ou les risques qui y sont associés, contactez l'organisme Drogue : aide et référence de manière à bien vous préparer à la discussion que vous aurez avec votre ado et ainsi avoir un discours crédible;
- veiller à « confronter » votre ado au fait que vous avez découvert la substance. Sans présumer qu'il en est dépendant ou qu'il en fait la vente, sans devenir trop émotif, dites-lui comment vous vous sentez par rapport à cette découverte que vous venez de faire. Vous allez sûrement lui parler d'inquiétudes, de perte de confiance, mais assurez-vous qu'il comprenne bien votre message. Votre but ultime est de l'aider à faire de meilleurs choix parce que vous l'aimez;
- lui donner la chance de s'exprimer. Il est probable qu'il se mette à banaliser la situation en disant qu'il n'a fait que quelques essais ou encore que tous ses amis le font. Dans ce cas, vous pourriez lui dire qu'il a peut-être raison, même qu'il peut être normal d'être curieux et de vouloir faire des essais, mais que les expérimentations comportent également des risques, et qu'en tant que parent, vous ne pouvez faire autrement que de le mettre en garde, de l'informer;
- une fois qu'il se sera exprimé, bien établir deux choses :
  - ce que vous êtes prêt à faire pour l'aider et le soutenir si jamais il vous avouait qu'il a un problème;
  - les limites que vous devrez lui imposer, étant donné qu'il consomme. Par exemple, vous pourriez lui dire que, quoi qu'il fasse à l'extérieur de la maison, il n'est pas question que ce genre de substance se retrouve sous votre toit. Il est également possible que vous ne vouliez plus prêter votre voiture à quelqu'un qui risque d'avoir les facultés affaiblies par une substance. Bref, à part le fait de le soutenir s'il veut se sortir d'un problème de dépendance, vous n'avez pas à subir les conséquences de SA consommation. Si un réel problème d'abus ou de dépendance existe et qu'il n'est pas motivé à s'en sortir, il faudra vous en protéger.

Les gadgets électroniques : quand ils nuisent aux activités familiales

L'ordinateur, les messages textes sur téléphone cellulaire (textos) et les jeux vidéo répondent aux besoins de socialisation et de divertissement des ados. Ces besoins existaient chez les jeunes bien avant l'apparition de tous ces gadgets électroniques. Même les plus « technonuls » parmi vous ont déjà dû faire rager leurs parents, à une époque pas si lointaine où les familles qui possédaient un ordinateur personnel étaient rares. Soyez honnête! N'avez-vous pas eu des conflits avec vos parents en ce qui concernait vos heures passées au téléphone ou devant la télé? Vos parents ne se sont-ils jamais plaints du flânage de groupes d'ados dans les centres commerciaux ou devant les dépanneurs? Il s'agit du même phénomène, mais qui s'exprime différemment.

Certains parents sont eux-mêmes technophiles et ne donnent pas nécessairement le bon exemple. J'ai déjà rencontré un père qui me demandait comment limiter les heures que son fils passait devant les jeux vidéo, pour ensuite apprendre par ce fils que le père passait une grande partie de ses soirées sur Internet.

L'important, c'est que ces outils électroniques répondent aux besoins de la famille (recherche, travaux scolaires, socialisation, divertissement) sans devenir des sources de conflits et sans que personne n'en devienne esclave.

C'est le rôle des parents :

- d'être eux-mêmes de bons modèles en faisant attention à leur propre utilisation de ces outils;
- de maintenir la cohésion familiale en veillant à la bonne communication entre les membres de la famille (voir chapitre 12) et en apprenant à leur ado à gérer leur temps entre les activités familiales, les activités avec les amis, l'école et l'ordi;
- de limiter et d'encadrer l'utilisation de ces outils pour éviter les abus.

Pour atteindre ces objectifs, voici quelques suggestions :

- afin d'éviter les conflits, déterminez un horaire d'utilisation des différents appareils de la maison. L'horaire doit laisser place au temps à consacrer à d'autres activités importantes (ex. : temps en famille, entretien de sa chambre, devoirs et leçons, activité physique);
- utiliser des outils de contrôle parental afin de s'assurer que l'ado n'a pas accès à du contenu inapproprié pour son âge;
- être ferme sur le fait que Facebook ne peut pas faire partie de sa vie intime, puisque les informations qu'il y affiche sont publiques! Du moins, elles sont visibles aux yeux de tous ceux qu'il aura acceptés comme « ami », et sachez que certains ados sont fiers de dire qu'ils ont des centaines d'amis Facebook! Nous ne sommes donc plus dans le domaine de l'intime! Aussi, pourquoi ne pas devenir l'ami Facebook de votre ado? Voilà une bonne façon de savoir ce qui se passe dans sa vie, de s'assurer qu'il en fait une utilisation correcte et même d'avoir une communication virtuelle avec lui! Peut-être serez-vous surpris de constater qu'il affiche fièrement les photos familiales! Peut-être que vous comprendrez son engouement pour cet outil lorsque vous réussirez à trouver vos vieux copains du secondaire;
- au lieu de mépriser la nouvelle technologie et de l'accuser d'être responsable de l'obésité et de la nonchalance chez les jeunes, pourquoi ne pas adopter une attitude positive par rapport à celle-ci en vous montrant intéressé par la chose? Votre ado serait peut-être très fier de vous enseigner comment utiliser ces gadgets! Apprendre quelque chose à quelqu'un qui a plus d'expérience que nous, un parent de surcroît, est toujours valorisant. Vous pourriez reconnaître l'utilité et l'intérêt de ces outils et jeux et en faire une source de rapprochement plutôt que de division. Votre

ado sera peut-être plus ouvert à vos limites et à votre supervision après que vous ayez reconnu qu'Internet, les textos et les jeux vidéo peuvent être amusants.

Les parents sont encore responsables des habitudes de vie de leur ado telles que l'alimentation, l'activité physique, l'hygiène et les habitudes de sommeil. La technologie n'en est pas encore rendue à gérer les horaires et les comportements des ados. Cessez de blâmer les gadgets, avouez qu'ils puissent être utiles ou divertissants, et assumez votre rôle de parent. Imposez vos limites de façon démocratique!

La chambre de mon ado est bordélique

Une quantité astronomique de parents se plaignent de l'état de la chambre de leur ado! Pourtant, les enfants peuvent apprendre bien jeune à être responsable et à faire un peu de ménage. Il suffit de voir des tout-petits de deux ou trois ans s'amuser avec leur aspirateur-jouet! Vous serez même surpris d'apprendre que j'ai déjà visité une

garderie ou, comme par magie, dès que l'éducatrice faisait jouer une chanson-thème sur le ménage, tous les enfants se mettaient à ranger les jouets en fredonnant la chanson! Je parie que si j'avais filmé cette scène et que je l'avais rendue disponible sur DVD pour que les parents puissent montrer cela à leur ado, je serais millionnaire aujourd'hui. On peut toujours rêver!

Trêve de plaisanterie... Je pense qu'avant d'élaborer les grands principes de base qui pourront vous permettre d'obtenir une certaine collaboration de votre ado pour le ménage de sa chambre, il est important d'ajuster vos attentes.

En effet, bien qu'il existe plusieurs ados qui soient très rangés et qui ne tolèrent pas eux-mêmes que leur chambre soit en désordre, une grande majorité d'ados concentrent leurs efforts sur d'autres aspects de leur vie que la propreté de leur environnement, notamment sur l'aspect social. De plus, la plupart revendiquent le droit de faire ce qu'ils veulent de cette pièce de la maison qui leur appartient. Certains vont jusqu'à mettre des affiches « Défense d'entrer » sur la porte!

Devant cette réalité et les autres défis que représente l'adolescence de votre enfant, je vous conseille de choisir vos batailles! Avec un ado qui cherche à prouver sa différence et son indépendance, tout peut devenir sujet à conflit avec ses parents. Comparativement au respect dans sa façon de communiquer avec vous, à son fonctionnement à l'école, à la qualité de ses fréquentations, au risque qu'il prenne de la drogue ou qu'il se mette à faire du « car surfing »[2], qu'elle importance a la propreté de sa chambre, réellement?

Ceci étant dit, vous pouvez toujours mentionner à votre ado qu'en tant que propriétaire de la maison où se trouve sa chambre, vous êtes en droit de vous attendre au respect de certaines conditions minimales :

- pas de bouffe en décomposition (cela pourrait attirer la vermine);
- pas d'itinérant dans le placard (cette blague est de Lise Dion, qui a déjà fait un monologue sur les ados);
- un grand ménage à chaque semaine, mois ou saison (selon votre tolérance au désordre).

[2] « Car surfing » : activité téméraire observée chez les adolescents ces dernières années, qui consiste à tenter de se tenir debout sur une voiture en mouvement. Certains jeunes ont été gravement blessés ou ont même péri en s'adonnant à ce « sport extrême ».

Ensuite, pour obtenir une certaine collaboration de la part de votre ado, tentez de respecter les points suivants:

- diviser la tâche abstraite de «faire le ménage de la chambre» en petites tâches simples et concrètes. Plus l'intervalle entre les moments où vous exigerez que le ménage de la chambre soit fait sera grand, plus cette corvée semblera irréaliste et sera décourageante aux yeux de votre ado. Ce dernier sera probablement plus collaborateur si, à courts intervalles, vous lui demandez de faire de plus petites tâches telles que ranger les vêtements, dégager le dessus des meubles pour les épousseter, passer l'aspirateur, ranger le placard, apporter les vêtements sales dans la salle de lavage, etc.;
- ne pas présumer que votre ado sait, de façon innée, comme faire du ménage de façon efficace. Avouez que votre façon de tenir votre maison propre et bien rangée a dû s'améliorer avec les années! Votre environnement n'était peut-être pas aussi propre lorsque vous veniez de quitter la maison de vos parents. Chaque printemps, les magazines féminins dont le lectorat est constitué d'ADULTES publient des dossiers complets sur les différentes étapes pour faire un grand ménage du printemps de façon efficace comme s'il s'agissait d'une science complexe. Si ces articles peuvent être utiles à des adultes qui ont de l'expérience, imaginez le niveau de connaissances de votre ado de 12 ans en matière de ménage! Devant une tâche pour laquelle il ne se sent pas trop efficace, n'importe quel être humain peut manquer de motivation;
- avoir une approche éducative, plutôt qu'une approche faisant appel au blâme et au reproche: vous et votre ado n'avez peut-être pas la même définition de ce que «ranger la chambre» veut dire. Pour lui, cela peut signifier glisser la poussière sous le tapis et ranger certains vêtements en boule sous le lit! Lorsque votre ado vous jure qu'il a fait son ménage, mais que le résultat n'est pas à votre goût, évitez de lui faire des reproches et de vous concentrer sur ce qui a été mal fait. Commencez par souligner ses efforts, ce qui a été fait, pour ensuite lui donner des trucs qui pourraient non seulement améliorer les résultats du prochain ménage, mais également le rendre plus facile et agréable pour votre ado. Le faire en écoutant une musique entraînante, commencer par l'époussetage avant de passer l'aspirateur, regrouper ce qui est à ranger, ce qui est à laver et ce qui est à jeter, etc.;

- donner une limite de temps plutôt que d'exiger que le ménage soit fait immédiatement, au moment où vous l'avez décidé. Dans la vie, votre ado devra apprendre à gérer les demandes de profs et de patrons et à respecter des échéances. Aussi bien lui apprendre à le faire à la maison! Si vous lui dites le lundi que vous aimeriez que le ménage de sa chambre soit fait avant dimanche soir, il sera probablement moins frustré que si vous lui dites le dimanche après-midi qu'il doit faire son ménage immédiatement, alors qu'il avait prévu une balade en planche à roulettes avec ses amis;
- ignorer le «rouspétage» et être compréhensif. Si votre ado maugrée lorsque vous lui faites remarquer que l'on est dimanche après-midi et que sa chambre n'est toujours pas faite, ignorez son attitude et concentrez-vous sur le respect de la consigne. Ce qui vous importe, ce n'est pas que le ménage se fasse dans la bonne humeur, mais qu'il soit fait, tout simplement! Il faut comprendre que les ados sont encore orientés vers le plaisir plutôt que vers les responsabilités tout comme les enfants. Faire le ménage de sa chambre peut signifier que votre jeune doive interrompre ou retarder une activité plus agréable. Le rouspétage n'est qu'une conséquence de cette frustration, et il ne faut pas le «prendre personnel». Un jour, il apprendra à se sentir fier de pouvoir tenir son environnement en bon état;
- être soi-même un bon modèle. Vous ne pouvez exiger que la chambre de votre ado soit impeccable si un joyeux bordel règne dans votre propre chambre ou dans les pièces communes de la maison;
- lui permettre qu'un endroit précis de sa chambre soit en désordre. Si un tiroir de sa commode lui sert de vide-poche ou de fourre-tout, est-ce vraiment grave? Peut-être que c'est un compromis à lui offrir...

L'homosexualité: il se confie en pleurant qu'il est attiré par les garçons

Il y a probablement autant de façons de réagir à cette nouvelle qu'il y a de parents. Mais ce qui est certain, c'est que pour le parent qui ne s'en doutait pas, cette annonce peut être reçue comme un choc, et ce, indépendamment de son degré d'ouverture d'esprit ou d'homophobie. Cela le force à changer la perception qu'il s'était construite de son ado.

Le parent devra également envisager l'avenir de son enfant (fille ou garçon) d'une façon différente : « Comment réagir lorsqu'il me présentera son chum ou qu'elle me présentera sa blonde? Faudra-t-il que je fasse le deuil de l'idée de devenir un jour grand-parent? Serai-je le grand-parent d'un enfant qui vit dans une famille homoparentale? »

Bien que vous puissiez être émotif dans cette situation, n'oubliez pas qu'avant de vous faire cette annonce, votre enfant a sûrement tergiversé avec angoisse pendant de nombreux mois, anticipant une réaction négative de votre part. Le fait qu'il vous en parle peut également être le signe d'une grande confiance en vous et qu'il a besoin de votre soutien en ce moment. Sachez qu'avant d'exprimer leur orientation sexuelle, de nombreux homosexuels ont vécu des symptômes dépressifs, parfois même des idées suicidaires.

Le fait que votre ado puisse avoir besoin de votre soutien ne signifie pas que vous n'avez pas le droit à une première réaction de surprise. Il est normal que vous viviez des émotions intenses et contradictoires, des malaises et surtout, une période d'adaptation. Mais en avouant son homosexualité, votre jeune s'expose à vivre certaines situations telles que des préjugés de nature homophobe. Plus que jamais, il a besoin de ressentir votre amour inconditionnel, de ressentir qu'il sera toujours accepté, valorisé et aimé par son père et sa mère.

Même si la société se montre aujourd'hui plus ouverte à l'homosexualité que par le passé, certains préjugés ont la couenne dure et persistent! Encore aujourd'hui, on doit faire des campagnes de sensibilisation, des politiques antidiscriminatoires et des parades de la fierté gaie pour faire avancer les mentalités à ce sujet et faire respecter les droits des gais et lesbiennes. Ainsi, même l'ado qui se sent parfaitement à l'aise avec son orientation sexuelle peut parfois anticiper certaines réactions négatives dans son entourage.

Si votre ado vous fait son « coming-out », il pourrait être sain d'avoir les premières réactions suivantes :

- exprimer ce que vous ressentez en parlant au « je » (voir la technique du message affirmatif au chapitre 12);
- reconnaître à quel point cette annonce a due être difficile à faire;
- lui dire que vous souhaitez sincèrement pouvoir trouver une façon de vous adapter rapidement à cette réalité;
- lui dire, si c'est le cas, que cette adaptation pourrait vous

demander un peu de temps, mais ajouter que vous voulez le soutenir à travers les obstacles ou les situations stressantes qu'il pourrait vivre en faisant connaître son orientation sexuelle (discrimination, intimidation, mauvaises blagues, etc.).

Si vous éprouvez de la difficulté à accepter l'homosexualité de votre enfant, vous pouvez communiquer avec l'organisme Gai Écoute. Les intervenants peuvent répondre à vos questions, vous soutenir et même vous orienter vers d'autres ressources qui pourraient vous apporter une aide supplémentaire. Les parents dont l'enfant semble vivre difficilement son homosexualité peuvent également s'orienter vers cette ressource.

- **Gai Écoute**

www.gai-ecoute.qc.ca
514 866-0103
1 888 505-1010

Les tâches ménagères : donner de l'argent en échange, oui ou non?

Oui et non!!! Certaines tâches devraient être faites simplement parce que les tâches dans une maison doivent être partagées et que chacun doit faire sa part. Vous n'avez pas à payer fiston ou fillette parce que vous exigez qu'il range les aires communes de la maison après les avoir utilisées (ex. : rapporter son verre dans la cuisine lorsqu'il a bu de l'eau au salon en regardant son émission préférée), ou parce qu'il doit faire son lit tous les matins.

Par contre, lorsque vous souhaitez l'impliquer dans des tâches moins régulières, pour vous rendre service ou encore pour le rendre encore plus responsable, une petite rémunération symbolique pourrait lui donner un peu de pep ou de motivation.

Certains diront qu'ils préfèrent que la récompense de leur enfant soit la satisfaction du travail bien fait ou du devoir accompli, plutôt qu'une motivation extérieure telle que l'argent. Toutefois, bien des ados se soucient peu de l'aspect de la pelouse et des fleurs qui ornent le parterre et ne comprennent pas pourquoi le ménage du printemps devrait être fait en un seul week-end. Ce sont vos préoccupations, pas les siennes. N'oubliez pas que votre enfant est un individu à part entière, pas votre prolongement!

Dans les responsabilités que vous voulez attribuer à votre ado, déterminez celles qui font partie du simple respect de l'environnement familial, qui devraient être des gestes routiniers, automatiques et ne demandant presque pas d'efforts. Ces responsabilités ne devraient pas être rémunérées.

Déterminez ensuite les tâches qui demandent plus de motivation de la part de votre ado, qui sont moins quotidiennes et qui font encore plus appel à son sens des responsabilités (qui n'est pas encore très développé). Ces tâches sont celles qui mériteraient qu'on installe une carotte au bout du bâton, ce que les psychologues appellent une motivation extrinsèque et ce que les ados appellent « crache le cash » ou encore « katching »!

Comme un enfant, votre ado est encore orienté vers le plaisir plutôt que vers les responsabilités. C'est vraiment à l'âge adulte qu'on s'oriente vers les responsabilités et le sens du devoir. Parfois à un point tel qu'on en oublie de prévoir du temps pour avoir du plaisir! Heureusement que nos enfants sont là pour nous rappeler qu'il est important d'en avoir.

Mais votre rôle est également de stimuler le développement du sens des responsabilités, particulièrement à l'adolescence. Les récompenses monétaires peuvent être un outil vous permettant de motiver votre ado, d'obtenir sa collaboration, et même de mettre à profit ses habiletés de négociation récemment acquises.

Les régimes et l'image corporelle : ma fille réduit ses portions… Devrais-je m'inquiéter?

Note : Dans ce chapitre, le texte est rédigé au féminin parce que les filles sont encore de nos jours plus nombreuses que les garçons à avoir des problèmes graves d'image corporelle.

Avant de sauter immédiatement à la conclusion que votre fille souffre d'un trouble alimentaire, il vaut mieux rester calme et considérer la possibilité qu'elle souffre d'une image corporelle négative. Il est probablement encore temps d'agir avant que les choses ne s'aggravent.

Du haut de votre vénérable âge adulte, il est fort possible que vous ayez appris à faire la paix avec votre corps, à accepter votre apparence. Mais si vous faites un effort pour vous rappeler des changements que votre corps a subis durant la puberté, vous savez à quel point il est difficile de réajuster notre image corporelle par rapport à cette transformation.

À une époque où Marylin Monroe et ses courbes étaient à la mode, les changements associés à la puberté chez les filles n'étaient peut-être pas si difficiles à accepter, mais aujourd'hui, les silhouettes conformes aux standards de beauté correspondent plus à l'image irréaliste d'une fille pré-pubère qui aurait miraculeusement de gros seins!

D'un autre côté, si vous n'avez pas réussi à faire la paix avec votre corps, il est possible que votre fille vous ait observé en train de vous critiquer devant le miroir ou encore vous mettre au régime, et ce, depuis qu'elle est toute petite. Il se peut que vous lui ayez bien involontairement transmis le message que: « Pour être heureuse, il faut être belle et mince, et si on ne l'est pas, on est forcément insatisfaite ». Il sera alors difficile d'exiger de votre fille qu'elle mange sainement, surtout si elle vous voit faire des régimes yo-yo!

N'espérez pas que le simple fait de lui dire qu'elle est belle lui permettra d'avoir une image corporelle plus positive. Vous êtes son parent et pour cette raison, vous n'êtes pas une source très crédible et très objective en ce qui concerne sa beauté. Elle pourra certainement constater que vous tentez de la soutenir, ce qui a du bon, mais elle pourrait trouver que votre tentative est bien maladroite!

Voici quelques interventions qui pourraient être plus efficaces:

- normaliser ses émotions en lui disant qu'il peut être difficile de s'adapter aux changements de son apparence. Lui parler des complexes que vous avez eus durant votre adolescence;
- l'aider à développer son jugement critique par rapport aux standards de beauté présentés dans les médias. Par exemple, expliquez-lui à quel point les photos de magazines sont retouchées par ordinateur, à quel point les actrices et les chanteuses passent de longues heures sur les chaises de maquillage avant un tournage ou un spectacle;
- en lunchant sur une terrasse ou lors des prochaines vacances à la plage, faites-lui observer la diversité des corps et de l'apparence des différents êtres humains. Faites-la réaliser que la beauté peut se présenter sous différentes formes;
- amusez-vous à identifier des personnalités connues que vous trouvez séduisantes ou charmantes, même si elles ne correspondent pas aux critères de beauté actuels. Invitez-la à faire de même;
- orientez-la vers des activités qui la valorisent et qui développeront d'autres dimensions de l'estime de soi que celles liée à l'apparence (ex.: compétences sportives ou artistiques);

- encouragez-la à affronter des situations qu'elle pourrait vouloir éviter parce qu'elle n'est pas à l'aise avec son nouveau corps (ex. : aller à la piscine). Aidez-la à trouver une façon d'approcher graduellement la situation redoutée;
- encouragez-la à manger sainement, sans faire de régime pour la santé, et non pour devenir maigre!

Si la situation se détériore et devient hors de contrôle, sachez qu'il existe un organisme qui se concentre sur la prévention des troubles alimentaires et sur l'aide aux familles dont un des membres en souffre :

■ **Anorexie et boulimie Québec (ANEB Québec)**
www.anebquebec.com
514 630-0907
1 800 630-0907

Le décrochage : quand un ado perd sa motivation scolaire

De nombreux facteurs peuvent être à l'origine d'une perte de motivation scolaire :

- échecs à répétition causés par un trouble d'apprentissage ou un trouble déficitaire de l'attention avec hyperactivité;
- intimidation à l'école ou difficultés d'intégration sociale;
- anxiété;
- dépression;
- problème de santé physique;
- conflits avec un ou plusieurs professeurs.

Dans certains cas, c'est un emploi rémunéré qui aura donné le goût à l'ado de gagner sa vie plutôt que de perdre son temps sur les bancs d'école. Pour d'autres, ce sont les attitudes de leurs parents qui les auront découragés.

Un ado peut avoir des parents qui n'ont pas été à l'école très longtemps et qui n'ont eux-mêmes pas beaucoup d'intérêt pour sa scolarité. Il ne faut pas s'attendre à ce que votre enfant soit plus intéressé à l'école que vous ne l'êtes vous-même!

Un ado peut aussi avoir des parents qui ont étudié très longtemps et qui accordent une importance extrême à l'excellence scolaire et aux études supérieures. À un point tel qu'il peut sentir qu'il ne pourra jamais performer à la hauteur de leurs attentes. Il peut en résulter un découragement total.

Voici quelques suggestions qui pourraient vous guider :

- ne pas le sermonner en lui faisant un long discours sur l'importance de l'Éducation avec un grand É. Vous lui avez déjà probablement répété 100 fois et visiblement, cela n'a pas donné grand-chose! En fait, les sermons sur l'importance de l'école ne peuvent que rendre cette dernière encore plus aversive à ses yeux;
- faire preuve de réalisme. Tout n'est pas toujours facile à l'école et il peut être normal pour tout ado de se sentir démotivé par moments;
- évaluer l'origine de sa démotivation. Si vous pensez qu'un problème plus profond puisse être à l'origine de sa perte de motivation (ex. : anxiété, dépression, problème de santé, intimidation), il serait important de vous attarder à l'évaluation et au traitement de ce problème AVANT de vous attarder à l'importance de ses résultats scolaires ou même au fait d'aller à l'école. Il faut s'attaquer à la cause du problème plutôt qu'à ses symptômes;
- offrez-lui votre soutien lorsqu'il se sent découragé par rapport à ses tâches scolaires. Supervisez ces tâches, mais servez-vous de cette supervision pour l'encourager plutôt que pour jouer à la police en disant : « Ah ha! Tu n'avais pas fait ce devoir! ».

Si vous n'étiez vous-même pas très bon à l'école ou si votre mémoire vous fait défaut lorsque votre ado vous arrive avec un problème d'algèbre, sachez qu'il existe un organisme d'aide aux devoirs offert par des enseignants bénévoles, que l'on peut consulter par Internet ou par téléphone.

■ **Allo-prof**
www.alloprof.qc.ca
514 527-3726
1 888 776-4455

Si la démotivation scolaire de votre ado est le résultat d'un trouble d'apprentissage ou d'un déficit d'attention avec hyperactivité, vous pouvez obtenir le soutien de l'Association québécoise des troubles d'apprentissage (AQETA).

■ **Association québécoise des troubles d'apprentissage (AQETA)**
Aqeta.qc.ca
514 847-1324
1 877 847-1324

N'hésitez pas à communiquer vos inquiétudes au personnel de l'école, idéalement avec le consentement et la participation de votre ado. Le directeur ou certains de ses professeurs pourraient vous aider à cerner la cause du problème et à identifier certains éléments de solutions. N'oubliez pas qu'ils ont accès à une partie de la vie de votre ado qui vous échappe : sa vie scolaire. Du moins, ils ont la possibilité de l'observer à l'école, ce que vous ne pouvez pas faire.

Si sa perte de motivation l'amène à considérer le décrochage, ayez une conversation avec votre ado afin de l'amener à réfléchir sur les avantages et les inconvénients d'abandonner l'école. Tenter de l'amener à visualiser où il se voit dans 5, 10, 15 ou même 20 ans. En même temps que vous l'encouragez à avoir des objectifs à long terme, aidez-le à voir sa scolarité comme un escalier qu'il doit gravir une marche à la fois, plutôt que comme une montagne difficile à escalader. Normalisez le fait qu'à la fin du secondaire, il puisse être stressant de devoir faire un choix de carrière en ayant l'impression qu'il ne faut pas se tromper. Partagez avec lui les problèmes que vous avez vous-même dû surmonter durant votre cheminement scolaire... surtout si votre histoire a une fin heureuse!

Bref, aller à l'école, ce n'est pas facile pour tout le monde. Et même pour ceux qui ont de la facilité, le parcours peut comprendre des passages un peu ennuyeux! Dans votre attitude avec votre ado, le dialogue, l'ouverture et l'honnêteté seront de bien meilleurs outils que le monologue et la rigidité. Aussi, il est prouvé que les ados qui ont des parents qui valorisent les efforts scolaires, qui supervisent les travaux scolaires, qui s'intéressent à leurs résultats et à leur vécu à l'école avec une approche encourageante, sont plus motivés et réussissent mieux. Évidemment, il y a des ados qui peuvent avoir des problèmes particuliers nuisant à leur motivation, mais vous savez tout de même ce que vous avez à faire pour mettre les chances de leur côté! Encourager, encourager et encourager encore!

Les amoureux veulent dormir ensemble

Les enfants quittant la maison familiale de plus en plus tard, voilà une situation à laquelle presque tous les parents sont confrontés!

Certains accepteront cette demande, se disant qu'il est préférable que leur enfant puisse avoir ses relations sexuelles dans un environnement sécuritaire, plutôt que dans une voiture stationnée au hasard ou dans quelconque endroit public!

D'autres refuseront catégoriquement, se sentant incapables de tolérer l'idée de ce qui se passe dans la chambre à côté de la leur, ou encore l'idée de trouver un grand ado qui n'est pas le leur en train de se préparer des œufs dans la cuisine le lendemain matin, en caleçon, de surcroît!

Il est souhaitable que votre ado puisse inviter son chum ou sa blonde à la maison, et même que vous vous montriez accueillant avec ce dernier ou cette dernière... mais rien ne vous oblige à accepter que son partenaire dorme chez vous. C'est votre maison et vous pouvez décider ce que vous voulez.

Toutefois, n'ayez pas d'attentes irréalistes par rapport à votre décision en tant que moyen de prévention. Je m'explique: autoriser le partenaire de votre ado à dormir chez vous ne vous donne pas une garantie qu'ils ne feront jamais l'amour dans un endroit public ou au ciné-parc. Rappelez-vous que l'adolescence est une période d'essais-erreurs et d'expérimentations. Ils pourraient avoir des élans de curiosité!

Ne croyez pas qu'interdire à votre ado de dormir chez son partenaire ou l'inverse retardera de beaucoup le moment où ils auront leur première relation sexuelle. Des ados débordants de désir peuvent peuvent faire preuve de beaucoup d'imagination pour trouver des situations ou des endroits où passer à l'acte.

Enfin, si vous acceptez que le partenaire de votre ado dorme chez vous, pour éviter d'éventuels malentendus ou conflits, établissez dès le départ des conditions qui devront être respectées, dont voici deux exemples:

- déterminer une fréquence maximale des cododos qu'ils ne devront pas dépasser (ex.: pas plus d'une fois par fin de semaine);
- interdire des comportements ou des situations qui pourraient vous rendre mal à l'aise (ex.: le partenaire doit être habillé dès qu'il sort de la chambre à coucher).

De plus, assurez-vous que les parents du partenaire de votre ado soient au courant et acceptent eux aussi que les deux tourtereaux dorment ensemble. Il pourrait être souhaitable de discuter directement avec les parents, sans passer par l'entremise des deux amoureux.

Si, au contraire, vous refusez que le partenaire de votre ado puisse dormir chez vous (ou l'inverse), ne dites pas un « non » bête et sec. Affirmez-vous respectueusement en élaborant vos arguments et en décrivant ce que vous ressentez dans la situation. Reconnaissez que vous savez bien que cela ne les empêchera pas nécessairement d'avoir des relations sexuelles, mais que vous préférez qu'elles n'aient pas lieu sous votre toit et pendant que vous y êtes.

Bref, c'est vraiment une question qui relève du niveau d'aisance de chaque parent. L'important, c'est que vous compreniez que ni l'une ni l'autre des options ne constitue un véritable moyen de prévention contre les problèmes reliés à la sexualité. La véritable prévention à ce sujet, c'est par l'éducation sexuelle qu'elle se fait.

En fait, tout ce que votre décision permettra de prévenir, ce sont les inquiétudes et les malaises!

Les tatouages et les perçages

Quand la mode reviendra-t-elle aux corps immaculés, sans perçage ni tatouage? Bien des parents doivent se poser la question!

Il y a 30 ans, les gens qui fumaient étaient perçus comme étant aisés et « cool », et ceux qui avaient des tatouages étaient présumés issus de milieux durs. Aujourd'hui, on associe la dépendance à la nicotine à un manque d'éducation ou à une faille personnelle, tandis que des personnalités très « glamour » affichent fièrement leurs tatouages tels des œuvres d'art! C'est le monde à l'envers!

Les parents d'ado peuvent avoir des idées très divergentes par rapport à la façon de réagir à cette demande. Certains parents portent eux-mêmes des tatouages ou des perçages et ne sont donc pas en position pour refuser cette demande à leur ado. Du moins pas éternellement! D'autres parents ont une image plus conventionnelle ou traditionnelle, et seront surpris de constater que leur ado souhaite avoir une image plus marginale, quoique les tatouages et les perçages sont tellement communs de nos jours, que je me demande si on peut encore vraiment les qualifier de marginaux.

Dans les faits, à partir de l'âge de 14 ans, rien n'empêche un ado de se faire tatouer ou percer une partie de son corps, quoique ses parents en pensent. Plusieurs salons de perçage et de tatouage se dotent d'un code d'éthique et exigent la présence des parents ou leur signature avant d'offrir leurs services à un mineur. Mais aucune loi ne les oblige à le faire, et votre ado pourrait être très habile à trouver un salon où l'on exige simplement la preuve qu'il a 14 ans. Donc, théoriquement, malgré un refus de votre part, si votre ado a 14 ans ou plus, il peut bien faire ce qu'il veut!

Mais ça, il ne le sait peut-être pas. De plus, s'il vous demande la permission, c'est probablement parce qu'il veut votre approbation afin d'éviter un conflit avec vous. Idéalement, il faudrait lui dire à quel point vous êtes content qu'il vous ait demandé la permission et votre opinion, au lieu de le faire en cachette, à votre insu.

Malgré que la loi le rend libre de faire ce qu'il veut à ce sujet à partir de 14 ans, il y a également la loi de papa et maman qui peut être différente! Rien ne vous empêche de lui dire « non » et qu'il y aura une conséquence s'il ne respecte pas votre refus. Toutefois, peut-être que sa motivation à avoir son tatouage sera plus grande que sa motivation à éviter la conséquence que vous avez prévue.

Si vous préférez qu'il ne se fasse pas percer ou tatouer tout de suite (car il pourra toujours le faire à 18 ans), il est beaucoup plus sage de lui expliquer pourquoi vous lui imposez ce délai et de l'éduquer sur les risques des perçages et des tatouages :

- dangers d'infection;
- transmission possible de maladies;
- risque que sa quête d'identité ne soit pas terminée et qu'il réalise dans quatre ou cinq ans que cette image qu'il s'est donné ne correspond vraiment pas à sa personnalité.

Si votre réponse est « non », dites-lui à quel moment il pourra en rediscuter avec vous, ou encore pourra faire ce qu'il veut... à 16 ans, à 18 ans, quand il aura quitté la maison? Retarder ainsi son geste peut avoir du bon. Si vous parvenez à le retenir assez longtemps, il pourrait changer d'idée et décider qu'il ne veut plus de tatouage ou de perçage.

Par contre, si vous savez que votre ado est dégourdi, rusé et qu'il connaît ses droits, vous croyez peut-être qu'il ne respectera pas votre demande de délai et qu'il n'en fera qu'à sa tête. Dans ce cas, une meilleure attitude pour vous assurer de sa sécurité est peut-être d'accepter sa demande, à condition que vous soyez impliqué dans le choix du commerce où l'on touchera à sa petite peau vierge! Vous pourrez alors vous assurer qu'il fait affaire avec des professionnels qui respectent les règles d'hygiène de base, qui stérilisent leurs instruments et qui ont une bonne réputation.

Bref, si votre ado a 14 ans, le mieux que vous puissiez faire, c'est de retarder son geste en espérant qu'entre-temps, ses goûts changent!

Un cellulaire pour mon ado : est-ce une bonne idée?

Si vous n'avez pas le budget vous permettant de lui faire un tel présent, déculpabilisez-vous tout de suite : ce n'est pas un besoin essentiel, et non, ce n'est pas vrai que tous ses amis en ont un!

Si vous avez la chance de pouvoir lui en payer un, mais que vous hésitez pour des questions morales, sachez que le fait qu'un ado ait un cellulaire comporte à la fois des avantages et des inconvénients.

Des avantages :

- son cellulaire peut être un excellent outil de supervision parentale, afin de savoir où il se trouve, que ce soit vous qui l'appeliez parce que vous êtes inquiet, ou lui qui vous appelle pour vous aviser qu'il change d'endroit ou qu'il sera en retard;
- lorsqu'il aura 16 ans et qu'il conduira la voiture, il pourra vous appeler, appeler les services d'urgence ou une remorqueuse en cas de panne, s'il a une crevaison, s'il a un accident ou s'il se perd;
- s'il se retrouve dans un quartier malfamé ou encore qu'il se sent suivi, il peut appeler un taxi sans avoir à attendre de trouver une boîte téléphonique.

Bien des parents dorment mieux depuis que leur ado a un cellulaire!

Et des inconvénients :

- bien des ados on de la difficulté à lire attentivement leurs contrats de la compagnie de téléphonie mobile, et à évaluer de façon réaliste les coûts mensuels rattachés à leur service. Ils ont besoin de votre aide à ce sujet;
- il y a toujours la possibilité que la facture n'explose s'il ne fait pas attention à ses minutes d'utilisation;
- il est possible que le cellulaire soit un de ces nouveaux gadgets qui coupent la communication avec vous, même si ironiquement, il s'agit d'un outil de communication. Par exemple, si vous encadrez mal son utilisation du cellulaire, il pourrait passer les repas en famille à manger d'une main et à texter de l'autre, sans participer aux discussions familiales;
- votre ado pourrait s'en servir pour tricher durant les examens ou encore pour se divertir en classe, au risque de voir ses résultats scolaires en souffrir, de se le faire confisquer, ou alors d'être suspendu ou expulsé.

Votre décision peut donc alors dépendre de vos moyens financiers, de vos valeurs personnelles et du niveau de maturité et de responsabilité de votre ado. Elle peut dépendre également de votre besoin de pouvoir être rapidement en contact avec votre ado si vous êtes de nature inquiète!

Si vous décidez de dire « non » à sa demande, vous avez en mains des arguments vous permettant de faire comprendre pourquoi il devra attendre encore quelques mois ou quelques années avant de posséder un cellulaire.

Si vous dites « oui », vous devriez être responsable du contrat avec la compagnie, et faire un contrat maison avec votre ado pour le responsabiliser et que les conditions d'utilisation que vous souhaitez qu'il respecte soient claires et même écrites. Voici des exemples de conditions :

- prévoir qui paiera s'il y a une surcharge de frais s'il dépasse le temps d'utilisation prévu à son forfait;
- prévoir les situations où le cellulaire doit être rangé ou même fermé (ex. : lorsque l'on regarde un film en famille, durant les repas en famille, durant les heures de sommeil);
- ne pas lui permettre d'apporter l'appareil à l'école;
- lui demander de répondre en tout temps lorsque vous tentez de la joindre en prévoyant quelles seront les conséquences s'il décide de ne pas vous répondre ou qu'il vous raccroche au nez parce qu'il vous trouve « achalant ». Le cellulaire est pour lui, mais il doit comprendre qu'une des conditions est qu'il puisse être également un outil de supervision pour vous, les parents;
- toute autre condition que vous jugez essentielle à la prévention des conflits ou d'une mauvaise utilisation de l'appareil.

Bref, si vous acceptez cette demande, vous acceptez automatiquement la responsabilité de bien encadrer l'utilisation qu'il fera de son cellulaire, afin qu'il le fasse de façon polie (ex. : ne pas interrompre une conversation durant le souper pour répondre à un texto) et responsable (ex. : ne pas dépasser les minutes de son forfait).

Les fugues

La fugue est un phénomène que redoutent la plupart des parents d'ado. Lorsqu'on en entend parler dans les médias, il s'agit souvent de situations extrêmes où les jeunes aboutissent dans des refuges pour sans-abris, ou encore tombent dans l'enfer de la drogue ou de la prostitution.

Ce type de fugue, au cours de laquelle un ado quitte le domicile familial sans jamais vouloir y revenir pour finir par errer dans les rues, existe vraiment. Si l'on considère le nombre d'ados qui font ce genre de fugue au nombre total d'ados qui existent, on constate que ce phénomène est assez rare. La grande majorité des enfants traverseront leur adolescence sans passer par là, fort heureusement. Toutefois, lorsqu'on se promène en ville et qu'on croise des jeunes qui vivent dans la rue, on se dit qu'un seul ado qui vit cela, c'est un de trop.

En fait, presque sans exception, les fugueurs de la sorte proviennent d'un milieu familial où ils étaient malheureux. Plusieurs sont issus de milieux où on leur a fait subir toutes sortes d'abus (violence physique ou verbale, abus sexuel, inceste, etc.). Pour certains, la vie au sein de cette famille était carrément une menace pour leur sécurité. D'autres ont des parents toxicomanes ou alcooliques. Certains parents peuvent être tellement pris par leurs troubles affectifs ou le stress causé par la pauvreté qu'ils ne sont plus émotivement disponibles pour pouvoir offrir l'attention, l'écoute et le soutien dont un ado a besoin.

De façon surprenante, des fugueurs peuvent provenir de milieux socio-économiques moyens ou même aisés. Certains vivant une relation amoureuse intense voudront quitter des parents qui se montrent hostiles envers cette relation. D'autres se sentiront incapables de satisfaire les attentes perfectionnistes et irréalistes que leurs parents ont pour eux et claqueront la porte. Mais, qu'ils proviennent de milieux riches ou pauvres, le dénominateur commun de tous les fugueurs est le sentiment d'être profondément malheureux dans leur famille, de manquer d'amour, d'être incompris de leurs parents qui sont beaucoup plus occupés à s'occuper d'eux-mêmes.

Souvent, le processus de fugue se fera graduellement... l'adolescent commencera à passer de moins en moins de temps à la maison pour passer de plus en plus de temps avec ses amis à l'extérieur. Avec la fugue, le risque qu'il abuse de substances et qu'il abandonne l'école augmente énormément...

Ça, c'est pour les cas extrêmes. J'imagine que si vous avez acheté ce livre et que vous investissez votre précieux temps pour le lire, c'est parce que vous aimez votre ado et que vous tenez à lui. Et ça, il doit le ressentir, malgré toutes vos interventions maladroites et les conflits que vous avez eus avec lui. Alors, je crois qu'il y a peu de probabilités que votre ado fasse ce type de fugue.

Toutefois, il n'est pas impossible que, à la suite d'un conflit particulièrement intense, votre ado claque la porte et quitte la maison pour quelques heures, histoire de prendre une marche et de laisser « sortir la vapeur ». Une autre possibilité est qu'il parte en escapade pour le week-end... chez son meilleur ami! Dans ce cas, la fugue peut avoir lieu spontanément après un conflit, ou encore survenir subtilement (ex. : votre ado ne revient pas de l'école le vendredi après-midi), après une suite de petits conflits qui ont diminué peu à peu la qualité de votre relation avec lui.

Habituellement, lorsque cela se produit, votre ado vous mettra au courant qu'il est en sécurité dans les quelques heures suivant sa « disparition ». Il vous dira même probablement où il se trouve... chez un ami dont les parents ont maintenant l'occasion d'apprendre à quel point vous êtes trop sévère et injuste! Souvent, il continuera ses activités habituelles telles que l'école ou le travail.

Je sais bien que malgré toutes ces informations pseudo-rassurantes, une telle situation peut faire paniquer des parents ou encore les mettre en colère. Mais la dernière chose à faire, c'est de justement tomber dans la panique, ou dans le piège de vouloir le punir pour lui montrer que vous êtes en contrôle... ce serait un cercle vicieux. S'il fuit votre attitude de mère poule ou père poule et que votre réaction est de faire une crise de panique, vous lui donnez raison de fuir! S'il fuit votre attitude un peu trop contrôlante et que votre réaction est de le punir pour lui montrer que vous êtes en contrôle, vous lui prouvez encore une fois qu'il a raison de fuir. Non, décidément, la meilleure réaction à avoir est de tenter de rester calme et de réfléchir aux circonstances qui ont pu amener votre ado à pousser un tel geste. N'hésitez pas à vous remettre en question, la solution pour prévenir une autre fugue se cache peut-être dans cette attitude!

Une réaction qu'il faut éviter à tout prix est de mettre votre ado au défi de quitter ou de lui dire que si c'est comme ça, vous le mettez réellement à la porte. Ce serait de lui prouver que vous n'avez aucune écoute, aucune capacité de remise en question, et que vous ne tenez pas beaucoup à lui. Il risque alors de tomber dans la première catégorie de fugueurs dont j'ai parlé au début de ce chapitre... ceux qui quittent définitivement pour la rue.

En fait, si votre ado décide de « squatter » le sous-sol de son meilleur ami, retenez trois choses (selon Bradley, 2003).

1. Il n'est pas dans un « tout inclus » en train d'avoir du « fun »! Sa petite aventure chez son copain est peut être un peu inconfortable,

voire même déplaisante pour lui. Vivre chez des étrangers sans ses choses peut être une expérience difficile. Voir une famille qui n'est pas en conflit peut le faire s'ennuyer de la maison et lui donner un désir de se réconcilier et de résoudre le conflit qu'il a avec vous.

2. En quelque sorte, il fait ce que l'on recommande à beaucoup d'adultes de faire: il est en retraite! S'éloigner de sa routine, de sa famille et des conflits peut lui donner le recul nécessaire pour voir les choses sous un autre angle, peut-être même à considérer votre perspective de parent! Et, si vous voulez mon avis, une fois que vous êtes rassuré par rapport à sa sécurité, vous devriez peut-être profiter de son absence pour prendre vous aussi un peu de recul!
3. Enfin, la grande majorité de ces fugueurs du dimanche sont de retour après environ trois jours de cavale, ils laissent savoir à leurs parents où ils se trouvent et ils se réfugient dans des environnements sécuritaires.

Donc, comment réagir face à une telle situation?

- Lorsque vous réalisez que fiston ou fillette prend une marche de plus de deux heures, ne respecte pas le couvre-feu ou ne revient pas de l'école (sans vous aviser), tentez de repérer où il se trouve. Téléphonez à ses amis, faites un petit tour du quartier... trouvez-le! Si c'est impossible après quelques heures, appelez la police. Ça le mettra en colère, mais en ne vous disant pas où il se trouve, il ne vous laisse pas le choix!
- S'il vous contacte, dites-lui que s'il est dans un endroit sécuritaire et qu'il est assez responsable pour vous laisser savoir où il se trouve, vous n'appellerez pas la police.
- Une fois que vous savez qu'il est en sécurité chez un ami qui a de bons parents, respirez, calmez-vous, prenez du recul, réfléchissez aux circonstances qui ont pu l'amener à faire un tel geste, et préparez l'intervention que vous voudrez utiliser et le message que vous voudrez lui transmettre lorsqu'il sera de retour. En attendant, pendant qu'il est au bout du fil, dites-lui que vous l'aimez, qu'il vous manque et que vous souhaitez qu'il vous appelle régulièrement jusqu'à son retour.
- Tentez de parler directement aux parents de l'ami chez qui il se trouve, et vérifiez avec eux s'ils acceptent que votre enfant y reste pour quelques jours, le temps que les esprits s'apaisent. S'ils acceptent, n'oubliez surtout pas de les remercier, et de dire que l'ascenseur leur reviendra un jour!

Lorsqu'il reviendra à la maison, ne le punissez surtout pas! Revenir n'est pas un mauvais comportement à punir... c'est exactement ce que vous vouliez qu'il fasse! En passant, je n'ais jamais compris les gens qui crient après leur chien ou qui le frappent lorsqu'il revient après s'être enfui... comment le chien voudra-t-il revenir lors de sa prochaine fuite s'il apprend que c'est le genre d'accueil qu'on lui réserve? Revenir est un bon comportement qui mérite un biscuit! Je n'aime pas comparer les comportements humains aux comportements des animaux ainsi, car je sais que cela peut vexer certaines personnes... mais il reste que l'humain fait partie du règne animal, que ça vous plaise ou non!

Au retour de votre ado, dites-lui plutôt à quel point vous êtes soulagé et heureux de le revoir à la maison, et que vous souhaitez résoudre les conflits qui l'ont mené à cette « solution ». S'il n'est pas tout de suite prêt à discuter, n'insistez pas, mais entendez-vous avec lui sur le moment auquel vous pourrez avoir cette discussion. Lorsque viendra le temps de communiquer, mettez en pratique vos nouveaux outils d'écoute active (chapitre 9), de message affirmatif (chapitre 12), et de résolution de problème (chapitre 12).

L'intimidation

On dit parfois que les enfants sont méchants et cruels... croyez-moi, les ados sont également capables de méchanceté et de cruauté envers leurs pairs. Parmi vous, certains se rappellent peut-être avoir été eux-mêmes victimes ou témoins d'actes d'intimidation à l'école. D'autres se souviendront, probablement avec beaucoup de regret, d'avoir été le bourreau des quelques élèves les plus vulnérables de leur école.

Le fait est que l'intimidation a toujours existé, qu'elle existe encore, et que, malheureusement, elle existera probablement toujours.

Pour certains, s'affirmer et se défendre peut sembler facile à faire. Mais pour un ado qui est victime d'intimidation, il s'agit d'une montagne impossible à gravir, pour trois raisons.

1. Il a probablement déjà tenté de se défendre, ce qui lui a peut-être valu que ses pairs rient de lui encore plus.
2. Il porte déjà une étiquette de victime aux yeux de ses pairs, il est stigmatisé, peu importe ses actions.

3. Après avoir été humilié à plusieurs reprises, son estime de soi est à son plus bas niveau... il n'a pas confiance en sa capacité à s'affirmer et à se défendre. Il croit peut-être même qu'il ne vaut rien et qu'il mérite ces mauvais traitements.

Ces ados intimidés sont souvent isolés, parce que même les pairs les plus gentils et les plus empathiques ne veulent pas être associés à eux, de peur de subir le même sort. Souvent, les adultes dans l'école ne sont pas au courant de la situation : les bourreaux ne sont pas fous, il se cachent pour agir! Même lorsque les enseignants ou les intervenants sont au courant de la situation, intervenir peut s'avérer une opération délicate. S'ils prennent l'ado en pitié et qu'ils le traitent en victime, ils ne feront que confirmer sa vulnérabilité et sa faiblesse aux yeux des autres élèves.

Pourtant, il faut agir, puisque les conséquences de l'intimidation peuvent être lourdes : difficulté à s'affirmer, perte d'estime de soi, peur de déplaire... parce que déplaire a déjà eu des conséquences graves. Certains iront jusqu'à avoir des symptômes dépressifs ou d'anxiété, voire des idées suicidaires.

Beaucoup d'ados victimes d'intimidation n'osent pas parler de ce qu'ils vivent par peur que leurs intimidateurs apprennent qu'ils ont parlé. Des signes peuvent toutefois laisser paraître leur détresse :

- souhaite s'absenter de l'école de plus en plus souvent;
- ne veut pas s'amuser à l'extérieur, s'isole des pairs;
- perd ses choses ou rentre de l'école avec certains de ses vêtements ou de ses accessoires abîmés;
- se montre craintif ou anxieux;
- a des ecchymoses. Ce peut être un signe qu'il a été agressé physiquement ou encore qu'il a tenté de se défendre physiquement contre une agression physique ou verbale.

Si votre enfant vous confie qu'il vit ce genre de situation, félicitez-le d'avoir eu le courage de vous en parler et dites-lui que vous êtes là pour le soutenir. Ne vous débarrassez pas de son problème en lui disant d'ignorer ses agresseurs ou de contre-attaquer. Il n'a probablement plus l'énergie ou le courage de contre-attaquer, et ignorer est probablement ce qu'il tente de faire depuis des mois, avec beaucoup de douleur psychique. Validez plutôt ses sentiments de détresse, d'impuissance en lui disant que n'importe qui se sentirait de la même façon dans la même situation.

Ensuite, communiquez DISCRÈTEMENT avec le personnel de l'école afin de les mettre au courant de la situation. Faites en sorte qu'aucun élève de l'école ne soit au courant de votre démarche, sinon, vous confirmerez à leurs yeux que votre ado ne peut rien faire sans son papa ou sa maman. En étant mis au courant de la situation, les intervenants pourraient tenter d'ouvrir l'œil afin de surprendre les bourreaux en flagrant délit d'intimidation et intervenir en les punissant ou en avisant leurs parents. Il est également possible d'établir une politique anti-intimidation à l'école avec l'aide de la police municipale ou en organisant la visite d'un conférencier qui pourrait venir parler à tous les élèves des conséquences de l'intimidation. Enfin, en réponse à ce phénomène, plusieurs écoles font preuve de beaucoup de créativité. Certaines ont mis sur pied un système de courrier interne par lequel les élèves peuvent se transmettre des messages ou en transmettre à leurs professeurs. Dans ces écoles, tous les élèves ont été encouragés à dénoncer les bourreaux de façon anonyme par le système de courrier. Ainsi, non seulement les élèves victimes d'intimidation peuvent dénoncer leur situation, mais les élèves les plus empathiques qui sont témoins d'actes d'intimidation peuvent leur venir en aide en dénonçant la situation eux aussi. Cette méthode n'est pas infaillible, mais elle décourage certains élèves qui pourraient être tentés d'intimider leurs pairs les plus vulnérables.

Pour certains élèves victimes de ce phénomène, une intervention professionnelle sera nécessaire afin de leurs donner des outils d'affirmation de soi et qu'ils regagnent confiance en eux. Parfois, un changement d'école sera nécessaire pour que ces interventions soient efficaces. L'adolescent aura besoin d'être dans un nouvel environnement où il n'a pas encore été intimidé pour avoir confiance en ses nouveaux outils. Pour d'autres élèves, le simple fait de les inscrire à des activités sportives ou communautaires leur permettra de se développer un réseau d'amis et de rehausser leur estime de soi. Ces deux facteurs combinés (amis et estime de soi) seront suffisants pour les protéger de nouveaux actes d'intimidation.

Dans ce genre de situation, bien des parents regardent leur ado souffrir en se sentant impuissants, puisque tout se passe à l'école ou dans la rue et échappe à leur contrôle. Mais dites-vous que le soutien et l'écoute peuvent faire toute la différence pour votre ado. Des manifestations de votre amour inconditionnel et de votre appui peuvent rehausser son estime et faire de vous et de sa maison un refuge où il peut prendre une pause de toutes ces hostilités. Votre aide dans la recherche de solution lui démontre qu'il ne mérite pas ce qu'il vit et lui donne espoir de s'en sortir, même si les premières solutions dont il a fait l'essai n'ont pas donné de grands résultats. Mais attention!!! Ne tombez pas dans le piège de la surprotection et d'encourager des attitudes d'évitement... cela confirmera à votre ado qu'il ne peut rien faire sans vous et que la seule solution possible est la fuite, ce qui lui renvoie une image de poule mouillée de lui-même.

Si vous vous sentez impuissant face une telle situation, n'hésitez pas à consulter. De même, votre ado peut consulter les sites suivants:

- **Jeunesse j'écoute**
www.jeunesse.sympatico.ca/fr/informed/bullying.asp?sec=3&sb=2

- **Tel-jeune**
http://teljeunes.com/informe-toi/violence/intimidation/tu-vis-de-l-intimidation

Voir d'autres ressources à la fin de ce livre.

Les signes de dépression et les risques suicidaires

Nous savons maintenant que les enfants et les ados, tout comme les adultes, peuvent souffrir de troubles de l'humeur. Ce qui est moins connu, c'est que les ados dépressifs manifestent parfois de la colère et de l'irritabilité au lieu de la tristesse et du sentiment de vide que l'on retrouve habituellement chez les adultes dépressifs.

J'entend certains d'entre vous penser: « Attendez un peu, on parle d'isolement dans la chambre, d'irritabilité... n'est-ce pas le lot de tous les ados »?

Bien sûr, votre ado pourrait, par moment, avoir des sautes d'humeur et un besoin d'intimité considérés comme normaux à cet âge. Mais si l'irritabilité devient sa façon d'être en général, si l'isolement devient un mode de vie, si votre ado n'a même plus le goût de voir ses amis et de faire des activités qui lui plaisaient beaucoup auparavant, il faut alors se montrer vigilant. D'autres signes d'une dépression peuvent être un changement au niveau de l'appétit et des habitudes de sommeil, une perte de concentration, de l'absentéisme scolaire et des idées noires. C'est la raison pour laquelle les parents doivent avoir l'œil ouvert. Le Québec a longtemps eu le triste record du nombre de suicides, et cela n'exclut pas les jeunes.

Si leur ado est dépressif, les parents doivent éviter de tomber dans le piège de le réprimander pour son manque d'énergie et sa passivité, éviter d'augmenter leur niveau d'exigence sur le plan de la réussite scolaire et éviter de lui dire qu'il manque de volonté, qu'il est paresseux et devrait se secouer un peu. La réalité est que s'il est réellement dépressif, la dernière chose dont il a besoin, ce sont des commentaires pouvant lui faire croire qu'il n'est bon à rien!

Une bonne attitude à adopter est d'aborder le sujet en disant à votre enfant que vous avez remarqué un changement dans son attitude et dans ses comportements au cours des derniers jours ou des dernières semaines. Vous pouvez lui dire que ces changements vous inquiètent car vous avez l'impression qu'il fonctionne moins bien qu'à l'habitude et que peut-être même qu'il souffre. S'il vous parle de problèmes qu'il vit qui vous semblent anodins, ne banalisez pas sa situation... maintenez une relation de confiance empreinte de dialogue en l'encourageant à vous parler et en étant à son écoute. D'ailleurs, il est prouvé que des relations familiales saines et harmonieuses font partie des facteurs de protection contre la dépression.

Parfois, un ado aura une humeur dépressive sans nécessairement souffrir réellement d'un épisode de dépression majeur. Dans ce cas, votre attitude de soutien contribuera sûrement à changer son humeur et à l'aider à continuer à avoir un fonctionnement normal malgré quelques « passages nuageux »! Mais si votre ado demeure apathique malgré vos efforts pour lui remonter le moral, ne tardez pas à chercher de l'aide. Une intervention précoce aidera non seulement à traiter l'épisode dépressif, mais également à prévenir des problèmes secondaires tels que l'abus de substance, le décrochage scolaire, la perte d'estime de soi et même les idées ou les actes suicidaires. C'est un problème à ne pas prendre à la légère.

Et, de grâce, si vous percevez des signes suicidaires chez votre ado, tels que :

Des messages indirects :
- « Je suis un échec, je ne vaux rien » ;
- « Je suis un fardeau, vous seriez mieux sans moi » ;
- « La vie est poche » ;
- « Je serais mieux mort ».

Des messages directs :
- « Je veux en finir » ;
- « Je vais me tuer ».

Des comportements ou des attitudes :
- isolement ;
- négligence de l'hygiène et de l'apparence ;
- consommation de substances ;
- dons d'objets précieux pour lui (ex. : il donne son iPod à son meilleur ami) ;
- désintérêt pour les activités qu'il aimait auparavant ;
- humeur instable, tristesse ou agressivité.

Ne le laissez jamais seul, et contactez immédiatement l'organisme suivant :

■ **Suicide Action**
www.suicideactionmontreal.org
514 723-4000
1 866-appelle (277-3553)

Le manque de respect et l'agressivité

En développant leurs capacités cognitives, les ados développent par le fait même, l'art de l'argumentation ! Pour les plus tenaces d'entre eux, les parents auront parfois l'impression d'être face à un avocat qui plaide ! Mais, comme ils sont parfois impulsifs, comme ils manquent d'expérience, leurs premiers pas dans le domaine de la négociation peuvent être empreints de maladresse, ou même d'impolitesse.

Dans ce livre, il a été question de l'importance d'encadrer son ado et de lui imposer certaines limites pour sa sécurité et son bon développement. Il a également été question de la manière dont un parent doit répondre aux demandes de permission (parfois farfelues et irraisonnables) de son ado. Dans le cas où un ado fait sa demande de façon respectueuse, le parent peut demander un temps de réflexion, poser des questions qui l'aideront à prendre une décision éclairée, puis rendre sa décision de façon la plus respectueuse possible, surtout s'il s'agit d'un « non » (voir chapitre 11).

Mais, à certains moments, vos limites, vos questions et vos refus d'accorder des permissions joueront sur le gros nerf de votre ado, et l'amèneront à devenir irritable, à manquer de respect et, dans certains cas extrêmes, à être agressif.

Lorsque cela survient, il faut résister à l'envie de crier, de pleurer ou de frapper. En fait, c'est votre tête qui devrait être en contrôle de vos réactions, et non votre cœur. Cela peut sembler très difficile d'absorber passivement un manque de respect ou de l'agressivité de la part de votre ado sans riposter... certains parents pourraient avoir l'impression de perdre une bataille. Mais vous n'êtes pas dans une guerre! Vous êtes un parent qui doit donner le bon exemple en terme de gestion des émotions et des conflits. S'enrager n'aidera pas votre ado à devenir plus respectueux!

En fait, plus votre ado crie, plus votre voix devrait devenir douce et calme, afin qu'il remarque un contraste avec sa propre voix et qu'il constate qu'il perd le contrôle de lui-même. Si vous criez, cela lui permettra de se concentrer sur votre perte de contrôle plutôt que sur la sienne. Cela vous discréditera et vous ramènera au niveau d'un ado impulsif plutôt qu'à celui d'un adulte en possession de ses moyens. Si votre ado persiste dans son attitude agressive, éloignez-vous! Bien sûr, il y a une discussion à avoir, un conflit à régler et probablement des conséquences à donner, mais ce n'est pas encore le moment de gérer tout cela. Pour le moment, votre ado a besoin de retrouver son calme. Le fait de vous éloigner sans accorder d'attention à son attitude irrespectueuse ou à sa colère l'aidera à retrouver cet état.

C'est un peu comme lorsqu'il vous faisait une crise du type « danse du bacon » à l'âge de deux ans, lorsque vous lui imposiez une limite... que fallait-il faire? Ignorer la crise! Avec un ado, c'est la même chose, sauf que c'est plus difficile parce que la crise peut être plus impressionnante et même, physiquement menaçante.

Au début, vous pouvez répondre de votre voix la plus douce :

- « Je suis triste ou désolée que tu te sentes comme ça ».

Si l'épisode se poursuit, vous pouvez alors dire :

- « Est-ce vraiment la façon dont tu veux me parler? »

S'il vous confirme que c'est de cette façon agressive qu'il veut vous parler, vous pouvez tout simplement répondre :

- « Je ne peux pas discuter avec toi pendant que tu es dans cet état de colère et que tu me manques de respect ». Puis, quittez en le laissant seul avec sa colère.

Ou encore,

- « OK, alors je m'en vais. » Et partez, tout simplement!

Comme l'enfant de deux ans qu'il était, il doit apprendre que s'il vous parle de cette façon, cela ne lui apportera rien, pas même votre écoute. Si, de votre côté, vous avez une attitude très respectueuse à son égard, alors de tels épisodes de manque de respect ou de rage devraient rester des cas isolés. Il apprendra très rapidement qu'il a tout à gagner à se montrer respectueux et à vouloir discuter ou négocier dans le calme avec vous. Mais c'est vraiment à condition que vous soyez vous-même un exemple de respect. Ne vous attendez pas à voir votre ado devenir respectueux comme par magie si, de votre côté, vous le bousculez, si vous le traitez de toutes sortes de noms et si vous ne vous souciez pas de ses besoins.

Enfin, lorsqu'il est calme, offrez-lui de revenir sur la situation en discutant calmement. S'il avait un reproche à vous faire qui justifiait sa colère contre vous, désarmez-le davantage en reconnaissant la fraction de vérité dans ce reproche. Précisez que sa façon irrespectueuse de l'exprimer un peu plus tôt était inacceptable, et que jamais vous ne pourrez communiquer avec lui et être à son écoute lorsqu'il est dans un tel état. Chaque fois, vous vous éloignerez jusqu'à ce que vous jugiez qu'il est capable de discuter calmement. Ajoutez que vous savez que vous n'êtes pas parfait et que vous êtes ouvert à entendre son point de vue et ses commentaires, à vous remettre en question, si et seulement si, il s'adresse à vous avec respect.

Ne vous attardez pas trop à répéter toutes les paroles blessantes qu'il vous a dites. Il les connaît et il les regrette probablement amèrement. Concentrez-vous plutôt à lui dire comment ce conflit intense vous a fait sentir en parlant au « je ». Dites-lui ce que ce conflit vous a permis d'apprendre sur lui, sur vous, sur votre relation. Enfin, offrez-lui un câlin, mais n'en quémandez pas s'il n'est pas prêt à ce rapprochement physique. Le câlin viendra peut-être plus tard!

S'il ne redevient pas calme et qu'au contraire, il tente même de vous agresser physiquement, dites-lui UNE SEULE FOIS que s'il recommence, vous serez obligé d'appeler la police. S'il vous touche à nouveau, appelez le 911 sans hésiter. S'il vous demande d'annuler l'appel, dites-lui que le conflit est allé au-delà de votre capacité à le gérer et que vous avez besoin d'aide, que vous l'aimez trop pour avoir recours à de la violence physique pour vous défendre contre la sienne.

CONCLUSION

Et voilà! C'est tout!

Déjà, vous vous dites peut-être?

Il est vrai que l'adolescence est un sujet si vaste et si complexe que je pense que j'aurais pu écrire une collection encyclopédique sur ce thème. Le problème, c'est qu'en tant que parent d'adolescent, vous n'auriez probablement pas eu le temps de lire tout ça! Un ado, ça tient occupé!

Vous avez encore peut-être quelques questions demeurées sans réponse, des situations particulières à votre famille qui n'ont pas été abordées dans ce livre, et c'est bien normal. Chaque ado est unique, chaque parent est unique, chaque famille a sa réalité, qui est elle-même unique!

Un livre qui couvre toutes les réalités familiales est impossible à écrire, même en se concentrant seulement sur les familles où il y a un ado. En fait, selon moi, ce livre est un peu comme un parent d'ado devrait être: il n'a pas la prétention d'être parfait, il fait de son mieux, et il est de bonne foi! Finalement, il est pas pire... comme je vous disais que vous devriez être un parent « pas pire » démocratique!

Alors, cessez de vouloir être parfait, et n'oubliez pas d'utiliser ce livre dans le but pour lequel il a été conçu... c'est un guide de survie et non un mode d'emploi pour atteindre l'excellence dans l'exercice de votre rôle de parent!

Malgré tout, je pense que maintenant vous connaissez mieux ce qui est commun à tous les ados et vous êtes mieux préparé à faire face aux défis qui vous attendent en tant que parent. Vous avez quelques outils qui vous permettront d'adapter votre rôle aux nouveaux besoins de votre enfant.

Vous pouvez vous procurer d'autres livres, consulter des sites Internet, assister à toutes les conférences possibles et imaginables sur l'adolescence, la réalité est que vous n'y échapperez pas. Il faut que jeunesse se fasse et se passe!

Même si votre enfant a une adolescence assez calme et qu'il ne vit pas la crise que tous les parents redoutent, il y a sûrement des moments où il vous remettra tout de même en question. Les perfectionnistes parmi vous seront probablement ébranlés par cette prise de conscience que vous n'êtes plus parfait aux yeux de votre enfant qui, il n'y a pas si longtemps, disait à qui voulait bien l'entendre que vous étiez la plus belle ou le plus fort!

Mais cela a l'avantage de vous ramener à ce que vous êtes vraiment : un être humain! Si vous acceptez cette réalité, si vous avez lu ce livre en souhaitant faire votre possible pour bien soutenir et encadrer votre ado, si vous y ajoutez le petit ingrédient magique qu'est l'amour inconditionnel que vous avez pour lui et si vous êtes restez humble par rapport aux erreurs que vous ferez, l'adolescence de votre enfant aura fait de vous un meilleur être humain.

Juste pour cela, il vaut la peine d'envisager l'adolescence de votre enfant avec optimisme (et lucidité!) et de tenter de profiter au maximum de ces dernières années de vie commune avec votre enfant...

Dans quelques années, il partira en appartement, et malgré tout ce que son adolescence vous aura fait vivre, il est possible que vous vous disiez alors la même chose que lorsque vous êtes arrivé à la conclusion de ce livre :

Déjà?

RESSOURCES ET SUGGESTIONS DE LECTURES PAR THÈME OU PROBLÉMATIQUE

Si votre ado vit des difficultés, il est possible que vous souhaitiez lire davantage sur un thème particulier, ou encore trouver des ressources où vous pourrez obtenir de l'aide.

Vous devriez pouvoir trouver tout cela dans les prochaines pages. Des suggestions de lecture supplémentaires ainsi que des ressources et organismes ont été regroupés par grand thème ou par problématique.

Si vous désirez de l'aide, sachez que vous pouvez toujours vous adresser au CLSC de votre quartier. On pourra soit vous donner une aide directe, soit vous orienter vers les services appropriés selon les besoins de votre famille.

Si vous désirez consulter un psychologue en pratique privée, sachez que vous pouvez communiquer avec le service de référence de l'Ordre des psychologues du Québec, aux coordonnées suivantes :

Site Web :
www.ordrepsy.qc.ca/fr/public/trouver-un-professionnel/obtenir-une-reference-au-prive.sn

Téléphone :
514 738-1223
ou
1 800 561-122

Si vous trouvez que les listes d'attente dans le réseau public de la santé sont trop longues et que consulter un professionnel au privé coûte trop cher, sachez que certaines universités offrent les services de stagiaires en psychologie à coûts modiques. Il y a parfois des listes d'attente, mais elles sont souvent moins longues que celles du réseau public.

Si vous êtes plutôt à la recherche d'un organisme communautaire ou d'une association de parents, vous pouvez toujours vous informer au Centre de référence du Grand Montréal, aux coordonnées suivantes :

Site Web :
http://www.info-reference.qc.ca/

Téléphone : 514 527-1375

De même, trois organismes qui offrent des sites Internet et des lignes d'écoute 24/7 devraient être connus de toutes les familles du Québec, à mon avis! Sur ces sites, on peut trouver toutes sortes d'informations sur toutes sortes de sujets qui touchent les ados et leurs parents, notamment sur la sexualité, l'intimidation, le taxage...

Ligne parents :
www.ligneparents.com
1 800 361-5085

Tel-Jeunes :
www.teljeunes.com
1 800 263-2266

Jeunesse, J'écoute :
www.jeunessejecoute.ca
1 800 668-6868

Enfin, sachez que pour construire cette liste de ressources et de suggestions de lecture, j'ai consulté un outil qui pourrait vous être fort utile. Il s'agit du Guide Info-Famille du CHU Sainte-Justine, autrefois appelé Centre d'Information sur la Santé de l'enfant (CISE). Sur ce site Web, on retrouve les coordonnées d'organismes, de sites Internet d'informations, de livres pour parents et de livres pour jeunes, répertoriés par thématique. C'est une petite mine d'or en terme de ressources et d'informations!
http://www.chu-sainte justine.org/famille/page.aspx?ID_Menu=668&ID_Page=1454&ItemID=1a

PERFORMANCE SCOLAIRE

SITE WEB POUR LES PARENTS :

- Le passage du primaire au secondaire : Les parents au cœur de la réussite!

www.ordrepsy.qc.ca/pdf/OPubl_Depl_PrimaireSecondaire.pdf

LIVRES POUR LES PARENTS :

- Duclos, Germain, *Guider mon enfant dans sa vie scolaire*, Éditions du CHU Sainte-Justine, Montréal, 2006, 280 p. (Collection du CHU Sainte-Justine pour les parents).

- Duclos, Germain, *La motivation à l'école, un passeport pour l'avenir*, Éditions du CHU Sainte-Justine, Montréal, 2010, 184 p. (Collection du CHU Sainte-Justine pour les parents).

ORGANISME POUR LES PARENTS ET LES ADOS (ET MÊME POUR LES ENFANTS!)

- **Allô prof**

« Né en 1996 à la suite des États généraux sur l'éducation, Allô prof est un organisme de bienfaisance soutenant la persévérance scolaire qui a pour mission de fournir gratuitement de l'aide aux devoirs à tous les élèves du Québec et à leurs parents. Pour appuyer sa mission, Allô prof met à leur disposition un service téléphonique et des services en ligne impliquant une équipe d'enseignants qualifiés et une communauté virtuelle composée d'élèves aidants, de parents et d'acteurs de l'éducation. »

Site Web : www.alloprof.qc.ca
Téléphone : 514 527-3726
1 888 776-4455

ASSOCIATIONS :

- **Association québécoise des troubles d'apprentissage**

Site Web : www.aqeta.qc.ca
Téléphone : 514 847-1324
1 877 847-1324

- **Association Panda** (pour parents d'enfants et d'adolescents avec un trouble du déficit de l'attention avec hyperactivité)

Site Web :
www.associationpanda.qc.ca
Téléphone : 514 564-5816

ÉDUCATION SEXUELLE

SITES WEB POUR LES PARENTS :

· Entre les transformations, les frissons, les passions... et toutes les questions

Document PDF publié par le ministère de la santé et des services sociaux du Québec.
www.publications.msss.gouv.qc.ca/acrobat/f/documentation/2010/10-307-03F.pdf

· La sexualité

Préparée par la gendarmerie royale du Canada, voici une rubrique pleine de conseils et de trucs pour faciliter la communication entre les parents et les jeunes.
www.deal.org/fr/parents/sexuality/

· Ma Sexualité

Site Web conçu par la société des obstétriciens et gynécologues du Canada.
www.masexualite.ca/fr/parents

· Sexualisation précoce : Guide d'accompagnement pour les parents des filles préadolescentes.

Document PDF préparé par le « Y » des femmes de Montréal.
www.ydesfemmesmtl.org/documents/fr_sexualization.pdf

SITES WEB POUR LES ADOS :

· J'capote

Site Internet sur l'utilisation du condom, préparé par le ministère de la santé et des services sociaux.
www.Jcapote.com

· Ma Sexualité

Site Web conçu par la société des obstétriciens et gynécologues du Canada.
www.masexualite.ca/sante-sexuelle/a-propos-de-la-puberte

LIVRES POUR LES PARENTS :

· Robert, Jocelyne, *Parlez-leur d'amour et de sexualité*, Éditions de l'Homme, Montréal, 2005, 185 p.

LIVRES POUR LES JEUNES :

9 ans et plus
Robert, Jocelyne, *Ma sexualité de 9 à 11 ans*, Éditions de l'Homme, Montréal, 2003, 63 p.

11 ans et plus
Sargueil-Chouery, Sylvie, *Questions intimes de filles*, De la Martinière Jeunesse, Paris, 2007, 106 p. (Oxygène)

14 ans et plus
Robert, Jocelyne, *Full sexuel: la vie sexuelle des adolescents,* Éditions de l'Homme, Montréal, 2002, 191 p.

15 ans et plus
Solano, Catherine, *Sexo ados*, Marabout, Alleur, 2004, 222 p. (L'adolescence en question)

DROGUES ET AUTRES SUBTANCES

ORGANISMES :

· Drogue : aide et référence
Site Web :
www.drogue-aidereference.qc.ca
Téléphone : 514 527-2626
1 800 265-2626

SITES WEB POUR LES PARENTS :

· Drogue et alcool

Préparée par la gendarmerie royale du Canada, voici une rubrique pleine de conseils et de trucs pour faciliter la communication entre les parents et les jeunes.
www.deal.org/fr/parents/drugs-and-alcohol

· La drogue... si on en parlait.
Document PDF préparé par le ministère de la santé et des services sociaux du Québec.
www.publications.msss.gouv.qc.ca/acrobat/f/documentation/2007/07-831-01F.pdf

· Parents : prévenir la consommation de drogues chez les jeunes.
Site Web préparé dans le cadre de la stratégie nationale antidrogue du gouvernement du Canada.
www.strategienationaleantidrogue.gc.ca/parents/parents.html

SITES WEB POUR LES JEUNES :

· Parlons drogues
Site Web interactif préparé par le ministère de la santé et des services sociaux su Québec, à l'attention des jeunes, de parents et des intervenants.
www.parlonsdrogue.org

LIVRES POUR LES PARENTS :

· Beauchesne, Line, *Comment parler des drogues à nos enfants: guide pratique,* Méridien, Montréal, 2003, 105 p.

· Gaudet, Étienne *Drogues et adolescence: réponses aux questions des parents,* Éditions du CHU Sainte-Justine, Montréal 2009, 136 p. (Collection du CHU Sainte-Justine pour les parents)

· Beauchesne, Line, *Drogues, mythes et dépendance: en parler avec nos enfants,* Bayard Canada, Montréal, 2005, 100 p.

· Marcelli, Daniel, *Qu'est-ce que ça sent dans ta chambre ?: votre ado fume-t-il du hasch ?,* Albin Michel, Paris, 2006, 136 p. (C'est la vie aussi)

· Matysiak, Jean-Claude, *Tu ne seras pas accro, mon fils: peut-on éviter à nos enfants de devenir dépendants?,* Albin Michel, Paris, 2002, 156 p. (Questions de parents)

LIVRES POUR LES JEUNES :

9 ans et plus
Pontegnier, Delphine, Jean-François Martin, Gérard Moncomble et al. *C'est de la drogue! Produits psychoactifs et dépendance,* Autrement Jeunesse, Paris, 2006, 45 p. (Autrement junior)

11 ans et plus
Pouilloux, David et Jacques Azam, *Cannabis, mieux vaut être informé,* De la Martinière Jeunesse, Paris, 2004, 106 p. (Oxygène)

13 ans et plus
Rufo, Marcel et collaborateurs, *Le passage: les conduites à risque à l'adolescence,* Anne Carrière, Paris, 2006, 60 p.

14 ans et plus
Auderset, Marie-Josée, *Les drogues, un piège,* De la Martinière, Paris, 2005, 241 p. (Ados)

Bergevin, Dominique, *De la poudre aux yeux,* Éditions SMBi, Montréal, 1996, 160 p. (S.O.S.)

DIVORCES, FAMILLES MONOPARENTALES OU RECOMPOSÉES

ASSOCIATIONS ET ORGANISMES :

- **Centre de ressources familiales du Québec**

Le Centre vient en aide aux familles vivant une situation difficile reliée à une séparation ou un divorce. Il intervient directement par le biais d'une ligne d'écoute téléphonique, de groupes de soutien, d'avis légaux et de conseils juridiques ainsi que d'un service de références communautaires adapté aux besoins de chacun. Tous ces services sont offerts gratuitement.
Site Web : www.crfq.org
Téléphone : 514 593-6997
1 800 361-8453

- **Éducation-coup-de-fil**

Service de consultation professionnelle téléphonique gratuit, confidentiel et anonyme. Pour aider à solutionner les difficultés courantes des relations parents-enfants. Parents, jeunes et intervenants peuvent y avoir recours. L'atelier «L'après-séparation et le vécu parents-enfants» est offert 3 fois par année.
Site Web :
www.education-coup-de-fil.com
Téléphone : 514 525-2573
1 866 329-4223

- **Fédération des associations de familles monoparentales et recomposée du Québec.**

La Fédération réfère les familles monoparentales et recomposées ayant besoin de soutien à l'une de ses cinquante associations réparties partout au Québec. Elle défend aussi les droits et les intérêts de ces familles.
Site Web : www.fafmrq
Téléphone : 514 729-6746

SITE WEB :

- Parce que la vie continue : aider les enfants et les adolescents à vivre la séparation et le divorce.

Document PDF de Santé Canada qui donne aux parents divers renseignements, suggestions et conseils pour aider les enfants et les ados à traverser le processus de la séparation et du divorce.
www.phac-aspc.gc.ca/publicat/mh-sm/pdf/booklet_f.pdf

LIVRE POUR LES PARENTS :

- James, Paula, *Le divorce par la médiation : comment divorcer à l'amiable,* Logiques, Montréal, 1999, 313 p.

- Cloutier, Richard, Lorraine Filion et Harry Timmermans, *Les parents se séparent... pour mieux vivre la crise et aider son enfant,* Éditions de l'Hôpital Sainte-Justine, Montréal, 2001, 154 p. (Collection de l'Hôpital Sainte-Justine pour les parents).

- Gagnier, Nadia, *Mes parents se séparent... et moi alors ?,* Éditions La Presse, Montréal, 2010, 118 p. (Vive la vie... en famille)

- Bérubé, Linda, *Rompre sans tout casser,* Éditions de l'Homme, Montréal, 2001, 276 p.

- Clerget, Stéphane, *Séparons-nous... mais protégeons nos enfants,* Albin Michel, Paris, 2004, 263 p. (Questions de parents)

- Vallejo, Marie-Claude et Mireille Fronty, *D'abord, t'es pas ma mère! Quelle place pour une belle-mère?* Albin Michel, Paris, 2006, 130 p. (C'est la vie aussi)

- Larouche, Gisèle, *Du nouvel amour à la famille recomposée: la grande traversée,* Éditions de l'Homme, Montréal, 2001, 258 p.

- Saint-Jacques, Marie-Christine et Claudine Parent, *La famille recomposée: une famille composée sur un air différent,* Éditions du CHU Sainte-Justine, Montréal, 2002, 172 p. (Collection du CHU Sainte-Justine pour les parents)

- Reny, Pascale, *Vivre en famille recomposée,* Outremont, Quebecor, 2009, 216 p. (Famille)

- Dahan, Jocelyne et Anne Lamy, *Un seul parent à la maison: assurer au jour le jour,* Paris, Albin Michel, 2005, 136 p. (C'est la vie aussi)

LIVRES POUR LES JEUNES:

11 ans et plus

- Bonneton, France, *Famille recomposée: comment trouver sa place?* De la Martinière Jeunesse, Paris, 2008, 105 p. (Oxygène)
- Bonneton, France, *Une nouvelle famille, c'est pas facile,* De la Martinière Jeunesse, Paris, 2001, 103 p. (Oxygène)
- Cadier, Florence, *Les miens aussi, ils divorcent,* De la Martinière Jeunesse, Paris, 2008, 103 p. (Oxygène)

12 ans et plus

- Dohertie, Berlie, *Je m'appelle Holly Starcross,* Hachette, Paris, 2005, 286 p. (Le livre de poche)
- Poudrier, Elyse, *Une famille et demie,* Québec Amérique Jeunesse, Montréal, 2001, 210 p. (Titan Jeunesse)

13 ans et plus

- Auderset, Marie-José, *La vie avec un seul parent,* De la Martinière, Paris, 2003, 109 p. (Hydrogène)
- Kochka, *Avec tout mon amour,* Nathan, Paris, 2008, 112 p.
- Lucas, Patricia et Stéphane Leroy, *Le divorce expliqué à nos enfants,* Seuil, Paris, 2003, 88 p.
- Wagonseller, Bill R. *Vivre dans une famille monoparentale,* Logiques, Montréal, 2001, 179 p. (Ados)

DÉPRESSION ET IDÉES SUICIDAIRES

ASSOCIATIONS ET ORGANISMES:

- **Revivre:** Association québécoise de soutien aux personnes souffrant de troubles anxieux, dépressifs ou bipolaires.

Site Web: www.revivre.org
Téléphone: 514 738-4873
1 866 738-4873

- **Association québécoise de prévention du suicide**

Site Web: www.aqps.info
Téléphone: 1 866 appelle (1 866 277-3553)

- **Suicide Action Montréal**

Site Web: www.suicideactionmontreal.org
Téléphone: 514 723-4000
1 866 appelle (1 866 277-3553)

SITES WEB POUR LES PARENTS:

- Dépression chez les jeunes

Page Web conçue par le centre hospitalier Douglas
www.douglas.qc.ca/info/depression-jeunes

- Un adolescent peut en cacher un autre

Comprendre l'adolescent. Repérer les comportements suicidaires. Accompagner les comportements à risque. Bien que s'adressant aux médecins qui traitent les adolescents, ce site peut aussi intéresser les parents. Comprend des capsules vidéos où médecins, parents et adolescents s'expriment.
www.medecin-ado.org/infos/sommaire.htm

LIVRES POUR LES PARENTS :

- Jeammet, Phillipe et Denis Bochereau, *La souffrance des adolescents. Quand les troubles s'aggravent: signaux d'alerte et prise en charge,* La Découverte, Paris, 2007, 223 p.

- Lambin, Michèle *Aider à prévenir le suicide chez les jeunes,* Éditions de l'Hôpital Sainte-Justine, Montréal, 2010, 346 p. (Collection de l'Hôpital Sainte-Justine pour les parents)

- Petitclerc, Jean-Marie, *Et si on parlait... du suicide des jeunes,* Presses de la Renaissance, Paris, 2004, 116 p.

- Pommereau, Xavier, *Quand l'adolescent va mal: l'écouter, le comprendre, l'aimer,* J'ai lu, Paris, 2003, 250 p. (J'ai lu bien-être)

- Pommereau, Xavier, *L'adolescent suicidaire,* Dunod, Paris, 2005, 268 p. (Enfances)

LIVRES POUR LES JEUNES :

10 ans

- Cadieux Davignon, Danielle Le Gardeur, *La promesse,* Impact, 2004, 84 p.

12 ans

- Desrosiers, Sylvie, *Le long silence,* Éditions de la Courte Échelle, Montréal, 2005, 136 p. (Ado)

- Malte, Marcus, *L'échelle de Glasgow,* Syros, Paris, 2007, 122 p.

- Pelletier, Maryse, *Une vie en éclats,* Éditions de la Courte Échelle, Montréal, 2005, 164 p. (Ado)

- Scowen, Kate *Le mal de vivre chez les adolescents,* La Courte échelle, Montréal, 2008, 192 p.

13 ans et plus

- Lydie, Virginie, *Le suicide des jeunes: mourir pour exister,* Syros, Paris, 2008,152 p. (J'accuse)
- Sargueil-Chouery, C*oup de blues,* De la Martinière Jeunesse, Paris, 2005, 107 p. (Hydrogène)

14 ans et plus

- Vaught, Susan, *Une chaussette dans la tête,* Milan, Toulouse, 2008, 360 p.

- Monaque, Mathilde, *Trouble tête: journal intime d'une dépression,* Les Arênes, Paris, 2006, 210 p.

15 ans et plus

- Turgeon, Élaine, *Ma vie ne sait pas nager,* Québec Amérique Jeunesse, Montréal, 2006, 120 p. (Titan +)

HOMOSEXUALITÉ

ORGANISMES ET ASSOCIATIONS:

- **Gai écoute inc.**
Site Web: www.gaiecoute.org
Téléphone: 514 866-0103
1 888 505-1010

LIVRES POUR LES PARENTS:

- Castaneda, Marina, *Comprendre l'homosexualité,* Pocket, Paris, 2001, 347 p. (Pocket)

- Gréco, Caroline, *Julien, toi qui préfères les hommes,* Criterion, Paris, 1994, 109 p.

- Dorais, Michel, *Mort ou fif: la face cachée du suicide chez les garçons,* VLB, Montréal, 2000,110 p.

- Giasson, Sylvie, *Vivre avec l'homosexualité de son enfant: petit guide du coming-out,* Bayard Canada, Montréal, 2007,137 p. (Vivre avec)

LIVRES POUR LES JEUNES:

12 ans et plus

- Mazard, Claire et Hélène Lune, *Avec toi, Claire, j'aurais aimé la vie,* De la Martinière Jeunesse, Paris, 2004, 155 p. (Confessions)

- Tito, *Le pari,* Casterman, Tournai, 2003, 48 p. (Tendre banlieue)

- Bourgault, Guillaume, *Philippe avec un grand H,* Vents d'Ouest, Hull, 2003, 195 p.

13 ans et plus

- Vaisman, Anne, *L'homosexualité à l'adolescence,* De la Martinière Jeunesse, Paris, 2003,109 p. (Hydrogène)
- Mazard, Claire, *Macaron citron,* Syros, Paris, 2006, 88 p.

14 ans et plus

- Bartes, Hugues, *Dans la peau d'un jeune homo,* Hachette, Paris, 2007, 96 p.

15 ans et plus

- Dorais, Michel et Éric Verdier, *Sains et saufs: petit manuel de lutte contre l'homophobie à l'usage des jeunes,* VLB, Montréal, 2005,166 p.

IMAGE CORPORELLE ET TROUBLES ALIMENTAIRES (ANOREXIE, BOULIMIE)

ASSOCIATIONS ET ORGANISMES:

- **Anorexie et boulimie Québec** (ANEB Québec)
Site Web: www.anebquebec.com
Téléphone: 514 630-0907
1 800 630-0907

- **Outremangeurs anonymes**
Site Web: www.outremangeurs.org
Téléphone: 514 490-1939
1 877 509-1939

SITES WEB POUR LES PARENTS:

- Comment aider votre fille à acquérir une image corporelle saine
Site conçu par le Réseau canadien pour la santé des femmes.
www.cwhn.ca/node/40826

LIVRES POUR LES PARENTS:

- Cassuto, Dominique-Adèle et Sophie Guillou, *Ma fille se trouve trop ronde: comment l'aider?* Albin Michel, Paris, 2005, 135 p. (C'est la vie aussi)

- Gagnier, Nadia, *Miroir, miroir, je n'aime pas mon corps! Le dévelop-*

pement de l'image corporelle chez les enfants, les adolescents et les adultes, Éditions La Presse, Montréal, 2007, 140 p. (Vive la vie... en famille)

- Pomerleau, Guy *Anorexie et boulimie: comprendre pour agir,* Gaëtan Morin, Montréal, 2002, 212 p.

- Doyen, Catherine et Solange Cook, *Anorexie, boulimie: vous pouvez aider votre enfant - Des moyens d'agir dès l'âge de 8 ans,* Interéditions, Paris, 2004, 264 p. (Vivre sa vie)

- Agman, Gilles, Annie Gorgé et Philippe Jeammet, *Comment vivre avec une anorexique,* Éditions Josette Lyon, Paris, 2004, 142 p. (Comment vivre avec)

- Le Heuzey, Marie-France, *L'enfant anorexique: comprendre et agir,* Odile Jacob, Paris, 2003, 156 p.

- Sirolli, Laëtitia, *Les troubles du comportement alimentaire: de la naissance à l'adolescence,* Eyrolles, Paris, 2006, 234 p.

LIVRES POUR LES JEUNES :

11 ans et plus

- Lejeune, Véronique et Philippe Eliakim, *J'en ai assez de mon physique!,* De la Martinière Jeunesse, Paris, 2003, 103 p. (Oxygène)
- Vaisman, Anne, *Ronde et alors?,* De la Martinière Jeunesse, Paris, 2008, 112 p. (Oxygène)
- Villeneuve, Émilie et Julie Rocheleau, *La fille invisible,* Glénat, Grenoble, 2010, 48 p.

12 ans et plus

- Cook, Solange et Catherine Doyen, *50 exercices pour sortir de l'anorexie,* Odile Jacob, Paris, 2008, 224 p.
- Moe, Barbara, *Anorexie et boulimie, surmonter un problème alimentaire,* Logiques, Montréal, 2002, 199 p. (Ados)
- Pelletier, Marthe, *La mutante et le boxeur,* La Courte échelle, Montréal, 2007, 198 p.
- Sarfati, Sonia, *Comme une peau de chagrin,* La Courte échelle, Montréal, 2005, 151 p. (Roman +)

13 ans et plus

- Shankland, Rébecca *Anorexie, sortir du tunnel,* De la Martinière Jeunesse, Paris, 2008, 109 p. (Hydrogène)
- Shankland, Rébecca et Clothilde Lerberghe, *La boulimie, sortir de l'engrenage,* De la Martinière Jeunesse, Paris, 2004, 108 p. (Hydrogène)
- Hénault, Anne-Marie, *Plume, un jour je volerai,* Éditions Francine Breton, Montréal, 2003, p. (Ado-Santé)

RÉFÉRENCES

Adams, G. R., Gulotta, T. P., & Montemayor, R. (Eds.). (1992). *Adolescent identity formation*. Newbury Park, CA : Sage.

Ainsworth, M. D. S. (1979). Infant-mother attachment. *American Psychologist, 34*, 932-937.

Allen, J. P., Hauser, S., Eickholt, C., Bell, K., & O'Connor, T. (1994). Autonomy and relatedness in family interactions as predictors of expressions of négative adolescent affect. *Journal of Research on Adolescence, 4*, 535-552.

Angold, A., Costello, E. J., & Worthman, C. M. (1999). Puberty and dépression : The roles of age, pubertal status and pubertal timing. *Psychological Medicine, 28*, 51-61.

Archibald, A. B., Graber, J. A., & Brooks-Gunn, J. (2003). Pubertal processes and physical growth in adolescence. In G. Adams & M. Berzonsky (Eds.), *Blackwell handbook of adolescence*. Malden, MA : Blackwell.

Bachman, J. G., & Schulenberg, J. (1993). How part-time work intensity relates to drug use, problem behavior, time use, and satisfaction among high school seniors : Are thèse consequences or just corrélâtes? *Developmental Psychology, 29*, 220-235.

Barber, B. K. (1994). Cultural, family, and personal contexts of parent-adolescent conflict. *Journal of Marriage and the Family, 56*, 375-386.

Baumrind, D. (1971). Current patterns of parental authority. *Developmental Psychology Monographs, 4* (Monograph 1), 1-103.

Baumrind, D. (1991). Effective parenting during the early adolescent transition. In P. A. Cowan & E. M. Hetherington (Eds.), *Advances in family research* (Vol. 2). Hillsdale, NJ : Erlbaum.

Baumrind, D. (1991). The influence of parenting style on adolescent compétence and substance use. *Journal of Early Adolescence, 11*, 56-95.

Baumrind, D. (1991b). The influence of parenting on adolescent compétence and substance use. *Journal of Early Adolescence, 11*, 56-95.

Bernt, T. J. (1979). Developmental changes in conformity to peers and parents. *Developmental Psychology, 15*, 606-616.

Beunen, G. P., Malina, R. M., Van't Hof, M. A., Sirnons, J., Ostyn, M., Renson, R., and Van Gerven, D. (1988). *Adolescent growth and motor performance : A longitudinal study of Belgian boys*. Champaign, IL : Human Kinetics Books.

Biller, H. B. (1993). *Fathers ans families : Paternal factors in child development*. Westport, CT : Auburn House.

Bowerman, C. E., & Kinch, J. W. (1959). Changes in family and peer orientation between the 4th and the 10th grades. *Social Forces, 37*, 206-211.

Bowlby, J. (1989). *Secure attachment*. New York : Basic Books.

Bradley, M. J. (2003). *Yes, your teen is crazy! Loving your kid without loosing your mind*. Gig Harbor, WA : Harbor Press Inc.

Brittain, C. V. (1963). Adolescent choices and parent-peer cross-pressures. *American Sociological Review, 28*, 385-391.

Brook, J. S., Brook, D .W., Gordon, A. S., Whiteman, M., Cohen, P. (1990). The psychological etiology of adolescent drug use : A family interactional approach. *Genetic Psychology Monographs*, 116, no. 2.

Brooks-Gunn, J., & Warren, M. P. (1989). The psychological significance of secondary sexual characteristics in 9- to 11-year-old girls. *Child Development, 59*, 161-169.

Brown, B. B. (1990). Peer group and peer cultures. In S.S. Feldman & G.R. Elliott (Eds.), *At the threshold : The developing adolescent*. Cambridge, MA : Harvard University Press.

Brown, B. B., Lambron, S. L., Mounts, N. S., & Steinberg, L. (1993). Parenting practices and peer group affiliation in adolescence. *Child Development, 64*, 467-482.

Brown, B. B., Mounts, N., Lamborn, S. D., & Steinberg, L. (1993). Parenting and peer group affiliation in adolescence. *Child Development, 64*, 467-482.

Carskadon, M. A. (Ed.). (2002). *Adolescent sleep patterns.* New York : Cambridge University Press.

Coleman, J. C., and Hendry, L. (1990). *The nature of adolescence (2nd ed.).* London : Routledge.

Coleman, J. S. (1961). *The adolescent society.* New York : Free Press.

Coombs. R. H., & Landsverk, J. (1988). Parenting styles and substance use during childhood and adolescence. *Journal of Marriage and the Family, 50,* 473-482.

Cooper, M. L., Shaver, P. R., & Collins, N. L. (1998). Attachment styles, emotional regulation, and adjustment in adolescence. *Journal of Personality and Social Psychology, 74,* 1380-1397.

Crews, F. (2001). Commentary in « Brain growth gets blame for turbulent years. » *USA Today,* p. 6D.

de Munich Keiser, S. M., & Mul, D. (2001). Trends in pubertal development in Europe. *Human Reproduction Update, 7,* 287-291.

Dion-Viens, D. (2010). Éducation sexuelle : « Une formule différente ». *Le Soleil,* Édition du 18 juin 2010.

Dion-Viens, D. (2010). Éducation sexuelle : le retour des cours réclamé. *Le Soleil,* Édition du 18 juin 2010.

Dornbusch, S. M., & Ritter, P. L. (1991). *Family décision-making and authoritative parenting.* Paper presented at the biennial meetngs of the Society for Research in Cild Development, Seattle.

Dornbush, S. M., Ritter, P. L., Leiderman, P. H., Roberts, D. F., & Fraleigh, M. J. (1987). The relation of parenting style to adolescent school performance. *Child Development, 58,* 1244-1257.

Egeland, B., & Carlson, B. (2004). Attachment and psychopathology. In L. Atkinson & S.

Goldberg (Eds.), *Attachment issues in psychopathology and intervention.* Mahwah, NJ : Erlbaum.

Elkind, D. (1967). Egocentrism in adolescence. *Child Development, 38,* 1025-1034.

Elkind, D. (1976). *Child development and éducation : A Piagetian perspective.* New York : Oxford University Press.

Elkind, D. (1984). *All grown up and no place to go.* Reading, MA : Addison-Wesley.

Elliott, D. S., Huisinga, D., & Ageton, S. S. (1985). *Explaining delinquency and drug use.* Beverly Hills, CA : Sage.

Erickson, E. H. (1950). *Childhood and society.* New York : Norton.

Erickson, E. H. (1963). *Identity, youth, and crisis.* New York : Norton.

Erickson, E. H. (1975). *Life history and the historical moment.* New York : Norton.

Featherman, D. L., (1980). Schooling and occupational careers : Constancy and change in worldly success. In O. Brim & J. Kagan (Eds.), *Constancy and change in human development* (pp. 675-738). Cambridge, MA : Harvard University Press.

Floyd, H. H., & South, D. R. (1972). Dilemma of youth : The choice of parents or peers as a frame of reference for behavior. *Journal of Marriage and the Family, 34,* 627-634.

Fujii, K., & Demura, S. (2003). Relationship between change in BMI with age and delayed menarche in female athlètes. *Journal of physiological Anthropology and Applied Human Science, 22,* 97-104.

Ge, X., Conger, R. D., & Elder, G. H. (2001). The relation between puberty and psychological distress in adolescent boys. *Journal of Research on Adolescence, 11,* 49-70.

Gecas, V., & Seff, M. (1990). Families and adolescents : A review of the 1980s. *Journal of Marriage and the Family, 52,* 941-958.

Giedd, J. N., Blumenthal, J., Jeffries, N. O., Castellanos, F. X., Liu, H., Zijdenbos, A., Paus, T., Evans, A. C., & Rapoport, J. L. (1999). Brain development during childhood and adolescence : A longitudinal MRI study. *Nature Neuroscience, 2,* 861-863.

Glynn, T. J. (1984). Adolescent drug use and the family environment : A review. *Journal of Drug Issues, 14,* 271-295.

Greenberger, E., & Steinberg, L. (1981). *Project for the study of adolescent work : Final report.* Report prepared for the National Institute of Education, U.S. Department of Education, Washington, DC.

Greenberger, E., & Steinberg, L. (1986). *When teenagers work : The psychological social costs of adolescent employment.* New York : Basic Books.

Grotevant, H., & Cooper, C. R. (1986). Individuation in family relationships : A perspective on individual différences in the development of identity and role-taking skill in adolescence. *Human Development, 29,* 82-100.

Grych, J. H. (2002). Marital relationships and parenting. In M.H. Bornstein (Ed.), *Handbook of parenting* (2nd ed.). Mahwah, NJ : Erlbaum.

Harter, S. (1993). Visions of the self. Beyond the me in the Mirror. In J. E. Jacobs (Ed.), *Nebraska Symposium on Motivation : Vol. 40. Developmental perspectives on motivation.* Lincoln : University of Nebraska Press.

Hauser, S. T., Powers, S., Noam, G., Jacobsen, A., Weiss, B., & Follansbee, D. (1984). Familial contexts of adolescent ego development. *Child Development, 55,* 195-213.

Hilburn-Cobb, C. (2004). Adolescent psychopathology in terms of multiple behavior systems. In L. Atkinson & S. Goldberg (Eds.), *Attachment issues in psychopathology and intervention.* Mahwah, NJ : Erlbaum.

Holmbeck, G. N., and O'Donnell, K. (1991). Discrepancies between perceptions of décision making and behavioral autonomy. In R.L. Paikoff (Ed.), *New directions for child development. No. 51. Shared views in the family during adolescence.* San Francisco : Jossey-Bass.

Jones, M. C. (1965). Psychological corrélâtes of somatic development. *Child Development, 36,* 899-911.

Kaplowitz, P. B., Slora, E. J., Wasserman, R. C., Pedlow, S. E., & Herman-Giddens, M. E. (2001). Earlier onset of puberty in girls : Relation to increased body mass index and race. *Pediatrics, 108,* 347-353.

Keating, D. P. (2004). Cognitive and brain development. In R. Lerner & L. Steinberg (Eds.), *Handbook of adolescent psychology.* New York : Wiley.

Killgore, W. D. S., & Yurgelun-Todd, D. A. (2004). Sex-related developmental differences in the lateralized activation of the prefrontal cortex and amygdala during perception of facial affect. *Perceptual and Motor Skills, 99*(2), 371-391.

Killgore, W. D. S., Oki, M., & Yurgelun-Todd, D. A. (2001). Sex-specific developmental changes in amygdala responses to affective faces. *Neuroreport, 12*(2), 427-433.

La Presse Canadienne. (2010). Pour le retour de l'éducation sexuelle à l'école. *La Presse,* Édition du 1er septembre 2010.

Loeber, R., & Dishion, T. J. (1983). Early predictors of male adolescent delinquency : A review. *Psychological Bulletin, 94,* 68-99.

Lowrey, G. H. (1986). *Growth and the development of children (8th ed.).* Chicago : Year Book Medical Publishers.

Marcia, J. E. (1966). Development and validation of ego identity status. *Journal of Personality and Social Psychology, 3,* 551-558.

Marcia, J. E. (1980). Identity in adolescence. In J. Adelson (Ed.), *Handbook of adolescent psychology.* New York : Wiley.

Marcia, J. E., & Carpendale, J. (2004). Identity : Does thinking make it so? In C.

Lightfoot, C. Lalonde, & M. Chandler (Eds.), *Changing conceptions of psychological life.* Mahwah, NJ : Erlbaum.

Marsh, H. W. (1991). Employment during High school : Character building or a subversion of academic goals? *Sociology of Education, 64,* 172-189.

McHale, J. P., Khazan, I., Erera, P., Rotman, T., DeCourcey, W., & McConnell, M. (2002). Coparenting in diverse family systems. In M. H. Bornstein (Ed.), *Handbook of Parenting* (2nd ed., Vol. 3), Mahwah, NJ : Erlbaum.

Montemayor, R. (1982). The Relationship between parent-adolescent conflict and the amount of time adolescent spend with parents, peers, and alone. *Child Development, 53,* 1512-1519.

Mortimer, J. T., Harley, C., & Johnson, M. K. (1998). *Adolescent work quality and the transition to adulthood.* Paper presented at the meeting of the Society of Research on Adolescence, San Diego, CA.

Nicoud, A. (2010). Le retour des cours d'éducation sexuelle réclamé. *La Presse*, Édition du 1er septembre 2010.

Parsons, T. (1942). Age and sex in the social structure of the United States. *American Sociological Review, 7*, 604-616.

Petersen, A. C. (1979). Can puberty come any faster? *Psychology Today*, pp. 45-56.

Phillips, S. (2003). Adolescent health. In I.B. Weiner (Ed.), *Handbook of Psychology* (Vol. 9), New York : Wiley.

Pipher, M. (1996). *The Shelter of Each Other : Rebuilding Our Families.* New York : Random House.

Riesman, D. (1961). *The lonely crowd*, New Haven, CT : Yale University Press.

Ross, J. A. (2008). *How to hug a porcupine : Negotiating the prickly points of the tween years.* New York : McGraw Hill.

Santock, J. W. (2005). *Adolescence* (10th edition). New York : McGraw Hill.

Sarigiani, P. A., & Petersen, A. C. (2000). Adolescence : Puberty and biological maturation. In A. Kazdin (Ed.), *Encyclopedia of psychology.* Washington, DC, and New York : American Psychological Association and Oxford University Press.

Seginer, R. (1983). Parents' educational expectations and children's academic achievements : A littérature review. *Merrill-Palmer Quarterly, 29*, 1-23.

Simmons, R. G., & Blyth, D. A. (1987). *Moving into adolescence.* Hawthorne, NY : Aldine.

Stassen Berger, K. (2000). *Psychologie du développement.* (Traduction de la 4e éd. de *The developing person through the life span*). Mont-Royal, QC : Modulo Éditeur.

Stattin, H., & Magnusson, D. (1990). *Pubertal maturation in female development : Paths through life* (Vol. 2). Hillsdale, NJ : Erlbaum.

Steinberg, L. (1990). Autonomy, conflict, and harmony in the family raltionship. In S. Feldman & G. Elliot (Eds.), *At the threshold : The developing adolescent* (pp. 255-276). Cambridge, MA : Harvard University Press.

Steinberg, L. (1990). Interdependency in the family : Autonomy, conflict, and harmony in the parent adolescent Relationship. In Shirley S. Feldman & G.R. Elliot (Eds.), *At the threshold : The developing adolescent.* Cambridge, MA : Harvard University Press.

Steinberg, L. D., & Silk, J. S. (2002). Parenting adolescents. In M. Bornstein (Ed.), *Handbook of parenting* (2nd ed., Vol. 1). Mahwah, NJ : Erlbaum.

Susman, E. L., Nottelmann, E. D., Inoff-Germain, G., Dorn, L. D. (1987). Hormonal Influences on aspects of psychological development during adolescence. *Journal of Adolescent Health, 8* (6), 492-504.

Susman, E., Dorn, L. D., & Schiefelbein, V. L. (2003). Puberty, sexuality and health. In I.B. Weiner (Ed.), *Handbook pf Psychology* (Vol. 6). New York : Wiley.

Tamis-LeMonda, C. S., & Cabrera, N. (Eds.). (2002). *The handbook of father involvement.* Mahwah, NJ : Erlbaum.

Van Goozen, S.H.M., Matthys, W., Cohen-Kettenis, P.T., Thisjssen, J.H.H., & van Engeland, H. (1998). Adrenal androgens and agression in conduct disorder prepubertal boys and normal control. *Biological Psychiatry, 43*, 156-158.

Walker, E. F. (2002). Adolescent neurodevelopment and psychopathology. *Current Directions in Psychological Science, 1*, 24-28.

Wallace-Broscious, A., Serafica, F. C., & Osipow, S. H. (1994). Adolescent career development : Relationships to self-concept and identity status. *Journal of Research on Adolescence, 4*, 127-150.

Walsh, D. (2004). Why do they act that way? A survival guide t the adolescent brain for you and your teen. New York : Free press.

Wiesner, M., & Ittel, A. (2002). Relations of pubertal timing and depressive symptoms to substance use in early adolescence. *Journal of Early Adolescence, 22* (1), 5-23.

Yee, D. K., & Flanagan, C. (1985). Family environments and self-consciousness in early adolescence. *Journal of Early Adolescence, 5*, 59-68.

Youniss, J. (1989). Parent-adolescent relationships. In William Damon (Ed.). *Child development today and tomorrow.* San Francisco : Jossey-Bass.